JN297634

都市に刻む軌跡

スケートボーダーのエスノグラフィー

田中研之輔

新曜社

都市に刻む軌跡 ＊ 目次

序論　暗がりの律動、没頭する身体 …… 1
　1　仮設フェンス越しのたまり場　2
　2　舞台と編成　7

第1章　都市下位文化集団の理論と方法 …… 11
　1　相互行為の生成論理　12
　2　相互行為の象徴闘争　20
　3　相互行為の理論射程　29
　4　相互行為の分析視座　38

第2章　湧出するたまり場のポリティクス …… 49
　1　湧出の過程　50
　2　行為の禁止　63
　3　集団の形態　71
　4　行為の境界　79

第3章　身体に刻まれるストリートの快楽 …… 89
　1　滑走の体感　90
　2　技芸の修練　96
　3　路上の記憶　112
　4　身体の痕跡　119

第4章 集団内の役割と規範 …… 131

1 役割の演技 132
2 占有の創造 136
3 広場の統制 144
4 集団の序列 146

第5章 獲得した場所に囲い込まれる行為 …… 155

1 組織と地域 156
2 開設の経緯 164
3 署名と獲得 169
4 偏見と排除 180

第6章 身体化された行為の帰結 …… 185

1 行為の経路 187
2 集団の特性 211
3 職業の移動 216
4 滞留の構造 226

結論 行為の集積と集団の軌道 …… 235

1 集団生成の論理 236
2 相互行為が導く集団の軌道 243

あとがき 249

参考文献 262 (5)

索引 266 (1)

装幀——戸田宏一郎

序論

暗がりの律動、没頭する身体

> われわれは、身体によって学習する。社会秩序は、この不断の、多かれ少なかれドラマティックな対決——常に感情性の役割、より精確に言えば社会環境との感情的取り引きの役割が大きい対決——を介して、身体に書き込まれる。…〈略〉…もっとも真剣な社会的強制は知性ではなく身体に、メモ帳として扱われる身体に向けられる（ブルデュー 1997＝2009: 240）。

ストリートの空間
（©スケーター撮影）

1　仮設フェンス越しのたまり場

夜10時を過ぎ、JR秋葉原駅の乗車ホームから見渡すことのできる広場に若者が集まっている。なぜ、若者は暗がりの広場に集まっているのか。目の前に停車した電車をパスして広場へと向かった。広場は仮設フェンスで囲われている。仮設フェンスのわずかな隙間を見つけ覗き込む。若者がスケートボードの板を回転させたりジャンプをしたりすることを黙々と繰り返している。板を前後、左右、上下へと動かし、回転させるといった自由度の高い身体動作をもとにパフォーマンスの空間を創り出す。彼らが繰り出す動作の直後にスケートボードの板とコンクリートが激しく接触する。接触音があたりに響き渡る。仮設フェンスによって都市の雑踏が遮られる広場でスケートボードに没頭している。

仮設フェンスには注意書き看板が2つ備え付けられている。ひとつには、広場に隣接する道路を挟んだ歩道からも読める大きな字で「スケートボード禁止」と朱書きされている。もうひとつには、フェンスに近寄り看板を凝視しないかぎり、書かれている内容を読み取ることはできない小文字で「秋葉原電気街口駅前再開発事業着工の為、広場閉鎖」と黒インクで記されている。注意書き看板の上には黒色の太字油性ペンや青色の油性ペイントで掲示内容が上書きされ、文字や絵柄の落書きが殴り書きされている。

スケートボードをする若者はどのような経緯でこの仮設フェンスに囲われた駅前再開発事業予定地に集まるようになったのか。徒歩で帰宅できるほどの近隣に住んでいるのだろうか。電車でやってきたのだろうか。平日の昼間や休日は、何をして過ごしているのか。いかにしてスケートボードを始めるようになったのだろうか。高校や大学を卒業して働いているのだとしたら、どのような職種

序論　暗がりの律動、没頭する身体

だろうか。

暗がりの広場で繰り出されるスケートボードの行為を傍観していて頭に浮かんだ問いを掲げて、2001年1月からプレ調査を開始した。調査を開始したとき、スケートボードをする友人も知人もいなかった。スケートボードのスキルも予備知識もなかった。スケートボードで形成される社会的世界は未知の世界であった。とはいえ、社会調査において調査者が対象とする世界について未知であることは必ずしも、ネガティブな要因とはならない。知らないからこそ、その世界で共有されるあたりまえのことを新鮮に感じ分析の遡上にあげることができる。

数ヵ月間にわたり都内のスケートボーダーのたまり場を探索した。たまり場をみつけてはスケートボーダーにどこから来ているのか、何時間ぐらいスケートボードに打ち込むのかというインタビューをおこなった。インタビューを重ねていくとスケートボードに集まること、集団を形成すること、集団のなかでの行為に、スケートボードをし続けることの意味が隠されているように感じるようになった。「楽しいから好きだから続けている」と語る彼らの生き様や彼らにとってのスケートボードという文化的行為の内実を経験的に描きだしてみたいと思い抱くようになった。彼らが続けている理由を解明するには、どのようにスケートボードに出会い、これまで続けているのかという時間的経過を彼らの「生きられる軌跡」のなかで捉えていかなければならない。本書ではスケートボードを媒介に形成される集団にフォーカスし社会学の理論と方法を用いて、スケートボードを媒介に形成される若年集団の社会的世界の深部へと迫っていく。第一に、スケートボードという文化的行為に向けられる「社会の眼」に関する問題であり、スケートボードをする若年集団を社会学の対象とする際に、大きく3つの問題関心に向き合うことになる。都市で生み出されるスケートボード文化の特性のひとつに、多くの人が使用する目的とは異なる空間

の使い方を見出す点がある。広場に設置されたベンチをスケートボードの技＝トリックの対象にする[1]。昇降用の階段を飛び越える対象として認識する。都市空間を自らの空間へと創りかえる行為を創出し続ける。これを受け入れるのか、受け入れないのか。スケートボードという文化的行為は、都市空間の利用をめぐるポリティクス（Beal 1995）や都市空間の管理をめぐるガバナンス（Rinehart 2002, Lombard 2016）と密接な関係性を持ち、空間と文化的行為についての問いを我々に逆照射してくれる。スケートボードの行為は「犯罪視」されることもあれば「遊び」として理解されることもある。国内のスケートボードシーンでの都市広場の管理人との交渉や折衝の過程は、スケートボーダーと他の利用者との接触機会が問題視されるローカルな事象である。だがそれは同時に、「スケートボード・チケット」という罰金75米ドルの切符の導入を決めたシカゴ、フィラデルフィア、サンフランシスコ等の全米の事例、「スケートボード禁止」を議会で決めたバーミンガム、マンチェスター、リーズ等のイギリスの事例、その他でも、オーストラリア、スウェーデン、オランダ、ブラジル、カナダ等、グローバルな社会事象として世界中で問題視されていた（ボーデン 2001＝2006: 324）。スケートボードという文化的行為への「社会の眼」を検討する本書でのローカルな分析は、グローバルな事象との対話へと開かれている。

第二に、スケートボードという文化的行為を生み出す「身体の経験」に関する問題である。スケートボードという行為には、技術の習得、習得した技術の披露、仲間への技術伝達などの面白さがある。技を修練していく中でスケートボードは、遊びの道具というより人工器官のようになり、手足が延長されたような身体化がおこなわれる。道具としてのスケートボードを馴染ませ身体化させた上で、スケートボーダーは都市空間に自らの空間を生み出していく（ボーデン 2001＝2006: 121）。スケートボードという文化的行為は身体化した道具を使ったパフォーマティブな運動である。本書では身体を賭け、打ち込むことの快楽と

序論　暗がりの律動、没頭する身体

時間と労力の投資がもたらす代償についても記述する。不安定な状況下での技術の披露は、いつ怪我につながるかわからない、身体のリスクと隣り合わせである。スケートボードという文化的行為は己の身体を路上へと差し出すことで得られる悦びとリスクとを天秤にかけながら、身体の上に経験と記憶を書き込んでいく。

　第三に、スケートボードへの身体的な没入と時間の投資がもたらす「行為の帰結」についてである。本書は数年から15年というように長期的にスケートボードを継続している若者を対象にしている。スケートボードの実施回数が少なく、継続期間も短い、没入程度の低いものは、本書の対象には含まない。そうであるので、本書で描きだされるのは若者の一時期の趣味ではない。スケートボードに出会った若者が自身の身体を賭けて打ち込んでいく成長記録であり、生活経験を内包した行為者の歴史そのものである。本書が対象とする若い世代の行為者の歴史に着目する代表的な研究には、ショウの『ジャック・ローラー』(1930＝1998) がある。ショウが試みたのは、①非行少年の視座、②非行少年が反応する社会的・文化的状況、③非行少年の人生における過去の一連の経験や状況、を導き出すことができる「少年自身の物語 (own story)」(ショウ 1930＝1998: 28) の事例解析である。それに対して、本書で分析対象にするのは、学校から職場への移行、長い間、スケートボードに打ち込んでいる若者たちの文化的行為とその行為に身体を賭けて生きる「彼ら自身の物語 (their own stories)」である。「彼ら自身の物語」を描くことの方法論的意義は行為者の日常をできるだけ、ありのままに再現することにある。行為者の日常のありのままの再現を通じて、都市下位文化集団へのコミットメントと文化的行為の継続が、いかにして彼らの社会空間の移

[1] スケートボードを使っておこなう技のこと。スケートボーダーの間では、スケートボーダーの技のことを「トリック」とも「技」とも呼ぶ。

5

動を導いていくのかを探る。行為者の歴史を彼らのライフストーリーをもとに描きだし、それらが社会空間における個々の移動のみならず、集団としての軌道を形成していくことまで論及していく。そうした試みを重ねることで、学校文化と距離を置き都市下位文化に帰属することがもたらす社会空間の移動と、文化を媒介にした社会的な再生産の構造がみえてくる。

本書ではスケートボードという文化的行為が抱える固有の社会的世界を描写しながら、都市下位文化研究の研究蓄積や経験的視座を各章に取り込み検討していく。都市は多様なアクターを集積し文化的行為を生み出す装置である。私が研究に着手した２０００年代に、スケートボードは路上に湧出していた代表的な下位文化集団であった。本研究はその当時の社会的状況と呼応し産み出された。研究に着手した時期や国が違えば、対象は異なっていたに違いない。都市下位文化研究はその集団が湧出するローカルな場所の社会＝歴史的経緯を反映している。

スケートボーダーとの都市空間での出会い、スケートボードという文化的行為を対象化することの社会学的な意義を踏まえて本書の方向性を定めたい。本書で対象とするのはスケートボードという文化的行為を媒介に形成され生み出される若年集団の文化的実践である。集団は個人の寄せ集めではない。個人が集まり文化を共有し、集団は文化的行為を創出する。若年集団の文化的実践を対象に、下位文化集団内で交わされる会話、みぶり、日常的なやりとりからなる「相互行為の集合」（ゴッフマン１９６７＝２００２．２）を記述する。本書の目的とはスケートボードを媒介に形成される都市下位文化集団を対象に、集団と集団を取り巻く諸環境との相互行為の経験的分析を通じて、下位文化集団の生成過程と実践の内実を明らかにすることにある。

序論　暗がりの律動、没頭する身体

2　舞台と編成

　都市に生起する下位文化集団は学校や職場で形成される集団のように制度的・組織的な基盤をもたない。集団の形成や維持が組織的に拘束されず、集団の自由度は高い。自由度の高さはいかなる支えももたない脆弱性の上に成立する。下位文化集団が歴史的にみて都市に湧出してきた生成原理については、フィッシャー（Fisher）の「アーバニズムの下位文化理論」（1975＝1983）によってすでに解明されている。概略すると、都市社会は他の地域社会と比べて人口量が確保されていることで、趣味や関心事項を共有する成員が集まりやすく、行為を生み出す場や空間が確保されやすい。都市社会に形成される下位文化集団は参入の障壁が低いだけでなく、他の下位文化集団との接触・衝突・摩擦によって、帰属する集団の集合的アイデンティティを強化する。[2] フィッシャーの下位文化理論は社会解体ではなく構造的分化である下位文化の生成に着目することで、コミュニティの都市度を図る有効な分析枠組みを構築した。
　フィッシャーの下位文化理論の弱点は、下位文化を形成する固有の集団内論理や下位文化を生み出す行為者の主体的な実践を後景化したことである。下位文化集団を維持する文化的実践や集団のポリティクス、

[2]　下位文化の生成の論理は松本にならう。「都市は非都市にくらべて社会的異質性が高い。これは、ひとつには、都市が社会的分業を促進し、職業上の異質性を増大させるからである。くわえて、とくに流動性の高い都市においては、異質な背景をもつ人口が流入してくるから、社会的異質性は高くなる傾向がある接触可能な人口量が多ければ多いほど異質な社会的ネットワークは分化し、こうした社会的ネットワークの分化に支えられて多様な下位文化が生成する。その結果、都市は、文化的異質性を促進する」（松本 1992a: 50）。

下位文化を生み出し維持する行為にかける行為者の主体的な経験や個々の生きられる歴史は棚上げされてしまう。そこで本書では、相互行為の経験的分析を手掛かりにして、都市に形成される下位文化集団が、行為者たちのいかなる行為の集積によってどのようにして生成されるのか、どのようにして下位文化集団は維持されるのか、集団の生成と維持のメカニズムを解明する。言いかえると都市下位文化集団の相互行為に着目し、その相互行為の分析に、空間、集団、時間を埋め戻していくことで、都市下位文化集団の相互行為に関する理論的・経験的視座を確立していく。現場で抽出された生のデータをもとに、本書は6つの章から編成される。

都市下位文化集団の社会的世界に迫る理論と方法を整理する（第1章）。都市下位文化という分析概念が精緻化される前に、初期シカゴ学派都市社会学では都市に生起する社会的集団に関する豊穣な研究蓄積をまとめている。初期シカゴ学派都市社会学の蓄積をうけて、若者の下位文化集団への分析を深めたのがバーミンガムの初期カルチュラル・スタディーズである。初期カルチュラル・スタディーズでは都市というフィールドが問いの前提からは外れるものの、都市下位文化研究へのエッセンシャルな研究である。初期の下位文化研究は深化していく。初期シカゴ学派都市社会学から批判的に継承したポストサブカルチャーズ研究とが交錯する地平で都市下位文化研究は深化していく。初期シカゴ学派都市社会学から批判的に継承したポストサブカルチャーズ研究は社会的排除論と交差する。ポストサブカルチャーズ論まで一貫して選択されてきたのが、集団にできるだけ迫り、集団の社会的世界を描き出す、インタビューやフィールドワークを軸とした質的な調査法である。

スケートボードを媒介に形成される若年集団が都市のいかなる場所に集まるようになるのか。たまり場の湧出過程に着目すると都市空間の利用と管理との関係がみえてくる（第2章）。たまり場の湧出と消失を追跡し、都市空間のポリティクスとガバナンスとの交渉と折衝の過程に迫る。スケートボードが都市で

序論　暗がりの律動、没頭する身体

問題になる90年代の社会的状況やスケートボード文化の歴史的経緯についても触れる。その上で、スケートボードという行為が、ストリートでの文化的活動、スポーツ的な身体活動、非行・逸脱的行動の3つの境界領域を揺れ動きながら生み出されている実践であることが導きだされてくる。

滑走によって味わうことのできる身体的な快楽がスケートボーディングの文化的行為の醍醐味である（第3章）。スケートボーディングは個人の行為ではない。集団でスタイルや言語を共有し、自身の身体を賭けて難易度の高い技に挑戦することにより、都市空間の建造物を自分たちの行為対象のモニュメントとして読み替える。快楽と恐怖、怪我と隣り合わせの滑走スリルを集団で乗り越えるところに、快楽が生まれる。行為を継続させている集団内での役割や規範を分析する（第4章）。そのなかでも、専用広場を「たまり場」とする集団内での序列構造を追跡した。パフォーマンスによる序列や広場の管理をめぐる集団内の調整、男性スケートボーダーの中での女性スケートボーダーのジェンダー規範等についても検討する。

文化的行為が地方のポリティクスと出会う。路上で問題となった当事者であるスケートボーダーたちが、専用広場の獲得を目指して署名活動を展開し、実際に専用広場を獲得していく過程を追尾していく（第5章）。スケートボーダーによる署名活動は2000年から2005年にかけて全国的に確認された。署名活動は顕著な成果をもたらす。90年代から2014年までに地方自治体がスケートボードの専用広場を開設してきた。土浦駅西口広場の事例をもとに署名活動から広場設置に至る過程を解明する。

文化的行為の社会的世界の分析を経て身体化された行為の帰結を明示する（第6章）。集団に帰属し、文化的行為を生み出すことに賭ける時間の意味を彼らの社会空間の移動のなかで捉えていく。本書では都市下位文化の担い手の個々の軌跡を追いかけ、そこに集団の社会的軌道を見出していく、この点は都市下位文化研究の新たな成果である。

9

第1章

都市下位文化集団の理論と方法

　実践をその固有の論理において把握し、ただしく理解するために必要なまなざしの転換をおこなうためには、理論的視点に対して理論的視点を取らなければならない。そして、研究者（民族学者、社会学者、歴史家）は自分が観察し分析している状況と諸条件に対して、行動に関与し、ゲームとその争点に自己投資している能動的な行為者の立場にはいないという（ある意味ではあまりに自明的な）事実から、すべての理論的・方法論的帰結を引き出さなければならない（ブルデュー 1997＝2009: 96）。

路地裏の「たまり場」
（©スケーター撮影）

都市を歩くふとしたときに目撃するこの文化的行為は個人では生み出されない。スケートボーダーがひとりで滑っているとしても、彼らは仲間と繋がっている。一同に集い、集団で文化的行為を生み出すようになると大衆の目にとまり問題視される。集団が「社会の眼」に触れる段階で、都市下位文化集団は規範やコードからしばしば逸脱する集合的行為を創りだすと認識される。下位文化集団が生み出す集合的行為を社会の秩序を乱す逸脱的行為や法を侵す犯罪的行為として捉えられるか、独自の行動規範やスタイルを生み出し共有する文化的行為として捉えられるかに応じて、都市社会学における下位文化研究と文化研究におけるサブカルチャーズ研究の主に2つの学問潮流のなかで蓄積されてきた。

1 相互行為の生成論理

都市下位文化の生成には共通の目的を共有し、特定の文化的行為を創出する社会集団の形成が欠かせない。都市に生起した社会集団に着目したのが、1918年から1933年までに生み出された初期シカゴ学派都市社会学の膨大なモノグラフ研究である[1]。この当時、編まれたモノグラフ研究のなかに都市下位文化研究の源流をみることができる。

初期シカゴ学派都市社会学はボアズ（Boas）やローウィ（Lowie）らの人類学者が取り組んでいた観察法を取り入れ、フィールドワークによる経験的研究を蓄積してきた[2]。11年間のジャーナリストとしての経歴をもち、ジンメルの教えを受けアカデミックなバックグラウンドをもつパーク（Park）は、人類学的フィールドワークを都市社会の分析へと援用し、シカゴ都市を分析していく大規模な調査プロジェクトを立ち上げ継続した[3]。その意図は明確で「フィールドワークをおこなうことで、都市での人々の生活や慣習、

第 1 章　都市下位文化集団の理論と方法

信仰や社会的慣習に関してより深い研究ができ」(パーク 1925＝1972: 1-3)、シカゴ都市が抱える問題に向き合う処方箋を導き出すことができると考えていたからである[4]。

初期シカゴ都市社会学派の対象は、スラム、売春、家族解体、ギャング、娯楽施設に及んだ。いずれの研究も社会集団に焦点をあて分析を進めていた。本書の対象とも重なる都市に生きる若者を対象とした代表的な民族誌には、スラッシャーの『ギャング』(Thrasher 1927＝2013) とショウの『ジャック・ローラ

[1] 1892年にアメリカのシカゴ大学に世界ではじめて社会学部が設立された。1918年に出版されたトマスとズナニエツキの『ヨーロッパとアメリカにおけるポーランド農民』の刊行から1933年のパークの退職までの期間が、シカゴ学派モノグラフの萌芽期であるとともに、黄金期である (中野 1997: 3)

[2] 19世紀末葉のメトロポリス、ベルリンを念頭において「大都市と精神生活」を論じたジンメルは、19世紀の大都市を巨大な社会的・技術的機構と化した社会システムと、それに抵抗する個人の自己保存の場として捉えている。個人は、一方において、村落のような小さな社会（圏）から解放され、相対的な自立性を獲得すると同時に、他方において、ますます分化し物象化された社会システムに対して、自己を防御し、個性を主張せざるをえなくなった。過剰な神経的刺激、慎み、歓楽に飽きた態度、非人格性、個性化といった都会人の社会的性格は、ジンメルによれば個人の自己保存の欲求に根ざすものであるとされる (松本 1992a: 34)。

[3] シカゴ学派は1895年から1935年までの間に113人の博士号取得者と202名の修士号取得者を輩出している。1914年にパークが着任してからは、次の調査認識が学生たちに踏襲されていった。「…〈略〉…どうしても必要なものがあるんだ。自分の目でみることだよ。一流ホテルに出掛けていってラウンジに腰掛けてみなさい。安宿のあがり口に腰をおろしてみなさい。ゴールドコーストの長椅子やスラムのベッドに腰をおろしてみなさい。オーケストラホールやスター・アンド・ガーター劇場の座席に座ってごらんなさい。要するに、諸君、街に出ていって諸君のズボンの尻を「実際の」そして「本当の」調査で汚してみなさい」(中野 1997: 6)。

[4] 社会学の仕事は何らかの社会的要請に応えるかたちで生み出されるものであるという認識にもとづき、カステルは、初期シカゴ学派の研究志向性について簡潔に指摘している (カステル 1968＝1982: 58、ピクヴァンス編)。

13

ー」(Shaw 1930＝1998) がある。スラッシャー (1927＝2013) はシカゴ・ギャングのモノグラフを約7年の歳月をかけてまとめ、21人の少年ギャングが書いた生活史や新聞記事、未刊行の資料を用いて分析した。シカゴの1313組のギャング集団の所在と分布をつきとめ、ギャング集団を自然史発生的な発達段階からみて、散漫型・団結型・因習型・犯罪型の4種類に区分できることを明らかにした（中野 1997: 13-16）。ショウ (1930＝1998) は200人に及ぶ17歳以下の非行少年を対象とした先行調査を経て、非行少年スタンレーについて生活史法を用いて分析した。スタンレー少年の17年間の現実構成のありようを少年自身のテクストによって「丸ごと」提示する一方、テクストによってその個人を取り巻く背景――都市化が急速に進んだシカゴの非行多発地区のさまざまな状況――を包括的に記述するという方法により、人の行為、そしてその行為者の状況を規定とする歴史的、社会文化的、制度的状況を明らかにしている（ショウ 1930＝1998: 342）。

数多くの母集団を類型化したスラッシャーの研究と、生活史法を用いて行為者としてのひとりの少年の現実構成から少年をとりまく歴史的、社会文化的、制度的状況を記述したショウの研究はそのどちらもシカゴに生きる若者の生に迫ったものだ。ショウの生活史法は都市下位文化行為者に生きられる時間に肉薄する分析として重要な示唆を提示している。スラッシャーやショウの研究の原点に位置づく初期シカゴ学派都市社会学のモノグラフの原動力となったパークは、都市と下位文化について興味深い記述を残している。

都市における交通・通信手段の発達は、個人の流動性を増大させる。個人の流動性の増大は、より小さなコミュニティにみられる親密で永続的な結合を偶然的で一時的な関係へと変化させ、多様なパ

第1章 都市下位文化集団の理論と方法

ーソナリティを生み出す。しかし、この多様なパーソナリティは、疎外されたパーソナリティとして描き出されるものではない。むしろ都市は、多様な個々人がそれぞれの資質や才能を結ばせるような環境を提供するものである。このような関係性の変容の過程に介入するのが、趣味や気質にもとづく凝離から生じる**都市の下位文化の生成**である（パーク 1925＝1972: 42 強調原文）

パークはこれを都市住民の「モザイク的な小世界への分化」と表現し、そのメカニズムを社会的感化、逸脱的下位文化への社会化に求めている。[6]　社会的感化とは気質にみられる共通な差異を刺激して分岐する異なったタイプをつくりあげるものであり、ノーマルなタイプに一致させようとする性向を抑制しようと

[5]　初期シカゴ都市社会学派の都市民族誌は、逸脱や非行研究の先駆的業績として整理される。そのなかでもスラッシャーやショウの研究は、単に若者の逸脱や非行を描いたものとしてではなく、若者それぞれの生に迫っていることに重点をおいたサブカルチャーに関する経験的な仕事として捉え直していく必要がある。

[6]　文化とは、ときに、政治や経済、諸制度からなる諸分野の〈隙間〉を埋める役割を担い、またあるときには、それら全体を包みこむかのような上位概念として認識されてきた。本書において、文化とは、「社会生活のあり方」（ウィリアムズ 1988＝2002: 43）であるというウィリアムズがまとめた文化の三番目の定義を重視した。ウィリアムズによると、文化の分析とは、まず、「特定の生活の仕方、特定の文化に暗黙の内に、はっきりとした形で含まれている意味と価値を明らかにすることである」という。文化的世界の意味分析や文化の表象分析と問題意識を共有しているものの、それは、「文化の分析は、生活の仕方の中にある要素で、他の定義に従うものには全然「文化」ではないもの、たとえば、生産の組織、家族の構造、さまざまな社会関係あるいは社会の構成員がコミュニケ構造、さまざまな社会関係あるいは社会の構成員がコミュニケーションする時の独自な形式、の分析をも含んでいる」（ウィリアムズ 1988＝2002: 43）と述べている点である。文化は、まずもって、文化をとりまく社会構造、政治、経済と無縁ではいられない。

するものでもある（パーク 1925＝1972: 46）。この社会的感化は異質な人々が共通にもっている諸特性に道徳的支持を与え、同類同士の結合を生み出す。その一方で、パークは都市における人々の生活や多様な文化は複雑であり捉えがたいものであるとも述べている[7]。複雑で多様な都市社会にこそ、同類同志の結合は生み出されるというパークの示唆に、都市下位文化研究の原点を確認することができる。

初期シカゴ学派都市社会学の広義の下位文化研究を援用し、米国の社会学者によって1947年以降1978年にかけて蓄積された下位文化研究に対して、ファインとクライマン（Fine & Kleinman 1979）は、次の4点の問題点を呈示した。第一に、文化的価値、行動、実践によって維持され生み出されいわば文化的に規定される下位文化と、年齢やネットワークによって構造的に規定される下位社会（the sub society）を同義のものとして把握してきた点。第二に、単一の集団を取り上げるケーススタディーと、無作為抽出によって対象を選定し、年齢・人口・人種などの項目を用いて構造的・人口統計学的に分析するサーベイ調査という2つの代表的な調査方法によって、下位文化研究が、ある特定の集団内部に固執し集団をとりまく他の要因を看過してきた点。第三に、下位文化をとりまく全体社会から孤立した同質的で変化のない閉ざされた社会的まとまりのシステムとして下位文化を捉えてきた点。第四に、衣服、髪型、儀礼的対象物、食事、道具等の日常生活における文化的アイテムに着目することなく、価値、信条、規範、社会的事実といった価値体系に限定して下位文化を分析してきた点である。これら4点の問題を解消する視点として、シンボリック相互作用論を援用して、ファインとクライマンはインターロッキング・グループネットワークとアイデンティフィケーションとコミュニティレスポンスの3点を呈示し、結論的には、下位文化的アイテムの創出、交渉、伝播を内包したひとつのプロセスとして下位文化を描出する視座を提示した[8]。

シカゴ学派都市社会学の系譜を継承し都市下位文化研究に関する理論的見解を示したのがフィッシャー

第 1 章　都市下位文化集団の理論と方法

の「アーバニズムの下位文化理論」である。「アーバニズムの下位文化理論」は、ワース（Wirth）が逸脱や社会解体として記述した現象も含め、都市の規模や密度からは独自の社会的結果が生み出されると論じたのに対して、結論を導き出す過程に相違点がある。ワースは当時のシカゴの社会混乱状況を記録した民族誌的な業績とジンメルやデュルケームの社会理論の影響をふまえ、都市を「社会的に異質的な諸個人の、相対的に大きい・密度のある・永続的な集落である」（Wirth 1938＝1978: 133）と定義していた[9]。それに対

[7]　「都市とは単に個人の集まりでも道路や建物や電灯や軌道や電話などの社会的施設の集まりでもなく、それ以上の何ものかである。都市とは、心の状態であり、慣習や伝統やこれらの慣習に本来含まれ、この伝統とともに伝達される、組織された態度や感情の集合体である。いいかえると、都市は単なる物質的な機構でもなければ人工的な構造物でもない。都市はそれを構成している人々と活気のある生活過程に含まれており、いわば自然の産物、とくに人間性の所産なのである」（パーク 1925＝1972: 58）。

[8]　「インターロッキング・グループネットワーク」は、マルティプルグループメンバーシップ、弱い絆、特定の構造的役割を果たす人物、メディアによる伝播の 4 点からなる。マルティプルグループメンバーシップは、文化的アイテムの広がりを考える上で重要な視角となる。従来のサブカルチャー集団内の個人をある特定の集団のひとつの集団に属する個人として捉えて来た。ギャング集団の一員であり、学校仲間の集団、他の文化的行為の集団のひとつの集団の一員でもある。複数の集団内外を行き来することを通じて、文化的アイテムが相互に浸透していくと考えることができる。弱い紐帯とは、サブカルチャー集団に属する個人は、集団内部のかかわりとともに、集団の外部の友人とも社会的ネットワークを維持している。あるひとつのローカルな社会的ネットワーク内部の個人から、ほかのローカルな社会的ネットワーク内の友人へという文化の伝播は、サブカルチャー内の文化的要素に関するコミュニケーションにとって、重要な契機となっている。文化的情報は、サブカルチャーの集団間関係において特定の構造的役割を果たす個人を通じて、他の集団内個人の文化的活動と同様にメディアを通じて伝達される。サブカルチャー集団は、変化のない静的集団ではない。集団内個人の「アイデンティフィケーション」また、外社会の人々との接触を通じた「コミュニティレスポンス」が、直接的・間接的に影響を受ける。

して、フィッシャーは、都市における「逸脱および解体」の高い発生率は、疎外や匿名性等の要因から説明されるのではなく、通念にとらわれない下位文化 (unconventional subculture) の活力を、十分に維持できるほどの多数の人々の集合から、換言すれば、「臨界量 (critical masses)」の概念から説明する。「逸脱」と呼ばれる現象は、行動の領域に顕在化する下位文化のひとつの現われであると考えられている (Fischer 1975 = 1983: 52)。

フィッシャーは以下の4つの命題を掲げた。①地域が都市的になればなるほど、下位文化の強度が増大する。②地域が都市的になればなるほど普及の源泉 (sources of diffusion) が増加し、下位文化の普及が増大する。③地域が都市的になればなるほど、非通念性が増大する。ワースからフィッシャーへの理論展開を整理した松本ほど、非通念性が増大する。ワースからフィッシャーへの理論展開を整理した松本は、ワースのアーバニズム論が都市にみられるあまりに多くの現象を「都市」の効果に帰着させているのに対し、下位文化理論の主張はきわめて控えめなものであるとする。

すなわち、下位文化理論は、①都市をこえた社会システムが、都市の社会構成や利用可能なテクノロジーの水準を規定すること、②都市の社会構成がそれだけで、ライフスタイルの変奏を規定することの2点を与件とする。そのかぎりにおいて、下位文化理論は、社会構造論的アプローチと両立可能である。下位文化理論では、ワースと異なり、都市にみられる現象のほとんどを都市に還元してしまう「生態学的決定論」の立場をとらない。構造的な規定性を与件としたうえで、それでもなお都市それ自体の効果を認めようとするところに、下位文化理論のアーバニズム論たるゆえんがある (松本 1992a: 46)。

フィッシャーは、下位文化とは外部社会から相対的に区別される相互に結合した社会的ネットワークとそれに結びついた価値・規範・習慣などの集合であるとする[10]。フィッシャーの「アーバニズムの下位文化

第1章 都市下位文化集団の理論と方法

理論」が従来の理論と異なるのは、①都市は特定の内容をもった文化を生成させる場所ではないとし、都市化と近代化、あるいは都市化と大衆化を混同する従来の観念から脱却し、都市を文化的異質性の増幅装置として考えた点と、②文化的な異質性の増幅メカニズムを、社会解体にではなく、構造的分化、とりわけ分業の発達と社会的ネットワークの分化に求めた2点である(松本 1992b: 145-146)。

フィッシャーの下位文化理論は、都市でみられる下位文化を文化的現象として切り取って論じるのではなく、文化を生み出す装置としての都市の側面を交え構造的な要因をふまえ論じていくのに示唆的である[11]。松本は下位文化は外部の社会から総体的に区別された社会的ネットワークと、それに結びついた特徴的な価値・規範・態度などによって構成される社会的世界であるとする。下位文化とはそれが人種—民族にも

[9] ワースの生活様式のアーバニズム理論は、①都市では土地利用の分化が進み、階級やライフステージや民族による棲み分けが起こり、商業地域や工業地域やさまざまなタイプの住宅地が形成される(空間的隔離)。②都市では近隣関係や親族関係が衰退して、人間関係が匿名的で打算的で一時的な浅いものとなり、人々は孤立し、疎外感を味わい、流行や政治宣伝に惑わされやすくなる(社会解体と都市的社会関係・都市的パーソナリティの成立)。③都市では、分業が発達し、大量生産・大量消費の生活様式が浸透し、人びとの生活は画一化される(分業の発達と大衆化)。④こうした生活様式は、しだいに都市から農村へと伝わっていく(生活様式の都市化)(松本 1992b: 137)と整理される。

[10] 松本(1992b)は、フィッシャーのいうサブカルチャーとパークの「モザイク的な小世界」は同義であると述べている。

[11] フィッシャーの蓄積の研究史的な位置づけと都市文化がなぜ「新しい」のかについては、松本(1991, 1992b)を参照のこと。尚、拙稿(2003)では、アーバニズムの下位文化理論とカルチュラル・スタディーズのユース・サブカルチャーズ論との交錯を検討している。フィッシャーの下位文化理論は本書の範疇を越えて社会的ネットワークの「構造化」という観点の理論的検討へと深化している。

とづくものであれ、職業や階級にもとづくものであれ、趣味や文化的選好の点で特徴的な社会的ネットワークを指すものである。

フィッシャーの下位文化の生成の構造的な解釈は、行為者の主体的な実践や意味を分析に主眼を置かない。初期のシカゴ学派のモノグラフは「何よりも彼らのまなざしは、最終的にはそれらを社会病理的なものとして、社会的規範からの「逸脱」とみなす視点に回収されてしまった」(吉見 2000: 33-34) という指摘から逃れることができない。これらの指摘をふまえると本書では、一方で、初期シカゴ学派都市社会学のモノグラフの手法に学びながらも、集団の行為を社会病理や逸脱行為として結論付けるのではなく、他方で、下位文化の生成の構造論的解釈にも収斂しない、都市下位文化集団の分析手法と視座を獲得しなければならない。

2 相互行為の象徴闘争

初期シカゴ学派都市社会学は「subculture」を概念化していない。社会学的な用語としての「subculture」は、グリーン (1946)、ゴードン (1947) らによるナショナルカルチャーのサブディビジョン「a subdivision of a national culture」として初めて概念化された。グリーンは、「subculture」を「集団、社会階級、地域、職業、宗教、都市、農村居住地、などの要因のコンビネーションにおいて画一化も変容もできるもの」(Green 1946: 354) とし、これを受けてゴードンは、「階級の社会的位置において画一化される国民文化のサブディビジョン (sub-division) である」(Gordon 1947: 40-43) と定義した。

20

第1章 都市下位文化集団の理論と方法

「subculture」に関するわが国の社会学的な用語としては、漢字と片仮名の2通りに記述されて使用されている。「下位文化[12]」と漢字表記される場合は、初期シカゴ学派都市社会学のアーバニズム論を再構成したフィッシャー (1975) の「アーバニズムの下位文化理論 (Toward a Subcultural Theory of Urbanism)」を理論的基盤として都市の「subculture」が語られている。「サブカルチャー」と片仮名表記されるものは、ブリティッシュ・カルチュラル・スタディーズのユース・サブカルチャーズ研究に依拠する際に主に用いられている。本書では文献からの引用時は「下位文化」と「サブカルチャー」を併記して用い、本文は下位文化で統一し表記する。

下位文化が脱規範的な下位文化として理論的に語られるようになったのは1970年代である。吉見によると「サブカルチャーは、単純に機能的な意味で社会システムの下位体系なのでも、小集団の価値体系なのでもなく、むしろ社会の支配的な価値を相対化していく契機を含んだ一定の集団の文化的世界として理解される」(吉見1998: 126)。このような意味で、それまで「非行」や「逸脱」として語られてきた若者たちの文化を「サブカルチャー」として再定義していく視座をはっきりと示すのがベッカー (Becker) の『アウトサイダーズ』(1963＝1978) におけるラベリング理論である。

ベッカーは「逸脱とは人間の行為の性質ではなくして、むしろ他者によってこの規則と制裁とが「違反者」に適用された結果」なのだという観点から考察している。ベッカーはマリファナ文化とジャズ・ピア

[12] サブカルチャーは「下位体系」――相互に結合した社会的ネットワークの一群（ある意味で、重複した社会圏）――とそれに結びついたサブカルチャーそれ自体――下位体系に共有された規範や習慣――である。サブカルチャーの定義上の特徴は、絶対的な基準ではなく、変化しうる諸次元――関係の分離（境界）の程度、それらの文化的要素の内的一貫性――である（フィッシャー 1976＝1996: 362）。

ニストの世界についての参与観察をもとにケーススタディーをおこなった。逸脱研究が非行の発生を環境、家庭生活、性格型といった要因に結び付けていて、非行少年が日常生活でどのような活動をおこなっているか、彼が自分自身を、社会を、自分の行動をどのように見ているかについて語られていない、絶対的な研究量が乏しいことによって理論化の条件を欠いていることが問題視されている。ベッカーの研究以降、それまで非行、逸脱として扱われた若者たちがサブカルチャーとして論じられるようになる。下位文化が適応の問題を抱えた逸脱集団の文化ではなく、「逸脱」のレッテルを貼る支配的な価値規範に疑問をさしはさむ文化実践であることが示される。

70年代以降、バーミンガム現代文化研究センターを拠点に展開される下位文化研究の先駆的な研究にコーエン (Cohen) の『Subcultural Conflict and Working-Class Community』(1972) がある。コーエンはロンドンのイーストエンドでのフィールドワークにもとづきながら、イングランドの労働者の日常世界を支えてきた諸々の文化的価値が、戦後の社会経済的な変動のなかで維持できなくなったとし、その変化の直接の要因に居住環境の変化があることを指摘する。50年代を通じて、ロンドン東部でニュータウン建設や大規模な不動産開発が進み、それまで労働者が集住していたイーストエンドからかなりの人口が移住した。同時に、この地区でも公園に近かったり、19世紀の古風な雰囲気を残した一画は中流階級の居住地へと再開発され、他の地域には西インド諸島やパキスタンからの移民労働者が住みついていた (吉見 1998: 126)。

当時の若者はメディアを通じて宣伝される消費文化の誘惑にさらされていた。生産的な労働の価値を重視する親世代の文化的価値の影響も受けていた。労働者階級の家庭は、親から子へと階級文化が伝えられていく場となり、異なる価値がせめぎあう闘争的な場となった。一方で、この緊張を含んだ状況は労働者階級の若者たちの結婚年齢を下げる方向に作用し、若者たちは親世代との確執から逃れようと、早々と結

第 1 章 都市下位文化集団の理論と方法

婚を決めてしまう傾向をみせるようになった。この状況を背景に生じたのが労働者階級の下位文化であった。コーエンはこの家族離れのための早婚化という逆説的行動について、諸々の下位文化が、服装、音楽、隠語、儀礼という4つのサブシステムであると捉え、下位文化を階級間の差異化の関係と親子間のオイディプス的な関係の絡まりあいのなかで捉え返していくことができるという認識を示した（吉見 1998: 126）。

コーエンの問題提起を受け、ホール（Hall）とジェファーソン（Jefferson）によって編集された『Resistance through Rituals』（1975）では、第二次大戦後イギリスで盛んに語られていた若者文化論に階級的な視座から批判的な介入をするという明確な企図が見られた。[13] ホールらは問題を隠蔽してしまうような若者文化論に対して、若者たちの文化的実践が内包する葛藤やねじれを下位文化の問題として捉えていく必要があると指摘する。その中でコーエンの下位文化論は下位文化における若者たちのイデオロギー的な実践と階級的位置との複雑なありようを捉えたものとして評価された。

コーエンは戦後イギリスにおける下位文化の簇生に社会全般のブルジョワ化の結果とみるだけではなく、むしろある社会的経済的な変容を異なる社会階層がどのように受けとめていったかを見出す。しかしながら

[13] 若者は戦後の社会変化を表象するもっともわかりやすいシンボルであったとされる。戦後の若者たちの風俗は、保守派から道徳的秩序を乱す「社会問題」と見なされていた。一部のジャーナリズムの間ではそれが未来を暗示しているとされてきたが、いずれにせよ、戦後の多くのメディアによって、若者文化は戦後の時代を理解する鍵として扱われてきた。ホールらは、若者の風俗が社会問題として捉えられてきた状況を、単にマスコミが作り上げた虚像にすぎないとみなすことはできないとしながらも、この「若者文化」という問題設定が、問題の本質の解明を阻み、隠蔽していると批判する（吉見 1998: 128）。

ら、コーエンの視点を発展させていくには、階級文化に生じた変化を若者たちが異なる仕方でどのように経験し、それがどのような回路を経てサブカルチャーに結集したかについてもっと丹念に捉えておく必要があったとされる（吉見 1998: 130）。それぞれの若者が置かれた状況と、彼らが下位文化を構成していくさまを結び合わせる議論は、アルチュセールの構図にもとづいて図式的に把握する程度にとどまっていた。ホールらはグラムシを援用しつつ、従属的な階級が支配的な階級との折衝のなかで彼ら自身の文化と社会をいかに形成してきたかを強調した。労働者階級の文化とは、そもそも折衝を通して形づくられてきたものである。若者の下位文化も、このような意味において親世代の文化や支配的な文化との折衝の実践であるのである。それらは決して所与の階級的現実を前提とする想像的な構築物であることはないと言われる。

ホールらは下位文化をめぐるコーエンの議論からわずかではあるが重要な転換をおこなっている。ホールらにとって下位文化は、階級の編成を前提としたイデオロギーではなく、イデオロギー性を孕みつつも、それ自体が現実を構成していく実践なのである。若者たちは生活のリズムを生み出し、空間を占拠し、独自の言語を組織している。重要なのは、ホールらは、階級が下位文化を生む若者たちの日常を構造的に枠づけているという認識を捨てているわけではないということである。この時点で下位文化は、下位文化を含めた文化的条件の中にある問題に対する若者たちの反応として、そのとき階級は、下位文化を含めた文化の編成を条件づける最終的な審級として担保されている。この階級的条件が戦後に変容していくなかで、若者たちは親世代とは異なる仕方でこれに反応した。ホールらは、下位文化に着目する視座を保持して親世代の実践が、①その母体の階級文化との関係と、②ヘゲモニックな文化との関係、という両面から立体的に把握されなければならないと論じ、この両面が学校、職場、余暇、という3つの領域において、それらの相互の関係においてどう生きられていくのかを分析する必要があると主張する。若者たちの音楽やフ

第 1 章　都市下位文化集団の理論と方法

アッシュ、レジャーや消費の儀礼的なスタイルのなかで、「階級」と「世代」という2つの契機はどう絡まりあっているのか。若者たちがこれらの契機に条件づけられているだけでなく、彼ら自身がその集団的実践により自らの文化的、物質的環境をどのように活用し、また再構築し直したりしているかについて明らかにしていく必要があった（吉見 1998: 129-130）。

ユース・サブカルチャーズ研究では、テディーボーイ、モッズ、スキンヘッズ、レゲエなどの下位文化についてのエスノグラフィクな記述がみられる。なかでも、70年代末から80年代にかけてバーミンガムの現代文化研究所は、ウィリス（Willis）の『ハマータウンの野郎ども』（1977＝1996）、ヘブティジ（Hebdige）の『サブカルチャー』（1979＝1986）という代表的な成果がある。ウィリスは、バーミンガム近郊の工業都市の労働者階級が優位を占める新制中学校において、労働者階級の親をもつ男子生徒12人からなる集団を主な調査対象とした。彼らの学校での様子と、卒業後の労働生活に対して6ヵ月間おこなわれた参与観察から、労働者階級の子供たちが、総じて労働者階級の職業につく傾向をもち、自ら進んでそれを選択する傾向にあるのはなぜかという問いを掲げ、彼らに固有の論理を見出していくことでその問いに答えようとする。そこには、文化に対するウィリスの認識論的立場がある。文化は、社会化の理論が説明するように、「単純に外的世界が人格に内面化された体系などではないし、また、ある種のマルクス主義が主張するように、支配的なイデオロギーを受動的に押しつけられた結果であると片付けることはできない。文化はそれらでもあると同時に、少なくとも部分的には、集団的な人間主体の実践的な行為から生み出されるものなのである」（ウィリス 1977＝1996: 20）。

ウィリスの研究は「野郎ども」の下位文化と労働者階級の文化との連続性を彼らが生きていく過程のなかから描き出したことが意義深い。これは、「文化的な現象のかたちと、その内部構造と、それらを規定

する構造的要因を抽出する可能性を開き、その必要性を示唆している。

ヘブディジは若者のスタイルを記述し、彼らが身にまとう「記号」において交差する意味のせめぎあいを、70年代のイギリス社会という具体的状況のなかで捉えた（吉見 1998: 134）。支配的な文化は現実があたかも「自然秩序の明白な法則」に従って作られたものであるかのように呈示しがちなのに対し、下位文化はモノの従来の使用法を破壊し、記号を新しい文脈に据えなおし、現実に対する異物として自分たちの解釈を表示するのだと主張する。ヘブディジはテディーボーイ、モッズ、スキンヘッズ、パンクなどの事例から、英国社会の若者たちが置かれた状況のもと、階級と人種、また黒人移民文化がどのように交差するなかで、それぞれの下位文化のスタイルをつくりあげていったかを示している。ヘブディジは若者たちの下位文化は労働者階級としての階級的アイデンティティを必ずしも所与の規定力として考えられるものではないと主張する。つまり親世代の階級文化と子世代のサブカルチャーとは、連続的でないという事実を喚起している。若者のサブカルチャーは、所与の階級に枠づけられるわけでなく、彼らが置かれた状況のなかで「伝統的」な価値を再編成しておこなう実践のほうが、彼らのグループのアイデンティティを構成する契機として作用しているのである（吉見 1998: 136）。

ホールらによって提唱され、ウィリスやヘブディジらの研究成果を世に送り出したカルチュラル・スタディーズのユース・サブカルチャーズ研究は、「当時の英国社会が直面していた経済状況の深刻化や政治の保守化の中で、文化的闘争の担い手としての可能性を見出し」（成美 2001: 103-112）、「シカゴ学派以来、どちらかというと自立した文化的宇宙として捉えられてきた街角の若者たちのサブカルチャーを、より大きな国家や資本のシステムと相互作用するものとして捉えていく可能性を開いた」（吉見 1998: 136）。

第1章　都市下位文化集団の理論と方法

　初期カルチュラル・スタディーズのユース・サブカルチャーズ研究の代表的なアプローチは、下位文化集団のスタイルの意味分析である。スタイルの意味分析では、下位文化がスタイルとしての意味をいかにしてつくりだし共有していくのか、この過程に焦点があてられた。とりわけ、髪型・隠語・音楽・ダンス等からなる象徴的構築物としての文化的アイテムへの記号論的解釈が加えられてきた。下位文化集団は異様なまでに均質なスタイルで身を包むとみるのは、外部の視線である。ヘブディジの著作にみてとることができるように象徴的構築物の記号分析は、下位文化集団と他の下位文化集団をとりまく外社会との意味世界の〈差異〉を分析するのに適している。

　下位文化集団は、服装や髪型、隠語（特有の表現）、音楽、身体所作等の文化的アイテムの寄せ集めからなるスタイルを共有し、文化的集団の社会的世界を構築している。下位文化集団は、商品としての文化的アイテムを生産・再生産する現代資本主義の社会的世界を構築している。下位文化集団は、商品としての文化的アイテムを生産・再生産する現代資本主義の再帰回路を備えたシステムの〈外〉にいることはできない。[14] 下位文化集団の社会的世界は、現代資本主義システムのなかに、埋め込まれている。下位文化集団の担い手にとって、文化的アイテムは、たんなる商品ではない。文化的行為を通じて、商品に意味を付与し、下位文化集団内部において共有される象徴的構築物をつくりあげていく。象徴的構築物をつくりあげていく過程とは、以前に存在した下位文化集団内における価値や意味を、直接的・間接的に継承していく歴史的営みでもある。

　下位文化の伝播や伝承の歴史的経緯は、国家の制度的枠組みや、ナショナルなものといった意味規範等

[14] サブカルチャーがそれをとりまく全体社会に蔓延する意味や価値、流通システムから無縁ではいられないという視座は、バルトの記号分析を援用しサブカルチャーの象徴世界の意味分析を展開したなかで明示されている。明示されている箇所としてはヘブディジ（1979＝1986: 123）を参照。

に、強く左右されない。世界同時的に発祥していく様相からもみてとれるように、それは、元来、グローバルでトランスナショナルな特性を強くもっている。注意したいのは、下位文化的行為が、根付いていく過程である。この過程は、文化全体で一様のものではなく、ときに、ナショナルで、ときに、ローカルな折衝交渉を経ていく。とはいうものの、下位文化集団のスタイル分析は、集団内部の差異を対象化したわけではない。翻って、下位文化的集団に属する個々の生き様に着目したのが、初期シカゴ学派都市社会学の都市民族誌による成果である。下位文化集団内部では、担い手それぞれが、拘りのスタイルを構築していく。この拘りのスタイルが、集団内部における差異を生み出すのである。

ユース・サブカルチャーズ研究の意義は「資本やメディアに躍らされる受動者としてではなく、既成の文化を流用しながら独自の文化をつくりあげる創造的かつ批判的な営為としてサブカルチャーズを読みかえ、そこに現代における階級支配への反抗の形式を見ようとした」(成美 2001: 107)ことである。しかし、当時のユース・サブカルチャーズ研究の限界がいくつか指摘されている。①下位文化の支配的な文化に対する抵抗や闘争の面が強調されたため、むしろ商品化され、大衆的に消費されていく下位文化の側面が十分に洞察されなかったこと、②ウィリスはマルクス主義の階級構造論を導入し、外側から対象を枠づけたことによって、「サブカルチャー＝支配的な文化に対する抵抗」という図式の主体としての「労働者階級」という定式が、あくまでも前提されてしまっていること、③若者たちの目にみえやすいスタイルや行動様式に光が当てられ、一方では見えにくくなっている慣習化された実践には十分な注意が払われなかったこと（ここではウィリスの研究は唯一の例外として捉えられる）、④サブカルチャーの実践者たちが自らの実践をどのように経験しているかについて正確には答えていないとするもの、⑤エスノグラフィーに関して、自分たちの理論を正当化するために調査対象の発言を用いただけではないか、などである（吉見 1998: 136-

第1章　都市下位文化集団の理論と方法

ユース・サブカルチャーズ研究蓄積から導き出される都市下位文化集団について主流文化への抵抗性や対抗性のみを強調しないこと、目に見えやすいスタイルや行動様式に惑わされることなく集団の慣習的実践を調査者自身の理論正当化へと専従させることを回避し、行為者の経験にできるだけ即しながら分析していくことである。これらの課題を引き受け、さらに都市下位文化研究を深化させていくために、本書では都市下位文化を生み出す「集団」の相互行為に重点を置いていくことを改めて論じておきたい。集団の相互行為とは、都市下位文化を生み出すコミュニケーションであるだけでなく、担い手の集団への帰属とコミットを継続させるエンジンでもある。この集団の相互行為をみていくことで、集団に属する個人の歩みだけでなく、集団の社会的特性を言及することができる。

3　相互行為の理論射程

断片化・流動化の進展した後期近代を生きる若者の下位文化的な実践は、70年代に取り上げられてきたユース・サブカルチャーズ研究の対象領域に留まるのか。そこには、まったく異なる実践が生み出されているのか。こうした問題意識をもとに、80年代後半から90年代にかけて、とくに英国でポストサブカルチャーズ論が蓄積される。そこではバーミンガムの下位文化研究の事象的な妥当性と理論的な有効性が問題にされた。労働者階級の文化に過剰な思い入れを抱いたバーミンガムの研究者にとって、下位文化はイデオロギー闘争の主体であり、そのスタイルや音楽は資本主義および支配階級を鋭く切り裂き、同じく抑圧されている人々と連帯する表現にほかならなかった。しかし、この理論的枠組みでは、現実を十分に説明

できない。たとえば、ヘブティジは、ナチスのカギ十字を用いるパンクスに記号によるゲリラ戦を見出しているが、70年代後半のストリートの若者たちがそのように考えていたかどうかは疑わしい。ヘブティジ自身においても「本書で取り上げたサブカルチャーのメンバーは、書物の中の姿を自分の像とは認識しないであろう。まして社会学者の側での理解努力など、なおさら彼らに歓迎されないであろう。結局、著者も含めて社会学者やこの問題に関心を持つ普通人（straights）は、解明を目ざしているスタイルを親切心から殺してしまいかねない…〈略〉…サブカルチャーのメンバーたちが、従属文化についての私たちの「同情的」な解読を、司法や言論界によって貼られた敵意のあるラベルと同程度の無関心と軽蔑の目で見ているとわかっても、さほど驚くべきではない」（ヘブティジ（1979＝1986）と述べている。したがって「最初は、サブカルチャー・スタイルの研究は、私たち社会学者を実社会へ引き戻し、「人びと」と再接合させるように思われたが、結局、解読者と「テクスト」の間の距離、日常生活と、日常生活によって包囲され、魅了され、最後には除外される「神話学者」の間の距離を確認するにとどまった」（ヘブティジ 1979＝1986: 197）。

学生時代にヘブティジの『サブカルチャー』を読んでいたマグルトン（Muggleton）は「ヘブティジがパンクやレゲエの文化を説明する際に使っていた多くの言葉は、パンクの家中にいたマグルトンにとって今も昔も彼の生とは何の関わりもないものでしかなかった」とし、「サブカルチャー」は過剰な読みによる創案＝捏造であるとした（上野 2001: 206）。[15]

ヘブティジの下位文化にもみてとれるようにバーミンガム現代文化研究センターの下位文化論が依拠していたのは、ある文化とその担い手との間の「相同性」（ホモロジー）にほかならない。しかし、マグルトンのインタビュー調査が示したのは、スタイル／トライブ／階級間の相同性は70年代、ブリティッシュ・

カルチュラル・スタディーズが下位文化をめぐる一連の図式を提示した時期においてすら、あちこちで綻びをみせていたということであった。問題とされたのが、サブカルチャー・イデオロギー論の読みなおしが多くの研究者によっておこなわれた（成美 2001: 103-109）。

成美（2001）によればストラットン（Stratton）はサーファーやバイカーを分析し、彼らにとってサブカルチャーの意味は「抵抗」ではなくむしろ消費主義に近いと考えている。若者たちは消費主義的な欲望からサブカルチャーを構成したのであり、資本主義の反抗を意図したものではなかったのではないかというのが彼の主張である。

クラーク（Clarke）はヘブティジがサブカルチャーにのみ光を当てるが、普通の若者たちのスタイルにも同様の創造性や価値転倒性があるとして、特定のサブカルチャーを特権化することに疑問を投げかけた。コーエン（Cohen）は、バーミンガムの研究者が特定の若者集団にのみ注目することでサブカルチャーを単純化してしまっているとする。コーエンはサブカルチャーをイデオロギー的に神話化するのではなく、その多層性や多様性において把握することが重要であり、そのためには若者たちをフィールドワークする必要があると主張した。

ソーントン（Thornton 1997）は英国におけるパンク以降の若者サブカルチャーであるクラブカルチャーのフィールドワークをおこなっている。その結果、サブカルチャー・イデオロギー論がクラブカルチャー

---

[15] 上野によれば、マグルトンは「新ヴェーバー主義的なアプローチ」から下位文化を分析する立場にたち、下位文化を社会についての何らかの全体的説明や包括的な理論から解釈するのではなく、下位文化当事者の主観的な意味の解釈や理解の側から下位文化を分析する立場をよしとしている（上野 2001: 206）。

の理解に役立たないことを確認し、その内部の多層性や価値観の多様性を、ブルデューを援用し、「サブカルチャー資本」という概念から説明しようとする。この概念は経済資本や文化資本と同様に、音楽やファッションなどのメディア知識の多寡こそが若者たちのクールさや格好よさを決定し、サブカルチャー内部で尊敬を受けてヒエラルキーの高位を占めるのみならず、場合によっては経済的な報酬さえ得られる（DJ、音楽ジャーナリスト、クラブ関係者になることによって）という独自の内部構造を解明している。サブカルチャーの構造をより詳細に調査・分析することで、ソーントンはメインカルチャーとサブカルチャーを単純な二項対立として描き出すのではなく、サブカルチャーを社会階層や階級的支配への「抵抗」として解釈するのでもなく、若者たち同士のあいだに働く微視的な権力関係を考察した。

下位文化研究はバーミンガムのユース・サブカルチャーとの対立という図式が有効性を失いつつある現在において、サブカルチャーの内部の多様性を解き明かすことが重要な課題となってきている（成美 2001:108-112）。

ユース・サブカルチャーズ論の研究動向を踏まえた上で、成美は「日本の街頭型サブカルチャーをとおして見えてくるのは、都市という公共空間における若者たちのパフォーマティブな身体表現と、それを逸脱と定義して馴致しようとする社会的監視との象徴的闘争にほかならない」（成美 2001:120）と述べている。わが国における若者の下位文化は、現役期間が限定されており、対立しているはずの支配的文化・大人社会への移行はごく自然な過程とされている。下位文化内部にもリーダーを頂点とした上下関係や厳しい規範が存在し、現実社会にもましてグループの内部が階層化していることもよくあり、族文化と外部社会とのあいだの親和性はとても強いとされる。

成美（2001）は日本の族文化のアイデンティティは成員の出身階層や下位文化的特質よりも、むしろ都

第1章 都市下位文化集団の理論と方法

市空間における身体の誇示と社会からの監視、すなわち「見せる(目立つ)こと」と「見ること」との関係性によって成り立つと指摘する。彼らの結びつきは特定の場所を舞台とした空間的連帯であり、パフォーマティブな経験と切り離して考えることはできない。その空間で集合的なパフォーマンスをすることは、日本の族文化は公共空間におけるパフォーマティブな実践による空間の占有に求められるものであり、社会からの視線を集めることにつながるからである。しかしながら、支配的な文化をもつ社会の側から見るとその空間の占有は社会秩序の紊乱にほかならず、彼らの排除に向けて動き出していくことなる。都市空間の所有権をめぐる族文化と支配的文化との「象徴的闘争」が生じるのは、そのようなときなのである。わが国の街頭型サブカルチャーをとおして見えてくるのは、都市という公共空間における若者たちのパフォーマティブな身体表現と、それを着る若者たちに主体性と連帯を獲得させ、空間を占有らない。サブカルチャーのコスチュームは、それを逸脱と定義して馴致しようとする社会的監視との象徴的闘争にほかなさせかつ異様な身体表現を排除しようとする空間的権力をも顕在化させ、批評するのである(成美 2001:113-120)。

ここまでの議論を総括する。都市下位文化論は、第一に、初期シカゴ学派都市社会学の都市下位文化論、第二に、バーミンガム学派のユース・サブカルチャーズ論、第三に、ポストサブカルチャーズ論[16]、の3つの系譜にまとめることができる。都市下位文化論は、一方で、都市社会に湧出する下位文化集団の社会的世界を描く都市社会学として、他方で、下位文化の自律性に着目し、そこに支配文化に対する抵抗の契機を読み解いていく文化研究として蓄積されてきた。都市社会学の蓄積では、都市は絶えず新たな下位文化を生み出す装置であるという語り口に象徴的に現れているように、都市的現象としての下位文化の生成過程が、いわば構造決定論的に論定されてきたといえる。逆に、文化研究において都市は語られない。表出

33

する下位文化のスタイルの象徴的意味の解読に重点がおかれ、特徴として捉えられたのは文化を創出する機能を担うメディアの働きであった。

90年代後半になると、グローバルな社会の文化的伝播の広がりのひとつとして、メディア論が数多く報告されている。ある種専門分化した下位文化研究においては、下位文化を素材としたすい下位文化の表出部分の表象や象徴的な意味を読み解く作業が目立つ。テクノロジーの発展や、サイバー空間の拡張により、たしかに、下位文化集団の形成過程や、その現れ方は、以前のものと違ってきたかのようにも思える。家族や職場、学校では出会うことのない人間同士が、共通の嗜好をもとに出会い、何らかの集団を形成し、下位文化を創出していることにはかわりはない。それゆえに、都市で湧出する下位文化集団の担い手がどのように、文化を生み出し、いかなる社会的世界を生き、そこに、都市社会の諸相を読み解く地道な作業も、その意義を失ってはいない。

下位文化研究は、次の3点への批判と応答を繰り返してきた。それは、第一に、下位文化が示すところの下位とは、いったい何に対しての下位なのか。仮に下位文化を想定したとして、下位との上位文化との境界をいかに線引きできるのか。[17]第二に、下位文化は、そもそも、文化的オウトノミーを獲得しているのか、既存の社会構造に単に従属しているだけなのか、といった問題群である。

ポストサブカルチャーズ論の研究史的意義は、1970年代中頃からイギリスバーミンガム現代文化研究所を拠点とした初期カルチュラル・スタディーズの問題点を見直し、現代下位文化に肉薄する新たな分析枠組みを呈示したことにある。初期カルチュラル・スタディーズの理論枠組みを男性支配的な社会現象として、主に次の4点が指摘された。①担い手としての女性たちを対象化せず、下位文化を男性支配的な社会現象として抽出したこと (McRobbie 1991)。②労働者階級出身の若者が下位文化集団の成員であるという認識を前提とし、下位

34

第1章　都市下位文化集団の理論と方法

文化と労働者階級文化を本質主義的に結びつけていること。③労働者階級の若者の抵抗の範疇にとどまらない、より大衆商品化した消費文化であるメディアや音楽を検討の対象としなかったこと。④若者の定義を、16歳から21歳までの限定的な年齢集団として、設定していたこと (Bennett & Karn-Harris 2004) などである。

ポストサブカルチャーズ論 (Muggleton & Weinziel 2003) は、90年代以降のグローバルな社会現象としての現代下位文化の諸相を把握するために、ネオトライブ (Maffesoli 1996) やクラブカルチャー (Redhead 1997) という概念を新たに構築していった。これらのポストサブカルチャーズ論の成果として位置づけられるのは、ミュージックカルチャー (Bennett 2000)、レイブ・クラブカルチャー (上野 2005)、奇抜なスタイルに身を包むスタイリスティックな集団文化 (Muggleton 2003) などである。下位文化自体、ひとつの概念であると考えるなら、新たな概念の構築それ自体は別段問題ではないし、初期カルチュラル・スタディーズを継承しつつ乗り越えていこうというスタンスはまっとうである。しかしながら、このミュージ

[16] 本書ではこれらを都市サブカルチャー論に関する蓄積として広く捉えている。その際に、本書では「都市とは何か」「サブカルチャーとは何か」といった問いには主眼を置かない。というのも、こうした問いを突き詰める作業が、一方で、豊かな側面を抱え持つサブカルチャーの閉じた理解をもたらし、その他方で、マクロな都市分析にみられる文化的営みへの軽視につながると考えるからである。都市サブカルチャー論は「都市」と「サブカルチャー」の関係性を解き明かすことにその独創性を兼ね備えている。本研究では、「都市とは何か」の概念的定義については、若林 (1993, 1996, 2000) の仕事を参照している。

[17] 語彙レベルの対概念として「サブカルチャー」に対する「上位文化」は、場合によって「主流文化」、「支配的文化」、「親文化」と置き換えることが可能である。当然のことながら、

ックシーン、ダンス・クラブ・レイブカルチャー、スタイル文化を現代若者文化として過剰に論じる傾向があることは否定し難く、それにより、見落とされる担い手である若者の文化的生活やアイデンティティへの着目を示唆しているのが、マクドナルドによるポストサブカルチャーズ論への批判である。

ポストサブカルチャーズ論は、第一に、経験的なレベルで、社会的に不利な立場にある若者たちの文化的生活やアイデンティティを対象化していない。第二に、理論的なレベルで、現代若者文化において潜在的に重要なファクターである階級やその他の社会的不平等を軽視する傾向にある。それゆえに、ポストサブカルチャーズ論は、構造的に埋め込まれた不平等 (Bennett 2005: 256) という社会的コンテクストを看過しているというわけである (MacDonald & Shildrick 2006)。この指摘は、この日本国の若者下位文化研究をとりまく学問的動向と、若年雇用問題をかかえる社会的状況を把握する上で、とりわけ、有効な示唆である。

マクドナルド自身はイギリス北東部のティーズサイドにある貧困地区を選定し、その地域に埋め込まれた社会的ネットワークや社会関係資本が、いかに、若者の経済的貧困や階級等の社会的不平等を再生産するかに着目してきた (MacDonald 2005)。マクドナルドは、社会的に不利な立場にある若者の学校から職場への移行経路を確認し、貧困地区の限られた社会関係資本と強固な社会的紐帯が、社会的排除の状況から抜け出す若者たちの可能性を限定づけてしまうという逆説的状況を指摘する。マクドナルドの研究は、ポストサブカルチャーズ論で零れ落ちてしまう当事者の若者たちの社会的境遇と文化的行為の関係性に目をむけ、若者の境遇を学校から職場への移行といった時間的経過のなかで分析していった点が興味深い。

都市下位文化とは、ある特有な行動様式、価値基準、社会的関心を共有した都市生活者が、相互行為を通じてなんらかの社会集団を形成し、その社会集団が創出する文化的行為の集積物であるといえる。ある

第1章　都市下位文化集団の理論と方法

特有の文化的行為を媒介に形成された集団が、社会通念から逸れた奇抜さ、異様さ、「わからなさ」をその集団内部では「あたりまえ」のものとして共有していることも都市下位文化のひとつの特性である。都市下位文化を対象とする場合の解明されるべき課題とは、第一に、下位文化的行為の担い手個人が生み出す文化的行為、第二に、集団が内的に共有する意味世界、第三に、集団が集団外的な世界において表象する象徴的意味作用、についてである。それにより、社会通念からいささか逸れた文化的行為の内実への接近が可能となり、外側からのまなざしでは、抽出できない実践のありようを取り出すことができる。

これまでみてきたように下位文化研究のアプローチは、下位文化的行為の社会的意味について、焦点をあててきた傾向がみられる。だが、下位文化の担い手にとっての下位文化的行為の内在的意味とは、下位文化的行為のみの分析からでは解明できない。行為を切り取ることで、文化的行為の社会的意味を読み解くことができたとしても、行為の担い手にとっての文化的行為の意味とは乖離してしまう。そうであるので、下位文化的行為が、担い手の生活ぶりのなかで、いかなる程度のものであるのか。下位文化的行為の担い手が都市社会においていかなる社会的境遇にあるのか。こうした問いを明かしていくなかで、下位文化的行為の内在的意味へと迫っていくことができる。

都市下位文化研究に求められるのは、下位文化の担い手の都市生活の在り様——家族、学校、職場、地

---

[18] ポストサブカルチャーズ論はそもそも体系化した知識のまとまりとして理解すべきではない（Muggleton 2005: 214）と指摘されているが、本書の立場を明確にするべくマクドナルド（MacDonald 2006: 127）の指摘を参照した。

[19] マクドナルドの一連の研究はイギリス北東に位置するティーズサイドの East Kelby 地区の15歳から25歳までの88人（内訳、女子45人、男子43人）の若者を対象にしたインタビュー調査をもとに検討が加えられている。

域社会等の諸制度と文化的行為との連関の様相——を解き明かすことである。都市下位文化は、都市における個々の日常生活領域と何らかの関係性をもっている。具体的な事例をとおして、下位文化的行為と都市的日常生活領域との複雑な相互関係性を解きほぐしていく作業に、都市下位文化の現在を見抜く鍵がある。都市下位文化研究は、狭義の下位文化研究に収斂するものではなく、文化研究の蓄積において豊穣な蓄積をもつ下位文化集団の社会的世界の意味分析を展開しつつも、集団の担い手の社会的立場、集団をとりまく社会構造、集団を取り巻く物理的空間、社会的空間、象徴的空間の社会学的分析に取り組んでいかねばならない。

4 相互行為の分析視座

都市下位文化の担い手たちの行動の原理や帰属する集団の規律や論理にできるかぎり迫る方法として、初期シカゴ学派都市社会学の研究蓄積でも、初期カルチュラル・スタディーズのユース・サブカルチャーズ論のどちらにおいても都市民族誌的手法が用いられてきた。都市民族誌的手法は、フィールドワークを通じて一定期間研究者が集団の内部への参与を通じて、そこでの出来事や成員のやりとりを忠実に再現するのに適した質的調査法のひとつである。本書では相互行為の経験的分析を通じて若年集団の社会的世界を再現していく。その際に、集団での実践的行為を把握する記述方法として最適な都市民族誌的手法を取り入れていく。

本書の記述に入る前に、都市民族誌的手法に寄せられた2つの批判については確認しておこう。ひとつは、下位文化的行為の特権化に関する問題と、もうひとつは、民族誌的記述と理論構築との乖離に関する

第1章　都市下位文化集団の理論と方法

問題である。第一の批判である下位文化的行為の特権化とは、都市下位文化集団の内的世界を詳細に記述した都市民族誌にみられる。都市下位文化集団への調査の出発点が、下位文化的行為の異様さや調査者から見たわからなさに依るものが多いこともあって、その作業は、下位文化的行為の解明へと向かう。下位文化集団が共有する衣服や言語、身振り、髪型等が内包する意味が読み解かれる。

我が国の代表的な作品としてあげることができるのが、佐藤郁哉の『暴走族のエスノグラフィー』(1984)と『ヤンキー・暴走族・社会人』(1985)の2著作である。[20] 暴走族の行為、ファション、身振りの詳細で豊穣な分析とは裏腹に、暴走族文化の担い手たちの社会的属性への分析は、軽視されている。玉野(2005)も指摘しているように、暴走族という文化的行為の記号論的分析としては、優れているが、暴走族の担い手たちの社会的関係の記述は、十分になされていない。下位文化的行為の意味分析に固執するがゆえに、文化的行為をとりまく社会的・経済的背景が看過されてしまうのである。この点を乗越えるべき視点として玉野が示唆しているのは、「対象となる人々の階層的位置づけに注意しながら、何らかの政治経済的な制度との接点を模索していく」(玉野 2005: 90) 社会学的モノグラフの可能性である。

第二の批判であるフィールドデータと分析との切断とは、まずもって都市民族誌がかかえる記述法に関する根幹的問題であり、同時に、フィールドワーカーの立場性をめぐる認識論的問題でもある。70年代の文化研究の代表作であるヘブディジの『サブカルチャー』とウィリスの『ハマータウンの野郎ども』に寄せられる批判がこの点である。この2つの著作に顕著なのは、前半部では、民族誌的記述を展開し、後半部では、その素材の分析と解釈がおこなわれる構成にある。とはいえ、ウィリスは事例と分析という単純

[20] 佐藤の著作については次章以降でも、対象との通時的な検討と対象の比較で適宜検討される。

39

な二分法を採用しているわけではない。逆に、第二部の分析においても、第一部の事例素材へとたびたび立ち戻っての言及もみられる。とりわけ、第一部では、フィールド素材にもとづく分析の抽象度を埋め込んでいく。けれども、第二部では、フィールドの記述をひとたび切り離して、分析的言説の抽象度をあげて理論的貢献を呈示しようと試みる。マーカス（Marcus）は、ウィリスの野心的な試みが内に抱えている問題として、そもそも、第一部の民族誌的論述から第二部理論的議論を導きだすこと自体、疑わしくなってしまうと指摘している。言い方を換えれば、吉見も示唆するように、ウィリスが呈示した資本主義に対する批判理論を正当化するために労働者階級の若者たちの発言を傍証としたにすぎないことも考えられなくもないのである。「民族誌はデータの報告にすぎないという実証主義的なパラダイムがそこに潜んでいる」（吉見 1998: 139）とする批判からも免れることはできない。

都市空間における人々の生きられる経験の抽出方法、研究方法論の視点からふたたび、初期シカゴ学派都市社会学の蓄積に焦点をあてることにしよう。初期シカゴ学派都市社会学は、パークを筆頭に、大量移民の流入期の治安・貧困・衛生に関連する都市問題の空間的な生態分布を分析した。初期シカゴ学派都市社会学の空間把握図式は、バージェス（Burgess）の同心円モデルに代表的にみることができる。注目したいのは、初期シカゴ学派都市社会学は、都市の空間的生態を分析の対象に据え、その様相を地図上に再配置する生態学的なアプローチとともに、人々の生きられる経験を抽出して都市空間を俯瞰的な視座で再地図化する試みと、人々の生きられる経験を通じて、社会的世界や空間との関わりを抽出する民族誌的な記述との双方のアプローチから都市社会の空間分析を試みていた点である。初期シカゴ学派都市社会学の蓄積は、都市社会を

第1章　都市下位文化集団の理論と方法

生態学的なアナロジーとして捉えるには限界があるとして批判されることになった。一方で、その都市民族誌は都市のマクロ的視座の空間分析を対象にせずに、集団内部の社会的世界への着目、人と人との相互関係へとよりミクロな視座へと転回していく。

初期シカゴ学派都市社会学の都市民族誌は、民族誌的な蓄積として都市人類学の分野でも検討されてきた。ミクロな社会的世界への記述は、諸アクター間の相互作用や集団内部の規範を抽出するには効果的であった。その一方で、新都市社会学派は、資本主義体制下の都市の空間スケールや存立構造を疑問視した。それらは都市生活者の生きられる経験を取り上げることのない、システム編成における空間変容の分析に力を注いできた。

民族誌的な蓄積においては空間が後景化し、一方、空間分析においては都市そのものが疑われ、都市での人々の生きられる経験は度外視されてきた。こうした動向のなかで、80年代以降の空間論的転回は、この動向に大きな影響を及ぼしていくことになる。空間をふたたび問題化したのは、文化地理学や都市地理学における民族誌的な記述においてであった。模索されたのは、抽象的な水準で論考されがちな空間論を回避しつつも、人々にとっての生きられる空間に迫る記述のスタイルであった。ロウ (Low 2000, 2003b) は、公共空間の分析を、空間的視座から民族誌的に記述することを試みている。言い換えるなら、これらの試みは、生きられる経験を空間分析に埋め戻す記述の試みであるといえる。初期シカゴ学派都市社会学のモノグラフを再評価する論者のひとりである玉野 (1996) は都市研究の課題について「都市システムのレベルでの空間の再編に関する議論に偏してきたわが国の都市・地域研究において、社会的世界における空間の具体的な生きられ方に関する綿密なモノグラフ研究こそが求められている」(玉野 1996: 84) と指摘する。

41

空間は都市社会学の隣接領域においても再対象化されている。人文地理学やカルチュラル・スタディーズの研究群における空間論的転回以降の空間への着目は、「社会諸関係の空間的な編成を重視する研究」(斉藤 2003: 114) として報告されてきている。これらは従来の空間が「認識にとっての所与の枠組みとみなされていた」(斉藤 同上) ことと、それにより、「社会諸関係と空間の枠組みが切り離されて、もっぱら社会諸関係だけが考察の対象とされてきた」(斉藤 同上) 研究に対する批判的な検討の結果である。社会的諸関係と空間との結びつきに関する先駆的な仕事として、ルフェーブル (Lefebvre) の『空間の生産』をはじめとする蓄積が再評価されている。[21] ルフェーブルによる空間認識の枠組みの整理をもとに斉藤 (1998) は、身体を復権させる新しい空間を創造することによって暮らしをかえる可能性を指摘する。日常生活における生きられる経験を資本の生産力として収奪する回路にほかならない従来の社会空間に対して、身体の感覚や欲求を満たすことのできる空間の再構築が提起される (斉藤 2003)。斉藤の枠組みに依拠するならば、身体的実践を通じて空間を創出していく営みに「都市への権利」(Lefebvre 1968=1969) を主張することもできる。

都市における人々の日常的実践を通じて空間を対象化したセルトーの仕事 (Certeau 1980=1987) は示唆に富む。重視したいのは、いかなる人々のどのような空間の経験であるのかを認識論的な枠組みで切り取ってしまわない記述の試みである。都市民族誌は、一集団内部の記述には優れた方法としてその成果を残してきた。だが、その記述法への拘りは多様で複雑でかつ豊かな現実社会の様相を描くのに難点を抱えている。都市民族誌を刊行した佐藤は、次のような課題を述べている。

本書(『暴走族のエスノグラフィー』)は主に、暴走族活動に含まれるいくつかの遊びを、それぞれが

第1章　都市下位文化集団の理論と方法

独自の意味的まとまり、あるいは「構造」をもつものとしてとり扱ってきた。しかし、…〈略〉…これらの「括弧」の中に括られた遊びも、決して独立した世界として宙に浮かんでいるわけではない。…〈略〉…言葉をかえていえば、本書でその構造や語彙、文法を読み取ってきた遊びの「テクスト」は、それを成り立たせている社会・経済状況あるいは若者の人生という「コンテクスト＝文脈」のなかに位置づけられている。本書では、構成やページ数の制約からそれらのコンテクストについては十分にふれることができなかった（佐藤 1984: 280）。

佐藤は『暴走族のエスノグラフィー』（1984）のあとがきで、暴走族の集団内部の記述には取り組めたが、その集団をとりまく社会的・構造的要因にも目をむける必要があったと述べている。この課題に佐藤は、続編『ヤンキー・暴走族・社会人』（1985）で向き合う。京都市の特性とモーターサイクルギャングとの変遷経過を、主に歴史的に解く。ここでの記述は、暴走族の活動を、京都市右京区という行政区域の内部で把握したものであって、暴走族の活動それ自体の主体的な範域ではない。京都市内部のたまり場と他の都市のたまり場との連接のありようは捉えられていない。彼らの現実の文化的実践は、行政区画という都市区域に閉じ込められたものではなくて、柔軟に展開していることが考えられる。複雑な諸要因の影響からも無縁ではない。

都市民族誌が抱える困難がここから浮上してくる。この困難とは下位文化集団の記述が結果として抱えてしまう閉鎖性である。当事者達の文化的行為の記述は、当事者達の実践がいかなるコンテクストと関連

[21] ルフェーブルの研究蓄積の再評価は、吉見（1992）、吉原（1993）、玉野（1996）、斉藤（1998）にくわしい。

しているのかという重要な問いをみえにくくしてしまうのだ。記述と方法の困難を克服するためのある種専門特化した課題に向き合いながらも、われわれが忘れてはならないのは、まとめあげた民族誌は、あくまでも暫定的な構築物であり、書き手の日常生活との関わりのかぎりでとらえられた「フィールド」の記述にすぎない、ということである。本書では空間と身体との関わりのなかで生じる場所がどのようなプロセスを経て、いかなるアクターに経験されるものであるのかを検証していく。[22]

本書では都市民族誌的手法をいかして、スケートボードを媒介に形成された若年集団が織り成す「行為の味わい、痛み、社会的世界の音と激しさをしっかりと伝え解読していく」（ヴァカン 2004＝2013: ⅲ）。シカゴボクシングジムに入会したヴァカン（Wacquant）の身体を賭けた調査法を倣い、スケートボード文化に門外漢である私は、研究対象の世界に入門者として入り込み、実際に自分自身の身体も投じて、彼らの相互行為の内実に迫るために奮闘した。自身の身体の上に書き込まれる経験をも調査対象とすることで、「身体を問いのツールとして、知識のベクトルとして展開する」（ヴァカン 2004＝2013: ⅴ）社会学を心掛けた。

本調査が都内のたまり場と土浦の駅前広場の二拠点を対象に、同規模で同年代の2つの若年集団を利用する22歳から28歳までの若年男子15名からなる集団で、平均年齢は、25・3歳である。もうひとつは、新宿駅東南口の路地裏に集まるようになった21歳から32歳までの若年男子19名によって形成された集団で、平均年齢24・8歳のスケートボーダーである。[23] これら2つの若年集団での長期的なフィールドワークにもとづき、スケートボードを媒介に形成された下位文化集団の生成過程と実践の内実を解き明かしていく。調査が進展した直接的な契機は、秋葉原電気街口広場や池袋芸術会館前で実施したプレインタビューの

第1章　都市下位文化集団の理論と方法

結果に向きあっているころに、「一石二鳥、スケボーも歓迎」という見出しで、茨城県土浦市が土浦駅前にスケートボードの専用広場を無料で開設することになったことを伝える新聞記事を目にしたのである。新聞記事には、スケートボーダーの行為に対して寄せられる地元住民からの苦情への対応策であり、専用広場設置を求めるスケートボーダーの願いを叶えるという意味で一石二鳥だと記されていた。翌日に私は土浦駅西口広場に向かった。その2001年5月27日の広場の開設から2004年3月まで、3年間をかけて、土浦駅西口広場を利用する若年集団へのフィールドワークをおこなった。その後、2002年7月下旬から2004年3月までの2年間は、新宿駅近辺のたまり場で形成された若年集団のフィールドワークをおこなった[25]。この期間、土浦駅西口広場と新宿駅東南口の調査は、週に3〜4日は「たまり場」で過ごしていた。その後、2004年から2006年まで、オーストラリアのメルボルン、2006年から2008年までアメリカの西海岸で研究機会を得て、在外生活を

[22] 場所とは下位文化的活動の担い手と空間管理の諸施策とのかかわりからなる社会的構築物であると考えている。場所を創出する実践の基盤となる身体は、「空間においてみずからを生産し、かつその空間を生産する」(Lefebvre 1974=2000: 259)。

[23] 2007年1月時点での集団内平均年齢である。

[24] 土浦市によって提供されることになった駅前空地はただちに「広場」になるのではない。思い起こされるのは、利用者間で形成されるルールが構築された上で「自由の空間」がたち現われてくるのである。磯村は、オープン・スペースとしての都市広場を、「自由の空間」、「平等の空間」、「寛容の空間」の3つの空間原則でまとめている。磯村 (1976: 116-117) を参照。

続けた。この4年間で一時帰国した際には、私は真っ先に「たまり場」へと足を運んだ。その後、対象とした「たまり場」はどちらも消失し、集団成員が集まるのは、忘年会や結婚式などの特別の機会に限られるようになった。月日も経ち、連絡が途絶えた成員もいるし、定期的に連絡を取り合っている成員もいる。そこでのやりとりで得られる成員たちの軌跡も本書では分析の対象とした。

本書で意図的に取り入れた現在形での記述法についても触れておきたい。出来事の描写は私が観察した時の状況を再現するために現在形で表記するように心がけてきた。現在形の民族誌的記述に取り組む社会学的な意図は、分析期間までの時間的な流れを連続性のあるものとして捉え、観察結果を過去の素材としてではなく現在の生きられる経験として再現することで、より行為のリアリティと社会的意味を忠実に把握するためである。

登場人物は対象者のプライバシーを配慮し、すべて仮名表記とした。調査時点から本書の執筆まで月日も経過している。登場する対象者の現在の生活についてのプライバシーも最大限配慮されなければならない。しかし、集団が形成される場所については実際の地名や表記名を用いた。というのも、スケートボードという文化的行為が行為者の生活居住地の移動と2つの意味で、空間の移動が重要な意味をもっており、移動の行き先となる場所とその場所に関わる個別のコンテクストも分析と経験の追体験において不可欠な情報であるからだ。

本章では都市下位文化に関する先行研究の検討と本書で展開する都市民族誌の整理をおこなってきた。次章からは、スケートボードの実態を描きあげるために、本書では、（1）都市空間との関係、（2）行為の内実、（3）集団内での役割や規範、（4）集団と地域との関係、（5）行為者の軌跡、の5つの視座を用意した。これら

46

第1章 都市下位文化集団の理論と方法

5つの視座を各章の軸に据え、論を展開していく。これらの視座は、各章においてそれぞれのまとまりをもっている。全体として5つの視座をどれも抜け落ちさせることなく記述することで、都市下位文化としてのスケートボーダーの社会的世界を描き出すことができる。

[25] フィールド参与者である筆者は、夜の10時過ぎから終電の午前1時までの約3時間を目途に、路地裏のたまり場に足を運んだ。終電に乗りそびれると、始発まで調査を続けた。フィールドでは形式化したインタビューはおこなっていない。彼らとともにスケートボードをしたり、路地で酒を飲みながら交わしたやりとりを通じて収集された語りを主な分析素材としている。

第2章 湧出するたまり場のポリティクス

ひとつの同じ物理的空間が複数の社会的場面の舞台となり、それゆえに複数の期待体系をもつことになるという事実は、社会的にはっきりと承認されてはいるが、制限もされている。たとえば、西洋社会では、公共の街頭で重大な事態が発生すると、その場所はもっとも優先すべき社会的場面の現場となり、他の場面はそれに従うべきものであると見なされる（ゴッフマン 1963＝1980: 23）。

空間の創出
（©スケーター撮影）

学校や職場、地域での組織的・地域的活動とは異なり、都市に生起する下位文化集団は文化的行為を創発する場所が確保されていない。文化的行為を媒介に集団を形成し、広場や駅前、路地の一角に集まるようになる。これらの集団は下位文化という共通の関心事項によって形成された特定関心集団（フィッシャー 1976＝1996: 157）である。特定関心集団の社会的特性は学校や職場といった制度の外部に生起し、制度的な拘束も受けなければ、制度的な保障もないことが多い。本章ではスケートボードという特定の関心を持つ者たちがいかに出会い、いかなる場所で集団を形成していくのか、集団の形成過程と集団が生成する場所の分析へと踏み込んでいく。相互行為の場所に着目し集団内での相互行為がどのような場所にいかにして生み出されるのか、都市に生起する下位文化集団の生成過程を解き明かす[1]。

1 湧出の過程

秋葉原電気街口駅前広場は1993年10月に東京都千代田区により無料開放された。広場はJR秋葉原駅の電気街口の改札を出たところに位置し、家電量販店や雑居ビルに囲まれている。滑らかなコンクリートが青や赤で塗装されている[2]。広場には、花壇、階段、インライン・スケート、インライン・ホッケー、3on3バスケットボールに打ち込む若者以外にも、インライン・スケート、インライン・ホッケー、3on3バスケットボールが設置されている。スケートボードをする若者に利用されてきた。休日には50名を超えるほどの都内有数のたまり場であった。広場はJR秋葉原駅と電気街をつなぐ抜け道として買い物客や会社員らも頻繁に通りがかる。交通アクセスの良さはたまり場の賑わいに拍車をかけていた。広場は多数の人々が行き交う駅前を象徴する空間であった。スケートボーダーらにアキバと呼ばれ滑らかな路面はボーダーたちの間では評判のスポットであった。

50

第2章 湧出するたまり場のポリティクス

親しまれ、スケートボードショップで販売されるスケートボードのインディーズビデオや専門雑誌にも幾度も取り上げられてきた。アキバは特別な意味を帯びた空間でもあった。平日の夜には都内周辺に住むコアなスケーター、スケートボーダーも若干名みうけられるが大半は男性である。女性のインラインスケートボーダー、スケートボーダー、なかには昼間スケートショップで働くプロスケートボーダーたちも訪れ、閉鎖時間の午後10時までただひたすら彼らの活動が繰り返されている。広場を一望に眺めおろすことのできる秋葉原駅のプラットホームにも、若者たちの文化的行為と広場を利用するほかの人々のふるまいの熱気が伝わるような都市的な公共空間にも、若者たちの文化的行為として多様な人々に開かれていた。アルバイト生活をする24歳のスケートボーダーが「昼の部でかなり技術を磨かない限り、夜の部には参加できない」と言うように、スケートの技術レベルに応じて、昼の部と夜の部という暗黙の住みわけが存在していた。

秋葉原電気街口駅前広場は、駅前再開発予定地の暫定的利用として千代田区役所土木部公園河川課の管理下により無料で開放されていた。中央卸売市場神田青果市場跡地に生まれた空地を埋めるための暫定的な広場の利用法であった。暫定的に開放された広場は、電気街のイベントや神田祭りや遺跡発掘調査等でたびたび閉鎖されてきた。利用可能時には「若者広場」として暫定的に開放されていた広場は、個々の目

[1] 現代の都市空間の利用と管理をめぐって、スケートボードカルチャーが、交渉と折衝の境界領域に位置していることを考えるならば、そもそも、スケートボードカルチャーが、どのような歴史的経緯にもとに、都市に出会うことになったのか、この点は、非常に興味深い。本節では、スケートボードの専門雑誌や、国内外のインターネット上のスケートボード関連ページと、スケートボードカルチャーに都市建築史的観点からアプローチしたボーデン（2001＝2006）の2章を主に参照している。

[2] 秋葉原駅前広場は若者広場として開放されてからは滑らかなコンクリート路面であった。通常、駅前広場は、木目の粗いアスファルト舗装の路面である。

的を持つ人々が、偶発的にこの広場で遭遇する機会を持つ都市的公共空間であった。

広場のなかにある管理事務所に区から雇われた人が２、３人常駐し、広場の管理をしている。

むフェンスには、「利用者の皆様へ　この土地は、東京都が将来の都市再開発用地として所有しています。広場を囲

東京都の行政に利用されるまでの間千代田区が借用し、一時的に「遊び場」として開放するものです。問

い合わせ先　千代田区役所土木部公園河川課」と書かれている。

「アキバに行っても、フェンスで囲われて滑れないことがあった」と清掃作業の仕事を終えると毎日の

ように新宿の路地で滑っている和輝はこの当時について振り返る。一時的な「遊び場」としての広場は、

遺跡発掘調査や、神田祭り、秋葉原電気祭りなどにも利用される。その際には、「秋葉原電気街口公園

３月５日―９日まで、埋蔵文化財調査のため広場の利用禁止。千代田区都市整理部　施行　東京都第二区

整備」、「神田祭り開催の為、５月１０日（木）―１４日（日）迄、この秋葉原駅前広場はお祭り場所として

使用致します。その間のご利用はご遠慮下さい。千代田区役所」などと書かれた看板が広場入り口付近の

フェンスに設置される。

この期間、広場は滑走禁止になる。フェンスに常設された看板には「夜１０時以降スケートボード及びバ

スケットボールを禁止している。一部の人によって利用時間が守られず、近隣の方々が大変迷惑していま

す。広場の夜間閉鎖等を考えることになります。千代田区役所」と書かれ、近隣から区へ寄せられる苦情

に対応するかたちで、管理強化の可能性をほのめかしている。しかしその看板や縁石には、スプレーでの

落書きやペイントがほどこされ、管理に対する憤りが表現されている。

広場の開放は一時的なものでしかないという東京都と千代田区役所側の管理の下で制限されたところに、

スケートボーダーたちの実践がある。アキバは２００１年７月３１日に突如閉鎖されることになる。秋葉原

第2章　湧出するたまり場のポリティクス

駅周辺付近土地区画整理事業の着工が閉鎖の理由である。広場を頻繁に利用していた若者にとってアキバの閉鎖は、広場が消失するという予期せぬ出来事だった。その後、「我が国の最先端のIT産業拠点創出」を目的とした都市再開発事業によって、2005年3月、地上31階の高層建築「秋葉原UDX」が完成した。脱工業化時代を本格的に迎え、情報化社会を担うIT産業の拠点が、秋葉原に形成されつつある。秋葉原クロスフィールドを担う二棟の超高層ビルは、秋葉原電気街口に広がる駅前空間をも劇的に変化させた。

JR山手線内回りで25分もあれば、アキバから池袋芸術会館前広場に移動することができる。池袋芸術会館前広場はJR池袋駅のメトロポリタン口の改札を出て徒歩2分ほどのところに位置している。広場はバス停に隣接していることもあり、芸術会館を利用する人や通行人やカップルやベンチに腰掛け新聞や本を読む人々に利用されている。スケートボーダーにとっては、滑らかな路面とパフォーマンスをするのに手頃な縁石、景観のよさと広さを兼ね備えた絶好のスポットである。しかし、スケートボーダーの姿はない。

1999年5月29日未明、傷害事件が起きた。飲酒後に広場を通りがかった会社員と口論になったスケートボーダーがスケートボードで会社員の顔を殴りつけ怪我を負わせた。会社員は片方の目の視力を失ってしまう。この傷害事件を契機に池袋警察署と池袋芸術会館は、「スケートボードの全面滑走禁止」看板を設置した。それ以降、スケートボーダーは池袋芸術会館前広場から締め出されることになった。池袋芸術会館前広場からの排除は傷害事件を契機にした突発的な出来事ではない。というのも、スケートボーダーの広場の利用をめぐっては「傷害事件が起きるまえも、夜中になると酒を飲みながらたむろしたり、朝方までボードと縁石とが接触する衝撃音に関して、すでに苦情が寄せられていた」（池袋警察署員）の

ある。「スケートボーダーが滑ることによって、芸術会館前の縁石の角が傷つき、補修してもすぐにまた元に戻ってしまっていた」(芸術会館警備員)。広場を管理するアクターにとって近所から寄せられる不満や修繕費の出費を回避するための十分な理由付けとなったのが傷害事件だった。全面滑走禁止以降、スケートボーダーの発見時には芸術会館の警備員が即座に警察に通報するという管理体制が敷かれることになった。警備員と警察による管理は今も変わらず続いている。

池袋芸術会館前広場から排除されることになったスケートボーダーは、中野サンプラザ前広場にスポットを移していく。中野サンプラザ前広場は、5段の階段と滑らかな路面と十分な広さから、スケートボーダーに好まれてきた。こうしてもともと中野で滑っていたスケートボーダーと池袋から追い出されたスケートボーダーとが、中野駅近くのサンプラザ前広場に集まるようになった。中野で滑ってきた聡史は、自ら作ったボックスをワンボックスタイプの車の後部座席部分に積み込んで週に3回ほど中野サンプラザ近くの路地に滑りに来る。

警備員による管理が数年前から徐々に厳しくなったと振り返る[3]。聡史は、

聡史

サンプラでは滑ることができなくなった。こんなに厳しくなったことは今までになかった。10年前ぐらいから、サンプラで滑ってきたけど、こんなに厳しくなったことは今までになかった。監視カメラが設置されてからは厄介になった。サンプラは警備員がアナウンスする。階段の下にネット張られたしね。新宿で滑ったり、荻窪で滑ったり、いろいろ。等には、それほど厳しくないのに。だから今は、サンプラで滑れなくなるというより、何時来ても、仲間の誰かがいるって場所がなくなったとのほうが痛い。警備員がうるさいからね。中野のスケートボーダーは、みんなあちこちに散らばって滑っている。

第2章 湧出するたまり場のポリティクス

夜間にこの広場で滑っているると監視カメラでその姿を確認した警備員が、壁に備え付けてあるスピーカーを通じて警告のアナウンスをおこなう。警告アナウンスを無視して滑り続けていると、中野区野方警察署の署員が通報を受けて駆けつけてくる。警備員の目を盗んでおこなう深夜限定のスポットとして知られていた中野サンプラザ前広場には、2002年5月以降、住民から寄せられる苦情や階段やベンチの破損被害に対応してスケートボーダー対策の特設フェンスが設置された。

中野サンプラザ管理人 スケートボーダーは毎晩夜中2・3時なると集まってくる。多いときには10人以上になる。広場の階段や時計台をジャンプ台代わりにしている。警備員の方にお願いして、スケートボーダー対策用のフェンスを仮設して対応している。仮設フェンスは、夕方に設置して朝外すという手間のかかる対策。広場の夜間警備は野方警察署の方に見回りをお願いしている。監視カメラを設置して、夜間の映像も録画して警察の方に届けている。現段階に至ってはその映像をもとに、破損した時計台のモニュメントの器物破損で訴えるかどうかを検討している。それ以外にも、スケートボードが当たって正面玄関のガラスが何回か割れている。広場はオープン以来30年にわたり誰でも通っていいことになっている。それをある日いきなりスケートボードのために閉鎖すること自体は悪いことではないけども、非常に困っている。スケボーをなんで使えなくするんだっていうお叱りや今まで利用できるということはなかなかできない。

[3] 聡史は新宿の路地裏に滑りに来たこともあったがその頻度は少ない。聡史は中野や高円寺界隈でスケートボードをしている。32歳になる聡史は、5歳と3歳の娘の父親でもある。

55

たのになんで利用できないんだっていう苦情が数多く寄せられている。なぜ、スケートボードをやらせるんだっていう苦情もきている。スケートボーダー対策で柵を設けたところたまたま通行人のほうがその柵で転倒し、肋骨を骨折した。ほんの一握りの方のために市民が憩いの場として使っている広場を閉鎖するわけにはいかない。

　新宿中央公園は東京都庁の西側に隣接する。JR新宿駅から徒歩で15分である。中央広場にある人口の滝、ベンチ、隣接してそびえ立つ東京都庁などの景観に定評があり、休日にはスケートボードに打ち込む若者以外に、BMXを乗り回す若者や、通行人、本を読む人、家族連れ、散歩にきた老夫婦、野宿者などに利用されている。路面の悪さや交通アクセスの不便さからスケートボーダーの数はいつも10人に満たない。多くの人々が集まる公園の中央広場での彼らの実践は多数のまなざしをうけ、スケートボーダーは瓶ビールのケースを裏返しにして土台にし、その上に木の板を置き、手作りのボックスをつくってスケートを楽しんでいる。

　休日には人々でにぎわうこの広場も、平日の夜の利用者はスケートボーダーと野宿者に限定される。公園管理事務所員は、「新宿駅構内から排除されたホームレスたちがスケートボーダーを取り囲むように生活しているけど、スケートボーダーとのいざこざは一切ない。たまにホームレスの人が彼らに話しかけりもするが、それ以上の関わりもない」という。両者のあいだではさほど問題は発生していないようである。

　新宿中央公園でスケートボーダーを目にすることができる場所は、中央広場ただ1箇所である。公園管理事務所員は、管理の現状について「基本的には禁止なんですけど、でも全部禁止ってわけにもいかな

第2章　湧出するたまり場のポリティクス

いでしょ、別にスケートボーダーの彼らも悪気あるわけじゃないんでね。だから、中央の広場での利用は認めているけど、公園内の他の通路や、広場で彼らをみかけたときは注意して場所を変えてもらうようにしてるんです」と述べる。

管理体制の中でも19歳のスケートボーダーは「都内って滑れるとこほんとないんすよね、その点でここは滑れるけど、路面が良くない、だったらこの上の歩道とかのほうが路面もいいし、いい具合のステア（階段）やレール（手すり）もあっておもしろい。たまに警備の奴らに注意されるけど、そんなに怒られるわけじゃないから、そんときはいったんやめて、警備が行っちゃったらまた滑ってる。その繰り返し」と話すように、「警備の目を盗んでやる」実践が繰り返されている。

スケートボードは摩擦度の低い路面と相性がいい。コンクリート塗装のされた道路や歩道、階段など都市空間の大半の建造物のすべてが滑走対象となりうる。滑りやすさの度合いは路面の滑らかさに比例する。新宿中央公園は公園内のスペースが黙認された場所なので、比較的寛容なコントロール下で、たまに注意は受けるものの、基本的にスケートボードの滑走が黙認された場所である。

新宿駅東南口の路地裏は新宿駅東南口駅前広場に隣接している。路地に面する東南口改札前広場は、テニスコート2面ほどの敷地で空間的な規模としては、それほど大きくない。改札前の階段を下ると広場が広がっていることから、駅前広場というより駅下広場と表現するのが、より的確な表現である。この広場は人の行き来が絶えない。新宿駅周辺の飲食店や洋服店の利用客と新宿駅を直結している。新宿南口方面へのアクセスも良い。電車運行時間帯は、通行人や待ち合わせ、客引き、ティッシュ配り、露店を出す外国人労働者で、ごったがえしている。平日の夕方から夜間にかけてや、土日・祝日等は、国内でもっとも人口量の多い場所のひとつである。

スケートボーダーが集まるのはこの広場ではなくて、広場に面した路地のほうである。路地のほうに集まるのは、第一に、広場のほうでは、通行人が多すぎて、スケートボードのトリックに集中的に取り組むことができないこと。第二に、広場の路面が、タイル張りで、タイル間に溝があり、スケートボードの滑走自体、それほど、心地よいものではないこと。第三に、路地と大型ビルを連結させる部分に、トリックに手頃な階段と、花壇があること、これらが主な理由である。

路地裏のたまり場は、圧倒的にスペースが限られており、搬入や商品搬入に向かう業務用ワゴン車が定期的に通行する路地でもあるから、トリック用にセクションを常設することは難しい。スケートボードの文化的行為を楽しむという点では、場所的に恵まれているとはいえないのが、このたまり場の特性である。

ただし改札を出てすぐというアクセスの良さは、スケートボードの行為を担ぎ電車に乗りこのたまり場にやってくるスケートボーダーにとっても便がいい。スケートボードの行為が通行人に目に触れる機会が他のたまり場に比べて圧倒的に多い。このたまり場は自分たちの行為を披露する「舞台」でもある。秋葉原電気街口駅前広場、池袋芸術会館前広場、中野サンプラザ前広場とたまり場を移してきた彼らは、新宿駅近くの路地とその路肩に設けられた自動販売機設置用の小空地に新たに集まるようになる。

最寄りの新宿駅は1日の乗降者数300万人を数える。利用者数がわが国でもっとも多い駅として知られている。新宿駅を利用する人々の何人かは足をとめて、スケートボーダーのトリックを気にかける。このたまり場は人目に晒されている。彼らの「舞台」は都市で交錯する人々の日常的な空間のなかに日常的な結節点にこそ、彼らはたまり場を生み出見出していく。異質なアクターが偶発的に遭遇するという都市の日常的な結節点にこそ、彼らはたまり場からの十分な空間的環境を備えているかは、たまり場の消失やたまり場を

第2章　湧出するたまり場のポリティクス

追い出しにともない彼らが新たにスポットを探索する際の重要な決め手である。

彼らは平日・休日にかかわらず、夜9時を過ぎた頃からこの路地に頻繁に足を運ぶようになると、スケートボードの休憩中に、スケートボードの板の上や地面に座り込んで酒を飲んだり、路上でカードゲームをしている場面に立ち会うようになる。都内有数のスポットを消失させてきた空間管理の施策や排除の力学は、この路地裏にも同様に働いている。警察官による巡回、電信柱に設置された監視カメラによって、彼らは管理・監視されている。

新宿路地裏のたまり場が消失しないのにはいくつかの要因がある。第一に、池袋芸術会館前広場で起きたような警察沙汰の傷害事件等の問題行動が起きていないこと。第二に、中野サンプラザ前広場のように地域住民からの苦情が寄せられにくい場所であること。第三に、路地ゆえの理由がある。管理され消失してきたスポットは、公共空間として開かれた駅前広場や芸術会館前のオープン・スペースであった。新宿のたまり場は広場ではなく路地にある。午後11時になると、2人の制服姿の警備員がきまって見回りに来る。彼らは路地裏に隣接する大型の洋服店に雇われている。警備員の2人は近くの水道でバケツに水を汲んできて、スケートボーダーがトリックにたまり場に水を撒く。その後はカラーコーンを設置しその両端を縄で縛りつけスポットを閉鎖する。中野サンプラザ前広場に設置された金具製の特設フェンスほどではないまでも、水を撒き路面を濡らすという対応は、スケートボーダー対策として効果的に作用する。

警察官もたびたび巡回に来る。というのも、警察官の巡回経路にたまり場が指定されているからである。警察による職務質問には、必要以上に答えないようにと私は裕真からアドバイスを受けている。裕真のアドバイスもあってたまり場では巡回に来た警察官に住所の確認や身分証の提示を求められることがある。

新宿路地裏のたまり場で道路交通法違反で摘発されたものはいない。警備員が水を撒きにきて、警察官の巡回が終わると午前0時30分を過ぎている。この時間になると終電を利用して家に帰るものもいる。大半のスケーターが、スクーターに乗ってくるか、スケートボードをプッシュしてたまり場まで来るので、終電の時刻に左右されることなく集まることができる。終電を過ぎると、この路地裏で交流するアクターは限られてくる。屋台でおでんやラーメンを売る初老の日本人男性。ワンボックスタイプの車両でケバブを売る外国人男性労働者。早朝まで営業を続けるカラオケ店のサービス券を半ば強引に配布するキャッチとよばれる若年男性等である。

スケートボーダーと他のアクターたちとの間で揉めごとは生じていない。残り物のおでんやラーメンを貰ったり、外国人労働者と会話を交わす。スケートボーダーは警備員や警察官による管理から視線を逸らし、この路地裏で多様なアクターと柔軟に交流している。終電を逃した若年の女性もこの路地裏に迷い込んでくる。帰宅せずに残っていた数名のスケートボーダーからなるたまり場はふたたび活気を取り戻す。

都市広場の利用をめぐる管理や閉鎖に直面し、スケートボーダーたちはどのような対応をとっているのであろうか。都市広場ではなく路上や歩道などの都市空間でのスケートボーダーの実践に対しては、いかなる管理や排除のポリティクスが働くのであろうか。スケートボードという文化的行為に対して社会的な理解が得られていないのではなくて、文化的行為を実践する場所とのかねあいが重要であることがわかる。都市でみかけるスケートボーダーのたまり場は一様ではない。スケートボーダーのたまり場は、①駅前再開発着工にいたるまでの暫定的利用としての駅前広場、②モダン建造物からなる芸術会館前広場、③都市公園内広場、④ストリート・スポーツ専用パーク、⑤路地裏や街角のストリート・スポット、の5つに類型化することができる。類型化の基準として念頭に置いてい

第2章　湧出するたまり場のポリティクス

るのは、第一に、たまり場の制度的開放、第二に、たまり場の利用形態、第三に、たまり場の空間的規制、第四に、たまり場の物質的状態、第五に、たまり場での文化的行為に関する社会認識、についてである[4]。スケートボーダーの文化的行為のみに着目すると、都市に湧出するたまり場は、一見、同じような現われの空間として把握できる。だがそもそも、その場所は、スケートボードという文化的行為を許可しているのか。禁止されている場所なのか。一見一様にみえる文化的行為も、行為が生起する場所に着目すると、異なっていることがわかるだろう。

池袋芸術会館前広場は傷害事件の発生によりその後の管理体制が強化され、2016年の今も全面滑走禁止状態にある。中野サンプラザ前広場は、監視カメラと特設フェンスを設けることでスケートボーダーの行動を管理している。都内有数のスポットは、広場を管理する側による監視の自主的強化、地域住民らの苦情に対応する形での警察権力の行使、駅前再開発事業などにより確実に消失してきた。

たまり場の消失経緯をそれぞれに辿ることで、空間の管理が異質なアクターへのまなざしを含みこんだ微視的な権力作用のなか、広場を管理する警備員や所轄の警察官らによる個別的な施策としておこなわれていることがわかる。特設フェンスを設けることや監視カメラによる行動の監視が、今や都市の現場では自明のものとなっている。広場の消失は空間管理の諸施策によるスケートボーダーの文化的実践の制限であり、彼らを広場から排除した結果である。スケートボーダーは管理や排除のポリティクスに直接的に衝突しようとはしない。都市空間の新たな隙間を求めてたまり場を移していく。

[4]　類型化の細目については、表2-1で確認できる。

表2-1 たまり場の5類型

	駅前広場	芸術会館前広場	都市公園内広場	専用パーク	ストリート・スポット
開放形態	暫定的開放	全面禁止	限定的開放	全面開放	全面開放／禁止
空間敷居	なし	なし	公園内敷地	専用フェンス	なし
管理者	管理人・警察	警備員・警察	管理人・警察	管理事務員	警察
利用時間	10AM～10PM	―	公園内利用時間	10AM～8PM	24時間
利用規約	防具着用推奨	―	防具着用推奨	防具着用強制	規約なし
路面種類	コンクリート	タイル張り	コンクリート	コンクリート	アスファルト
路面種類	舗装	舗装	舗装	専用路面	透水性・排水性
路面状態	荒め	滑らか	荒め	滑らか	荒め
夜間照明	ネオン・街灯	ネオン・街灯	街灯	利用時間内点灯	ネオン
セクション	持ち込み	階段・段差・手摺	持ち込み	常設	階段・段差・手摺
行為認識	見世物的活動	逸脱・非行行為	遊び	スポーツ	逸脱・下位文化

(フィールドワークをもとに筆者作成)

第2章　湧出するたまり場のポリティクス

2　行為の禁止

　90年代に入ると、都市のあちこちで「スケートボード禁止」と書かれた看板を目にするようになる。この頃から駅前広場や都市公園にスケートボーダーが集まるようになった。ストリートでスケートボードに興じていた若者が、都市的公共空間である駅前や広場に集うようになる。この過程でスケートボードという文化的行為が、地元住民たちにとっても認知されるようになった[5]。90年の新聞記事では、スケートボードを楽しむことに対して彼ら・彼女らの文化的行為が好意的に捉えられている[6]。下位文化の担い手たちが文化的行為に取り組むことに対して地元住民は、はなから問題視したり、敵対視するわけではない。若者の下位文化集団というと、容易に想起してしまう地元住民との対立の図式や社会的反発を駆り立てる悪しき根源であると考えることには、まず、注意が必要である。問題が生じるようになるのは次なる段階である。

　[5]　90年代以降、盛んになったトリックの大半が「まわし系」と呼ばれている。「まわし系」とは、ジャンプしてスケートボードを回転させる技で、まわし系の基本となるものがオーリーである。ニュースクールは、このまわし系のトリックを中心にすることで、表面が平面であるものすべてをトリックの対象とした。ニュースクールのスタイルをきっかけにスケートボーダーは、「都市のあらゆる建造物」をトリックの対象とした。

　[6]　土曜の夜の横浜・山下公園が、スケートボードを楽しむ若者たちの新名所として注目されている。「日が沈んで暗くなるころ、横浜市や東京などから、毎週50人近い若者が集まってきては、思い思いにスケボーを滑らせ、互いに技を磨きあっている。若者たちは全員男子で、17・8歳の高校生が中心。はじめは近くに住む若者が、昼間、小人数で遊んでいるだけだった。そのうち、口コミで評判が広がり、最近では土曜の夜になると、市内をはじめ、川崎や藤沢、東京などからも人が集まるようになった。少ないときで30人、多い日には50人も」（朝日新聞 1990. 6.26）。

63

JR高崎線をまたぐ県道の高架下を活用して本庄市が造ったユニークな公園が完成、29日に落成式をおこなう。ところが、公園の一角のスケートボード場に早くも若者が集まって、夜遅くまでジャンプを楽しんでいる。ガシャンガシャンと響く音に、近所の住民から苦情が出始めた。考慮して初めて造った公営スケートボード場の「公害」に、頭を抱えている。若者に人気のスケートボードだが、駅前や市民プールなどに集まって交通事故や通行人との接触など危険がいっぱいだった。市としては「野放しにするよりは」と設けた、初めての施設だ。ところが、工事が3月末で終わると、正式なオープンを前に、口コミで若者がしだいに集まり始めた。多いときで十数人という。近所の人の話によると、午前中から夜11時過ぎまで、ジャンプの音が響き眠れないことも。主婦の一人（64）は「音だけではない。飲み物の空き缶を庭にポンポン投げ入れられる。遊び場が少ない若者が集まるのはわかるけれど、困っている。」苦情は市にも届き、「使用時間は午後7時まで。ヘルメットをかぶること」と注意書きした看板を急いで発注、落成式までに取り付けることになった。担当の職員が帰宅途中に公園に寄っては注意するようにしているものの、効き目があるのはそのときだけ、という。「注意すると「どこでやればいいんだ」という反発が返って来る。何でもかんでも排除とはいかないし、あまりひどければ閉鎖も考えなければならない」と市では頭を抱えている（朝日新聞1991.5.25）。

　本庄市の事例は90年代以降のスケートボーダーのたまり場をめぐって生起した問題の典型的なケースである。住民から苦情が寄せられるようになるプロセスを整理すると、まず、駅前や市民プールなどでスケ

第2章 湧出するたまり場のポリティクス

ートボードにとりくむ若者の行為が、通行人との接触事故や通行車との交通事故等を引き起こしていた。この問題を解決すべく、本庄市は公営のスケートボード専用広場を開設する。広場の開設はスケートボードをする若者に文化的活動場所の提供を意味した。広場を利用するスケートボードをする若者が、夜遅くまで広場にたむろしていることや、スケートボードと路面が接触するときの騒音、話し声、ゴミの未処理等の問題を新たに生み出すことになる。ストリートで生起していた問題を解決すべく設置した専用広場で、新たな問題を皮切りに、都心部に限らず様々な地域で噴出してきた。

スケートボーダーの活動は、タイル製の花壇や縁石の破損、地元住民からの騒音に関する苦情を巻き起こす。スケートボード禁止の看板を無視し、警備員らによる再三の警告にも従わないスケートボーダーたちは、「歩行者の通行妨害」、「住民街への騒音」、「警告無視」の道路交通法違反禁止行為の容疑で摘発される運びとなる。松山市の大街道商店街は、「アーケードの天井に800万円をかけて8台の防犯カメラを取り付け、監視を始め、被害があれば録画したテープを松山東署に証拠として提出、徹底した捜査を求めていく方針に踏みきった」(朝日新聞 1997.4.4)。スケートボード禁止区域は徐々に拡大される。制限された禁止区域でなおかつスケートボードを続ける若者は、管理され、その空間から排除され、ときに摘発される。これらは、スケートボードという文化的行為に対する空間的管理・規制である。

他の下位文化集団の担い手や通行する人々との間で、ときには、社会問題に進展するという緊張を孕んでいるのが、ストリートでの文化的行為の特徴でもある。スケートボードと都市との関係性に着目していくと、文化的活動の空間的規制の動向と、並行するように、スケートボーダーによる犯罪行為も確認できる。

表2-2 スケートボーダーの規制、管理、苦情

新聞掲載日	市区町村	規制等に関する新聞記事
1991. 5.25.	埼玉県本庄市	公営スケートパークでの夜間の騒音、ゴミ捨てに対して「使用時間は午後7時まで」と書いた看板を設置
1991. 8. 2.	埼玉県川越市	川越駅駅前広場、花壇の縁石、階段の破損、騒音に、駅舎隣の公団、マンションの入居者から苦情
1994.11.12.	東京都昭島市	昭和記念公園の滑走区域限定でローラースケートの持ちこみを認めるが、スケボーは持ちこみ禁止
1996. 3.19.	福岡県福岡市	長浜公園でのいたずらや騒音に対して、「長浜公園の夜間利用の時間制限を求める陳情書」を提出
1997. 4. 4.	愛媛県松山市	スケートボードの騒音、フェンスの破損、落書き対策として防犯カメラを設置
2000. 4.25.	群馬県高崎市	群馬音楽センター前の石製ベンチの破損「スケートボードでベンチに乗らないで」と書いた看板を設置
2000. 4.30.	東京都渋谷区	「一斉落書きキャンペーン」をおこない、「落書き禁止」のポスターを張る
2000. 5.18.	愛媛県松山市	商店街側が松山市に罰則就きの規制条例を要請した。スケートボーダーによる騒音公害と破壊
2001. 2.15.	奈良県奈良市	百貨店「奈良そごう」のショーウインド外側のパネルへの落書き防止のため、フェンスを設置する
2002.10.01.	北海道札幌市	大通公園内でのスケートボード禁止 札幌市都市公園条例により、違反者に罰金「5万円」を科す
2002.10.18.	北海道旭川市	会社員(19)の公園内でのスケートボード行為、道路交通法違反の疑いで、旭川家庭裁判所に書類送致

資料:朝日新聞社戦後新聞記事検索『Digital News Archives』より作成(〜 2015. 2.23.)

第2章 湧出するたまり場のポリティクス

表2-3 スケートボーダーによる犯罪行為

新聞掲載日	市区町村	犯罪行為に関する新聞記事
1984. 8.10.	東京都板橋署	配線工（15）、調理師学校生（16）、高1（16） 路上で高1（15）を3人で殴り死亡させる
1994. 1.17.	宇都宮中央署	19歳の少年4人 輸入衣料販売店に侵入、衣類と現金を奪い窃盗の疑いで逮捕
1994. 4.27.	東京都渋谷署	16歳—17歳の少年4人 路上で帰宅途中の公務員を後ろから突き飛ばし、強盗傷害の容疑で逮捕
1997. 8.15.	福岡県直方署	17歳—18歳の少年8人 直方駅周辺で、県立高校生を狙った傷害や暴行行為などの疑いで逮捕
1997.11. 8.	大阪府都島署	17歳—18歳の少年8人 路上を通りがかりの会社員にいいがかりをつけ、殴る蹴るの暴行後、金を奪う
1997.11.20.	和歌山県海南署	運転手（19）道路交通法違反で反則キップを切られそうになったときに、巡査の顔をなぐり逮捕
1999. 5.13.	福岡県中央署	15歳—17歳の6人、高2（1）1人 指名手配スケートボード仲間6人を強盗致傷の疑いで逮捕
1999.11.26.	宮城県泉署	無職（19）2人 高3（17）3人 通行人の往来を妨害、道路交通法違反で仙台家裁に書類送致
2000. 9.26.	神奈川県警戸部署	高3（17）1人 路上走行中のバイクと接触。スケートボーダーを重過失傷害の疑いで書類送検
2000.12. 7.	大阪府茨木署	高2（16）2人 無職（17）1人 歩行者の通行妨害、道路交通法違反の疑いで大阪家裁に書類送致
2000.12.19.	大阪府警住之江署	中2（14）4人 スケートボード仲間窃盗の疑いで逮捕、8件を送検
2001. 2.16.	大阪府布施署	16歳—19歳 少年7人 歩行者の通行妨害による道路交通法違反の疑いで大阪家裁に書類送致
2001.10.10.	宇都宮中央署	未成年2人と20歳の3人スケートボード仲間5人 強盗容疑で逮捕
2004.12.23.	石川県松任署	専門学校生17歳 建造物侵入、敷地内駐車場でスケートボードをする
2006.10.24.	神奈川県警	36歳会社員男性 3回の警告無視、道路交通法違反（禁止行為）、横浜簡裁が3万円罰金命令
2008. 6. 3.	富山中央署	「スケボー禁止」張り紙を引きちぎり焼いたとして、器物損壊容疑で書類送検
2009.10.28.	大阪府警北堺署	23歳と20歳の男2名 再三の中止警告に従わなかったとして、道路交通法違反（禁止行為）で逮捕
2013. 8.31.	大阪府警南署	10〜30代の男4名 歩道での通行妨害による道路交通法違反（禁止行為）で取り締まり

資料：朝日新聞社戦後新聞記事検索『Digital News Archives』より作成（〜 2015. 2.23.）

表2-4 スケートボーダーが路上、都市広場で被害を受けた事例

新聞掲載日	市区町村	スケートパークに関する新聞記事
1995. 5.28.	千葉県船橋東署	17歳造園業手伝いスケートボーダー　午後4時ごろ、公民館駐車場で、無職(17)に顔を数回殴られる
1995. 8.20.	埼玉県入間郡	15歳高校生スケートボーダー　午後4時30分ごろ、工業団地の路上でスケート仲間の男子中学生5人暴行され、死亡
1996. 6. 1.	神奈川県金沢署	25歳塗装工スケートボーダー1人　午後8時20分ごろ、路上で、とび職(26)会社員(27)の2人に顔を殴られる
1998. 4.16.	福岡県中央署	25歳配管工スケートボーダー1人　午前1時10分ごろ、公園近くの池のそばで、無職(24)に顔を殴られ、蹴られる
2000. 1.17.	愛知県西署	16歳高校生スケートボーダー4人　午後0時40分ごろ、路上で、バットを持った男3人に突然殴られ、現金をとられる
2000. 6.15.	神奈川県中原署	18歳スケートボーダー　午前0時ごろ、住吉町内の公園で、少年4人に金属バットや木刀で殴られる
2000.12.21.	茨城県笠間署	17歳高校生スケートボーダー　午後9時ごろ、赤坂公園で少年2人に因縁をつけられ、殴られる
2004. 7.21.	神奈川県横浜市	アルバイト26歳スケートボーダー　午前4時10分ごろ、20歳前後の男女4人組に殴られ、現金8千円を奪われる
2005. 8.29.	愛知県大府市	23歳美容師男性　午後7時40分ごろ、スケートボードをしている最中、2人組みの男に、給料18万円を奪われる
2006. 5.18.	大阪市浪速区	23歳の男性　4人組の男に、拳や木の棒で殴られ、2万円を奪われる
2006.11. 1.	福岡県田川署	スケートボーダー高校生　午後10時半ごろ、刃渡り14センチのナイフを突きつけられ暴行される

資料：朝日新聞社新聞記事検索『Digital News Archives』より作成（～ 2015. 2.23.）

第2章　湧出するたまり場のポリティクス

スケートボードという下位文化的行為が全国的に伝播していき、膨大な数のスケートボーダーが存在するなかで、いくつかの事例は、そのごく一部でしかない。ただ、空間的規制を強化していくような対象である下位文化集団にとって希少の事例でも排除の力学を強化していくことは可能である。スケートボードという文化的行為が、ストリートを中心におこなわれるがゆえに他の問題との接触機会をもつということを確認しておくだけで十分である。そのひとつの現われとしてスケートボーダーが被害者となることも十分に起こりうる。

インターネットや新聞記事におけるスケートボードというキーワードの検索結果から次の8項目の概況を掴むことはできる。①スケートボーダーの活動が路上、都市公園、駅前、広場などにおいて休日の昼間や平日の夜間におこなわれているということ、②スケートボーダーに関する対極的な（不良行為をおこなう者として、他方、スポーツを楽しむものとして）イメージに関するもの、③夜間に商店街やアーケードでおこなわれるスケートボーダーの活動に対する住民からの苦情（騒音やゴミ捨て、器物破損など）が地方自治体に寄せられていること、④エスカレートしていくスケートボーダーの行為が道路交通法違反や、暴行、窃盗などの犯罪行為にまで発展してしまっている現状、⑤スケートボーダーの活動を管理したり、禁止行為として排除しようとする地方自治体の対応があること、⑥禁止区域の増加にともなう、スケートボー側の滑走場所を求める署名活動や、自治体への請願があること、⑦スケートボーダーの請願を受け入れて地方自治体が公営のスケート専用パークを設置した例があること、⑧設置されたパークによせられるゴミ捨てや騒音などに新たな苦情が寄せられていること、などである。

スケートボードを都市でみかけることが多くなるにつれて弾圧や法制化が進められるようになった。世界的にもサン・ディエゴ、ダービー、シドニー、チェルムズフォードといった都市で、夜間外出禁止令

や公共の場所でのスケートボード禁止が打ち出されている（ボーデン 2001＝2006）。ロンドンの市街地はスケートボーダーにとって実質上の立ち入り禁止区域であり、逮捕や罰金、収監という脅迫でスケートボードの日常的活動を包囲する。

ストリートスケートでスケートボーダーたちは、階段、階段の手すり、ベンチなど、都市空間に存在するあらゆる建造物を、スケートボードの行為対象に読み替えていく。ストリートでのスケートボードは、禁止行為にあたり、地元住民、警備員、警察官の管理と監視の対象になっている。都市空間の管理に携わる行政関係者は、ホームレスの人々に対するのと同じような対策をスケートボーダーに対しても講じることがある。スケートボードをやめさせるために、道路や建物の表面をざらざらに仕上げたり、手すりに鋭い出っ張りをつけたり、土手の基部にコンクリートブロックを並べたり、排水溝や階段に鎖をかけたり、砂利や砂で作られた表面を導入したりと対策を施す。

規制が、スケートボーディングを禁止するという不合理さへのスケートボーダーの挑戦をますます冗長させ、カウンターカルチャーと支配的な社会慣行との対立を生みだし続けるのである。ボーデン（2001＝2006）はスケートボードをすること自体は、自己遂行的な行為だとし、スケートボーダーによる、建築物および都市の編集、地図の製作は、目にみえるかたちでの分類法をともなわず、空間および時間においてたえず生きなおされる生の記録だとする。

アムステルダムにある屋内スケートボードパーク1箇所とストリートスポット9箇所で30名を越えるスケートボーダーにインタビュー調査をおこなったカーステンは、都市をスケートボードのトリックの対象とするスケートボーダーの「パブリックスペースの植民地化」（Karsten 2001: 337）が、商業地区や歩道等で他の市民や警察とのコンフリクトを引き起こしている現状を報告している。カリフォルニア北部に位置

70

第2章 湧出するたまり場のポリティクス

するデーヴィス、ナパ、サンタクルーズのコミュニティが設置した公共スケートボードパークに足を運び、広場に関わるアクターの語りと多角的な情報収集をベースにしたフィールド調査をおこなったオーウェンは、スケートボードパーク請願の傍ら、ひとつの広場に自分たちの活動場所が制限されるのを拒むスケートボーダーの心境や、パークの利用をめぐりスケートボードによる怪我の予防を促したり、傷害保険の義務付けや条例の改正をおこなうコミュニティの施策レベルについて明らかにした（Owens 2001）。都市空間における禁止行為や逸脱行為などの管理は強化される。あるスケートボードメーカーでは、スケートスポットにあるコンクリート間の隙間を埋めるひび割れした路面の修正などに使われている工業用補修剤をスケートボードカルチャー用に商品化した。スケートボードのトリックに影響をあたえる溝を補修し、表面を整え、ワックスを塗りこむことでボーダーたちは、新たなスポットを創出していくことができる。このようにスケートボードの実践には、管理や監視によって可視化するローカルな秩序と、都市下位文化的行為の需要にもしたたかに応答していくグローバル資本主義とが競合しせめぎあっている。

3　集団の形態

駅前広場や都市公園等の公共広場は多様なアクターの文化的活動の場として開かれていた。都市が内包する諸矛盾を露呈する象徴的な空間でもあった[7]。都市空間と下位文化との関係性に目を向けると、スケートボーダーに対して行使される管理や排除等の圧力は、60年代の都市広場に湧出、たむろしていた若者たちに対してすでに向けられていた。

独特な文化を生成する彼らはみゆき族、原宿族、竹の子族と呼称され、族文化と総称された[8]。みゆき族

71

は、着替え、洗面道具、学校帰りの制服など外泊用品をいれた中古の麻袋「フーテンバック」を常に携帯していた。一見うす汚いフーテンバックは、みゆき族以外の人々からは「汚物」とされた。東京オリンピックを1ヵ月後に控えた1964年9月12日あたりを境に、不良図書や木製ごみ箱などの不用物や「汚物」を排除する風潮が高まった。これに乗じて警察は、フーテンバックを持つみゆき族を一斉に補導し、銀座から追放した。非行の温床とみなされたフーテンバックは、このとき排除の対象になったのである。

明治通りと表参道の交差点付近に集まる原宿族は、マフラーを外した改造車に乗り、クラクションを鳴らし、轟音を響かせ、暴走を繰り返した。彼らは、ドライブインやレストラン、スナックバー、喫茶店、路地などにもたむろした。原宿住民と警察が原宿族の追放に乗り出す運びとなった。PTA会員や近所の主婦たちもポスターやチラシに、「もうがまんできない原宿族」、「地域の環境はみんなで守ろう」等のスローガンを掲げ、迷惑を訴えた。また、「近所迷惑な原宿付近の実情を話し合う会」を開いたり、交通違反を名目とした取り締まりの強化を訴える署名活動を中心とした住民運動を展開した。警察はこれを受理し、騒音測定機を用いた取り締まりをおこなった。約1年間続けられた地域住民と警察による原宿族追放運動の結果、原宿族は自動車による騒音を理由に原宿から完全に追放されることになった。特筆すべきはみゆき族や原宿族が、警察や地元住民の活動によって彼らの居場所から完全に排除されたということである。

70年代に入ると、歩行者天国の実施により原宿に若者がたむろするようになる。[9] 竹の子族は、特有のファッションに身を包み、歩行者天国でグループをつくって踊っていた。そのなかには、暴走族経験者も多く含まれていた（馬渕 1989: 252）という。しかし、買い物客が増加し竹の子族のまわりに群がるようになると、町内会や警察は歩行者天国から彼らを排除すべく動き出した。原宿にいられなくなった竹の子族は

72

第2章 湧出するたまり場のポリティクス

歩行者天国から代々木公園へと場所を移し踊り続けた。警察は、彼らをゆるやかに規制し、管理するに留まった。「族」文化は、奇抜なもの、異様なもの、逸脱的なものとしてメディアにも取り上げられる。時には、都市的公共空間の利用と管理をめぐりコンフリクトを引き起こし、「族」文化は排除すべき対象として問題視されてきたのである。

都市下位文化が生成され、それが都市社会に根付いていく際のコンフリクトは、文化的行為の担い手と、その他の生活者との行為・集団への認識のズレから生じる。都市下位文化は、学校、家族、職場、地域等の制度に属さない集団を形成する場合が多い。それゆえに、都市下位文化の文化的形態や生活様式が、制度的規範からすると逸脱していると認識される場合が多い。都市下位文化とは、社会的通念からの逸脱的

［7］　わが国の戦後における「族」文化の系譜については、佐藤（1984: 147）、馬渕（1989）、難波（2003）に詳しい。筆者はこれらの論考で「族」文化の歴史を辿り、「族」文化の大半が公園や駅前のオープン・スペースなど空間的な広がりの確保される広場にたまり場を形成してきたことを確認した。「族」文化の歴史的変遷が教えてくれるのは、都市空間を管理するポリティクスと下位文化との交渉・折衝過程の重要性である。にもかかわらず、「族」文化論では空間的な力学は無視され「族」の対抗性や逸脱性ばかりが一方的に強調されてきた。

［8］　馬淵は大人社会から〈ヒンシュク〉を買うことに快感を覚え、群れとしての新奇性に富んだ異相形の若者集団を族文化の戦後史としてまとめている（馬淵 1989: 11）。このような特性から族文化は下位文化の一形態であるといえる。本論では、馬渕をもとに都市広場と若者の族文化について整理したが、それ以外には湘南海岸にたむろした太陽族や、街中を単車で走り回るカミナリ族、新宿カミナリ族、暴走族や、歓楽街にたむろした六本木族が報告されている。

［9］　98年9月、原宿の歩行者天国は、71年以降竹の子族など数々の若者文化を生みだす舞台となってきたが、交通渋滞や騒音、ごみ問題を理由に正式に廃止されることになった。

表2-5 逸脱行動の類型

	順応的行動	規則違反行動
逸脱と認定された行動	誤って告発された行動	正真正銘の逸脱
逸脱と認定されない行動	同調行動	隠れた逸脱

(ベッカー 1963＝1978: 31 より引用)

行為・集団からなる。社会的通念からの逸脱の程度によって、都市下位文化集団の社会的位置づけが異なってくる。

ベッカーがまとめた逸脱行動の4類型のなかでスケートボードという文化的行為を確認しておくことにしよう。スケートボードという文化的行為は、単に規則に従い、しかも他者からもそのように認定される同調行動と、規則に背き、他者からもそのように認定される正真正銘の逸脱行動のどちらにも当てはまらない。

「誤って告発された行動」についてベッカーは「しばしば犯罪者が「濡れぎぬを着せられた」と称している状況、つまり、違反行為を犯していないのに、他者からそのように目される場合である」（ベッカー 1963＝1978: 32）と記している。この「誤って告発された行動」としての逸脱行為に類型化されるケースは、本章で検討してきたスケートボードをする若者の犯罪行為や行為の規制をめぐってスケートボードをする若者においては確認できない。

残りの「隠れた逸脱」とは、「不正行為はなされているが、誰もそれに気付いていないし、規則違反に対する反応行為も起こらない」（ベッカー 1963＝1978: 32）場合であるというべれた逸脱」の行動様式がスケートボードをする若者に当てはまる。「隠れた逸脱」の行動様式がスケートボードをする若者にとって完全に当てはまるわけでもない。ある場面では、犯罪行為に至ったケースも、犯罪行為をすることが目的ではない。逸脱動機が逸脱行為を導くのではなく、スケートボードに対する反応行為の遂行中に遭遇する状況によって、ときには、逸脱行為に発展することもあったと捉えられるべきであろう。すなわち、スケートボードという文化的行為は、逸脱行動類型を区分

第2章　湧出するたまり場のポリティクス

する境界線上を、状況に応じて揺れ動く身体活動であるといえるのだ。逸脱という言葉は広義の意味で用いている。それは、ベッカー（1963＝1978）がダンス・ミュージシャンの事例を分析する際に適応した逸脱の概念を想起している。ベッカーを参照しながら、逸脱行為について概念的にまとめるなら、次のようになる。

　逸脱行為とは形式的には、法律の枠内にあるが、その文化と生活様式は奇異にみちた非因襲的なものであり、同じ地域社会に住む因襲的な人々からアウトサイダーのレッテルを貼られる行為である。それは、下位文化的行為の担い手たちが、地域社会に住む人々をアウトサイダーと看做すこともある両義性をもっている。このときの内部者と外部者との境界線は、曖昧なものである。ある社会集団が逸脱と判断する一定の規則も状況変動的な社会的構築物である。ゆえに、逸脱とは、ある社会集団とその集団から逸脱者であると目された人間とのあいだで取り交わされる社会的相互作用の産物である。

　スケートボーダーの個人史に関する聴き取りをすすめていくと、スケートボードとの通時的な関わりをもっているのが暴走族である。

孝紀　鋲ジャン着るんすよ。鋲ジャン着てて、絡まれたことない。知らないやつでも、俺のことを知ってるやつがいる。ライブで暴れたら、3人ぐらいから流血させた。あだ名は、人間凶器。このビョウは5キロはあるんすよ。俺は、血をみるのがたまらなく好き。血をみたら笑いだす。ハイテンションになっちゃうんだよね。俺流じゃなきゃ。人に流される生き方してちゃ、つまんねー。だから、俺はすべてにアンチ。俺流をもつことは、簡単なことじゃない。シンナーもやったし、ゲリラでグラフティーもやった壁や橋の下とかに夜中に行って

表2-6　集団の形態と文化的行為の相違点：暴走族とスケートボード

	暴走族 (京都市)	スケートボーダー (土浦市)	スケートボーダー (新宿)
文化の形態	都市下位文化	都市下位文化	都市下位文化
集団の起源	1974以降	1997以降	2000以降
年齢	15歳—21歳	16歳—30歳（継続中）	16歳—30歳（継続中）
たまり場	駐車場、レストラン、商店街	都市広場	路地裏
集団の規模	30人—100人	4人—15人	4人—20人
集団の ヒエラルヒー	年齢　中学の先輩—後輩関係	年齢　中学の先輩—後輩関係	
集団内 ネットワーク	小学校・中学校の仲間	小学校・中学校の仲間	新たな友人、旧友
集団の テリトリー	市内	市内、市外、県外	市内、市外、県外
他集団との 接触機会	集会	広場へ遠征、大会	広場へ遠征、大会
領域の曖昧さ	合法的生活領域—逸脱的領域	スポーツ＞逸脱的領域	スポーツ＜逸脱的領域
行為	非日常	日常	日常
滑走場所	道路	歩道、広場	歩道、
集合形態	月例集会・忘年会	イベント開催・忘年会	花見・送別会・新年会
都市での行為	暴走	ストリートゲリラ	ストリートゲリラ
乗り物	バイク	スケートボード	スケートボード
乗り物への拘り	改造	細工	細工
身体の快楽	滑走の快楽	トリックの快楽	トリックの快楽
寄せられる苦情	騒音	騒音・建築物破損	騒音・建築物破損
違反行為の種類	道路交通法違反	道路交通法違反	道路交通法違反
仕事との関係	引退してから仕事に就く	仕事しながらも続ける	アルバイトの合間に続ける
髪型	ツッパリ、パンチ	坊主、短髪	短髪・金髪長髪
身体の痛み	けんか	自虐的	自虐的
隠語	イキル、イチビル、メンチ切る	グリッチョ、ダイコンオロシ、ジコッタ	グリッチョ、ダイコンオロシ、ジコッタ
スタイル	特攻服	Tシャツ、キャップ、だぼだぼパンツ	Tシャツ、キャップ、だぼだぼパンツ
創発的行為	ステッカー、旗づくり	セクション作り、ステッカー	セクション作り、「OUT」
座り方	ヤンキー座り	デッキの上やベンチに座る	デッキの上や花壇端に座る
警官による 検挙形態	数10人による一斉検挙	1、2名による警告、検挙	1、2名による警告、検挙
破壊・破損行為	道標、街灯	縁石、ベンチ	縁石、ベンチ
地域の対応	「暴走族追放」看板	「スケートボード禁止」看板	「スケートボード禁止」看板
スプレーペイント行為	落書き	グラフィティ	グラフィティ

佐藤郁哉（1984）（1985）と筆者のフィールドワークをもとに作成

第2章 湧出するたまり場のポリティクス

書きまくった。書いているところを警察にみつかったら現行犯だから、すげー緊張感だった。でも、俺はスケボーでとどまった。暴走族Ｏ・Ｂの人たちとバイクに乗るときもある。そのときは、ちゃんとヘルメットかぶって走る。

スケートボードを始める前に、暴走族の一員として暴走行為に明け暮れたものや、中学校時代の友人や先輩が暴走族のメンバーで、そのつながりで暴走族の他の仲間とも親しくしていたものというように、そのかかわりは直接的なものから、間接的なものまである。千葉県葛西市出身の孝紀は、中学時代は、地元の暴走族の一員として、暴走行為や喧嘩を繰り返してきた。中学を卒業するタイミングで暴走族も卒業し、美容師を目指し、専門学校に通う。専門学校では、尊敬できる男性教師に出会い、その人物のアドバイスを受けながら、技術と知識を必死に習得していった。暴走族のメンバーだったときに、乗り回したマフラーや背もたれを改造した典型的な暴走族使用のバイクの写真を携帯電話にデジタル保存している。孝紀は、暴走族のメンバーだったころは、仲間といる連帯感から楽しみを得ることができたが、暴走行為自体が、とりわけ、おもしろいわけではないと語る。スケートボードは、スケートボードに乗ることがまず難しいし、それから、トリックを一つ一つ習得していっても、できないトリックに出会う奥深さがある。

佐藤郁哉が示唆している暴走族とスケートボードというそれぞれの群れの形態と文化的行為の中身について、本書のデータをもとに、整理してみよう。

「もうやることやったしな。オチツかなあかん」という言葉を当時、暴走族の集会やその他の日常的な場面で、佐藤は何度も耳にした。青年期から成人期のひとつの節目を直前に控えた19歳から20歳の暴走族

77

のメンバーから聞いたり、暴走族活動から抜け出そうとする16歳から17歳のメンバーが口にすることもあったという。佐藤は暴走族行為をする若者が「卒業」する際には、「規範的顧慮」「功利的顧慮」「法的サンクションに対する顧慮」の3つの顧慮が相互に働くのが、「規範的顧慮」であり、「何歳までに…するべきだ（するのがふさわしい）」という一種のきまりごととして働くのが、「規範的顧慮」であり、「何歳までに…する方が得である／何歳までに…しないと不利になる」という現実的な要請に対する配慮が、「功利的顧慮」であると記されている。未成年から成人へと年齢移行した際に、前科がつく」と考えるのが、「法的サンクションに顧慮」である。

インフォーマントの「卒業」や「オチツく」という言葉が、単に「暴走族からの離脱という移行」をさしているのみならず、「青年期から成人期への移行」と「逸脱的ライフスタイルから慣習的ライフスタイルへの移行」をさしていると指摘している。佐藤がフィールドワークを通じて導きだした上記の指摘は、80年代の若者の姿を捉えている。

このことは対象とした90年代に都市下位文化に接する若者との間で決定的な差を示唆する。少なくとも、スケートボードをする若者30数名と4年ほどにわたって機会を共有してきた私の経験において、「オチツく」ことに対する「規範的顧慮」「功利的顧慮」「法的サンクションに対する顧慮」に出会うことはなかった。「オチツく」ことや離脱を意味する言葉（卒業）をふくめても耳にする機会は、なかった。

暴走行為とスケートボードという身体行為に対する法的規制の違いを認識する必要はあるだろう。より的確に述べるなら、道路交通法の危険行為という法的処罰の対象としては、暴走族行為もスケートボードも同様ではある。だが、活動の形態において大きく異なることによって、法的処罰を受ける確率が高いのが暴走族の行為であるといえよう。それは、暴走族行為が、数十人からときに百人程度の中集団を形成し

第2章　湧出するたまり場のポリティクス

騒音をともなうことにより、警察の取り締まりの対象とされやすい特性をもっているのに対し、スケートボードが3人から7人程度の集団でストリートに出向いていくことで、一斉取締りの対象にはならないこととも関係している。

法的サンクションに対する対処としての「卒業」以上に重要だと思うのが、都市下位文化からの「離脱」が90年代を生きる若者にとっては現実ではないということである。私が出会った彼ら/彼女らは、スケートボードという行為から離脱して、就職すると考えているわけではなく、高校を卒業し就職したり、専門学校に通ったり、大学に通いながらも、スケートボードを継続している。都市を生きる日常において、スケートボードは、非日常的な空間や時間の獲得をもたらすものでもないし、彼ら・彼女らが非日常的な行為としてのスケートボードを求めようとしていないことにも90年代を生きる若者の姿が見えてくる。

4　行為の境界

スケートボードの源流は1930年代から1950年代にかけて、カリフォルニアで生みだされ使用されたというスクーター・スケート (Scooter Skate) に遡る。スクーター・スケートは、木製のハンドルに両手をかけ、片足をスクーターの胴体部に乗せ、もう片方の足で、プッシュして前に進むという形のものである。移動速度自体は、それほど速くなく、移動時には、胴体の下部に備えられたローラーと路面との接触によるノイズをともなうものであった。この当時、郊外生活のひとつの移動手段として利用されていた。ハンドル部分と胴体部をつなぐ木製の木箱には、物を入れるスペースが確保されていた。1950年代の中期から後半になると、スケートボードの原型が現出する。この時点で、スクーター・

スケートよりサイズが小さくなり、木製のハンドルと木箱が取り除かれることになった。サイズが小さくなったことにより、動作も保管も容易になる。路面にある小石ですら、十分な障害物となり、動作に支障をきたしていた。ベアリングもまた、簡単に、動かなくなってしまうものであった。スケートボードカルチャーにおいて重要な位置を占める文化的アイテムとは、デッキ、トラック、ウィール、グリップの4つのエレメントから構成されるスケートボードである。このスケートボードも、サイズや機能を適宜かえながら、商品としての価値を維持してきた。

1950年から1960年初期にかけてのスケートボードは、若年層の移動の手段のひとつであった。バスに乗るか、スケートボードに乗るか、というように、日常的な公共交通機関と連接するひとつの重要な移動の手段であった。初期のスケートボードカルチャーの多くが、アメリカの西海岸地区内に限定的な浸透に留まっていたこともこの当時の特徴である。1960年代初期から70年代にかけて、アメリカのカリフォルニア州では、サーフィンの波を待つサーファーが歩道でスケートボードに乗り始めた。サーフィンもスケートボードも、スノーボードなどにみられる進行方向に対して体を横向きにして板に乗る、横乗り系の動作を要するという点で近似性を持っている。当時、スケートボードは「歩道でのサーフィン (Sidewalk surfing)」と呼ばれていた。そのなかには、サーファーであり、スケートボードもするサーファー・スケートボーダーも数多く存在した。一部は、サーフィンと同じ技術をスケートボードに持ち込むために、スケートボード自体も自分たちでつくり、通常より大きめのデッキを使用していた。スケートボードで技に取り組むためのバンクを、セメントで固められた波として理解していたことにも、この当時のサーフィンとスケートボードカルチャーのホモロジカルな関係性が容易にうかがえる。波を待つサーファーの歩道での波乗りコンクリート・ウェーブは、よりナチュラル波乗りに近い動作環

第2章 湧出するたまり場のポリティクス

境を求めていく。ここで発見されたのが、プール・スケートである。水抜きした状態のプールは、滑らかなコンクリートで手頃なカーブからなる斜面が、スケートボーダーに気に入られることになった。このとき生まれた新たな動作にキックターンがある。キックターンにより、コンクリートの斜面を滑走する際の方向転換が可能になった。プール・スケートは、スケートボーダーに身体動作の限界と、危険に向き合う実践であることを自覚させていく。スケートボードカルチャーの展開は、スケートボーダーの社会的世界において、象徴的な意味と価値を帯びた「聖地」をつくりだす。

特別な場所としてスケートボーダーに知られていたのが、ドッグタウンである。ドッグタウンスケートボードで、特徴的なのは、それが、サンタモニカのタウンをスケートボーダーたちの遊び場につくりかえていくところにあった。プール・スケートは、よりサーフィンでの波乗りに近い身体動作の獲得に向けて、もともと、スケートボードが備えていた移動性を、専用のスケートボードパークのなかへと制限していく過程でもあった。タウン全体をスケートボードのトリックの実践をふたたび、際限なく広げていく営みでもあった。学校内にある手頃な建築物、道路に突出しているパイプ、排水溝、フェンス、歩道等、ありとあらゆるサンタモニカにある段差や障害物が、彼らのトリックの対象として再発見されていったのである。

スケートボードのトリックのためにつくられたわけではない都市の建築物が、スケートボーダーたちに使用されることは、スケートボーダー以外の警官や建築物の所有者、住宅開発の開発者らから批判や苦情を浴びることになった。この2面性をもったストリート・スケートボードは、80年代後半から90年代にかけて、ふたたび、注目を浴びるとともに、コンフリクトをもたらすことになる。これら他者との衝突の過程も含めて空間を発見していくこの当時のスケートボーダーの社会的世界におけるドッグタウンの象徴性

は、今も姿を変えて受け継がれているといっても過言ではない。資本主義社会の流通市場に適応させることで、この聖地の様相がリバイバルされたものとしては、『Dogtown and Z-Boys』(2001)、『Lords of Dogtown』(2005) の2つの映像作品にみることができる。どちらも、1970年代のドッグタウンの様相を、スケートボードをする若年集団であるZ-Boysを中心的に描き出している。

1960年代中期にかけて、スケートボードカルチャーが世界各都市に流通していく。カリフォルニア州のサンタモニカを拠点に、1963年には、マカハ・スケートボードが誕生する。マカハ・スケートボードはスケートボードのデザイナーであるラリー・スティーブンソン (Larry Stevenson)[10] を中心に、翌年の1964年に、鉄製ウィールから切りかえてウレタン製のウィールを使用したデッキを流通させていく。これによって、スケートボードは、スケートボード専門誌が創刊されるとともに、カリフォルニア南西部のアナハイムでは、スケートボードの国際大会が開かれた。技術レベルの高いスケートボーダーを集めたチームも結成され、雑誌等に彼らが登場した。この時期のスケートボードの流行は、一過性に終わった。スケートボードマガジンは、1965年になると、廃刊されることとなった。

スケートボードは文化として根付いていく。1970年代に入ると、スケートボードカルチャーはスケートボードにおけるテクノロジーの発展に後押しされながらその勢いを取り戻す。70年代のスケートボードは、木製のデッキ、鉄製の車軸とアルミニウム合金製からなるトラック、ウレタン製のウィールから構成される。ウィールは、直径が49ミリ、幅が30ミリのタイプが主流となった。これによって、路面との接触衝撃が抑えられたことは言うまでもない。スケートボードのなかでも、滑り方の用途によって、使用するデッキを変えるという専門分化もこの時期に進んだ。スタイルはスラローム、ダウンヒル、フリースタイルの3つに分化した。これらは現代におけるスキー

82

第2章　湧出するたまり場のポリティクス

の技術ともホモロジカルな関係性を持っている。スラロームは大きなターンを容易にするために、ウィールの可動域を最大限に拡張している点に特徴がある。ダウンヒルは坂を下る際に、スピードが増すように、デッキ自体も長く、ウィールも大きめのものを使用する。リュージュ競技を思い浮かべるとイメージしやすい。ダウンヒルでは空気抵抗を減らすために、デッキに寝そべるようにして乗るところに、その特徴がある。残るひとつは、フリースタイルと呼ばれるもので、デッキ、ウィール自体も小さくつくられ、移動に適した機能性にその特徴がある。

70年代から80年代後半にかけては、デッキ、ウィール、トラックのサイズ等が、用途に応じて、その都度変更されていく。専用スケートパーク等でのよりハイリスクな技に取り組むスタイルを追求しているスケートボーダーには、より安定感のあるスケートボードが愛用された。とはいっても、わが国では70年代後半に代官山にショップがオープンしたのを契機に徐々に普及してきた。80年代とは大きな変化のない時期でもあったといえる。ちなみに、スケートボードカルチャーにとって、80年代とは大きな変化のない時期でもあったといえる。

90年代前後を境に、スケートボードカルチャーは大きな展開をみせていく。その時期は、都市空間でのスケートボードの直接的に継承されていくストリートスタイルを中心としたニュースクール確立期でもあった。70年代後半から80年代とスケートボード専用パークでおこなわれていたスケートボードは、90年代以降になるとストリートでするほうが好まれるようになった。デッキの長さは80センチ、幅は20センチになり、デッキの後ろ部分には、ストリート系のスケートボードには必須のキックテールが定着した。キックテールとは、足がひっかかるようにデッキ自体をカーブさせている部分をさす。これにより、ストリー

[10] マカハ・スケートボードについては、http://www.makahaskateboards.com/main.html を参照した。

ト・スケートボードの主要動作であるオーリーをはじめとする数々のトリックが生み出されることになった。ウィールも、直径49センチから45センチ、40センチへとよりストリートスケートボーディングに適応するように変化してきた。ウィールのサイズが小さくなることで、スケートボーダーは、重心を安定させることが容易になり、オーリーにも取り組みやすくなるのである。

この時期からはデッキの裏側のデザインにも注目が集まるようになった。90年代になって、同様に広まったグラフィティカルチャー、クラブカルチャーとも重なりあうデザインが数多くスポットを生まれるようになった。90年代以降に生まれたストリートスタイルのスケートボーダーは、都市のあらゆるスポットをトリックの対象にすることが可能になった。

スケートボードカルチャーは新しさや表現の自由さが特徴とされ、スポーツの形態として、エクストリームスポーツ、ライフスタイルスポーツ、アクションスポーツ、ニュースポーツ、オルタナティブスポーツなどと表現され、同時に文化の形態として、身体表現型文化、オルタナティブ文化、ポストモダン文化、等と表現されてきたカリフォルニア的スポーツの一形態である。そうであるがゆえに、空間的に限られた競技場でルールにもとづき、行為規範や時間的区切りが明確化された近代スポーツと対照的なスポーツとして位置づけられる。スケートボードカルチャーでは、サーフィン、ウインドサーフィン、ヨットなどの典型的なカリフォルニア的スポーツのように「自然」との闘いが要求される（ブルデュー1984）わけではなく、人々が生活する都市空間の内部に、パークスケートとストリートスケートという2つの文化的活動空間を獲得してきた。パークスケートではスケートボードの専用のセクションが設置され、スケートボードという文化的行為のスポーツ化であり、利用時間や利用ルールを明確にしていく点で制度化されている。

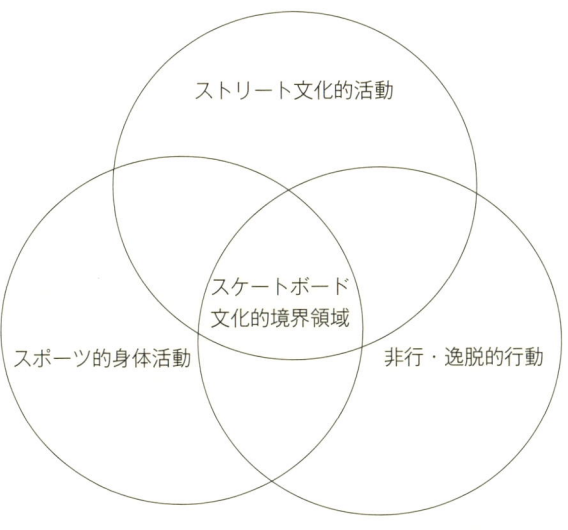

第2章 湧出するたまり場のポリティクス

スケートボードという文化的行為は、ストリート文化的活動、非行・逸脱的行動、スポーツの身体活動、の3つの文化的行動様式の特性をもっている。第一に、スケートボードは、ストリートカルチャーの一形態である。スケートボードをしている当事者達の多くが、スケートボードをストリートカルチャーとして認識している。それは、空間の限られた競技場、運動場におけるルールを遵守するなかでおこなわれる競争的競技としてのスポーツ的身体活動でもない。

第二に、スケートボードは非行・逸脱的行動であると認知されている。この国においては、ストリートでのスケートボーダーの身体行為が可視化されるようになった90年代初期から後半にかけて、スケートボーダーの逸脱的行為や非行の温床としてのたまり場という認知が住民たちからは、苦情が寄せられ、スケートボードは管理の対象となった。とはいうものの、スケートボードという身体の行為それ自体は、さほど問題ではないという理解が住民たちの大半に共有されていた。夜間にたむろすることやゴミのポイ捨てをめぐる問題として、スケートボードをする若者の付随的行為をめぐって、スケートボードは問題化されてきたのである。スケートボードという行為が直接的に苦情をもたらす理由となった

図2-1 スケートボードという行為領域

（ベン図：ストリート文化的活動／スポーツ的身体活動／非行・逸脱的行動　中央の重なり＝スケートボード文化的境界領域）

のは、スケートボードの板と路面が接触する際に生じる騒音であった。マンション建設中の工事中の騒音やマフラーを改造したバイクを乗り回す際の騒音と比べると、スケートボードのその騒音は比べものにならないほど静かである。騒音の客観的基準のひとつである40デシベルを超えることもない[11]。広場を管理する側の立場からすると、スケートボードという行為が、結果的に、広場の階段や手すり、モニュメントを破損させるという器物損壊行為として苦情にいたる。とはいっても、スケートボードという行為自体は、悪くはないと捉えられていることも事実である。

　行為自体は悪くはないという理解に関連するのが、第三に、スケートボードは、スポーツ的な身体活動であるという社会認識である。スケートボードのスポーツ化は、たまり場の専用広場化に後押しされる。芸術会館前や駅前広場では禁止されるスケートボードを、フェンスに囲われた限られた空間のなかでは思い存分に取り組むことができる。専用広場に設置されるスケートボード、インラインスケート、BMXなどのストリート系スポーツのためのセクションは、スケートボーダーたちに新たな刺激をあたえる。より高度な技を追求しひたすら繰り返す。

　スケートボードという文化的行為は、行為者にとってもその行為を見守る他者にとっても、行為の認識がそれぞれに異なるという「境界」に位置するがゆえの柔らかさを備えている。この柔らかさをめぐり多様なアクターを抱える都市で日々、折衝や交渉が繰り返されている。こうした折衝や交渉を積み重ね都市下位文化は都市に根付いていく。

第２章　湧出するたまり場のポリティクス

[11] 40デシベルとは、環境基準法で定められている療養施設、社会福祉施設等が集合して設置される地域など静穏を要する地域の夜間における騒音の基準である。商業・工業地区の昼間の時間では、通常は、60デシベルが基準としてもうけられている。環境基本法（平成５年法律第91号）第16条第１項を参照（環境省ホームページ http://www.env.go.jp/kijun/oto1-1.html）

第3章 身体に刻まれるストリートの快楽

実践は時間の中で展開し、不可逆性がそうであるように、共時化によって破壊される相関的特性をすべて備えている。実践の時間構造、つまりそのリズム、そのテンポ、何よりもその方向性は、実践の意味構成的なのだ。…〈略〉…実践が持続にすっかり内在しているという事実からして、実践は時間と固い結びつきを持っている（ブルデュー 1980b＝1988：130-131）。

痛みを刻印する身体
（©筆者撮影）

都市下位文化集団への所属は制度的に強制されるものではない。自らの意思で所属している。行為に打ち込むことも強要されることはない。自らの意思で継続する。いつでも集団から離れその行為を辞めることができる。辞めないで行為を生み出し続ける身体は、いかなる経験を蓄積しているのか。スケートボードの上に身体を乗せる経験がいかなる変化や喜びをもたらすのか。ボーデンもスケートボードのように「パフォーマティブで日常的なものの研究は、その過程の経験的な本質の何かを伝達するために、音、視覚、動き、触感や臭いまでを統合することが要請される」（ボーデン 2001＝2006: 342）と述べている。

本章ではスケートボードという下位文化的行為の奥深さを「行為者の身体経験を通してみていく」（メルロポンティ 1942＝1964: 282）。スケートボードに乗るという変化により、身体を通じて行為のリスクと快楽を認識するようになる。スケートボードは状況に応じて臨機応変におこなわれ身体の上に書き込まれるパフォーマティブな行為である。

1 滑走の体感

知り合いはひとりもいない。自ら行ってみるしか方法はない。2001年5月28日の夕方、土浦市のスケボーショップへと向かった。その店舗で16800円のスケートボードを購入し、その日から土浦駅西口広場に通うことにした。目的地の土浦駅前広場は土浦駅のホームと隣接する。ホームと広場はフェンスで区切られている。広場と並行している道路を走行している車内や歩道を歩く通行人の目線から広場の様子はみえない。

広場近くに到着し隣接する1時間100円の有料駐車場に車を停めた。購入したばかりのボードを手に

90

第3章　身体に刻まれるストリートの快楽

して入り口から広場へと緩やかに続く4〜5メートルほどの坂を上る。左手には3 on 3のバスケットボールコートが設置されている。バスケットボールコートを利用しているものはいない。バスケットボールと反対側、広場の右側のスペースには自転車が数台、置かれている。その奥に、テニスコート4面分ほどのスペースがスケートボーダーに開放されている専用広場である。専用広場といっても武蔵野スポーツパークや立川中央公園スケートパークのようにスケートボードやインラインスケート用の専用のセクション[1]がコンクリートや鉄製のレールで備え付けられているわけではなくて、コンクリート舗装された路面の上にいくつかのセクションが簡易に設置されているだけである。

広場の左右のコーナーには90度の弧の面をもつ台が備え付けられている。ミニランプと呼ばれるこの台を使うことでスケートボーダーは直線的に進み、広場の角にあるミニランプで折り返しランディングを続けることができる。ランプの上部から滑り降り勢いをつけてスケーティングを開始することも可能である。

広場の照明がスケートするには十分な明かりを灯している。

スケートボードの経験のない私は備え付けのベンチに座り、彼らのパフォーマンスを眺めることから始めた。スケートボードに乗ることに対する照れや不安からなかなか立ちあがれない。新宿中央公園や秋葉原駅前広場と比べ閉ざされた空間だと感じた。新宿中央公園や秋葉原駅前広場は、ショッピングを終え買い物袋を持ったカップルや広場で新聞を読んでいる初老の男性、広場を横切る通行人等、それぞれ目的を持った人々が偶発的な出会いからなる空間であった。土浦駅前広場はスケートボーダーが集める占有的な空間である。スケートボーダーしかいない。通行人もいなければ観衆もいない。だが、スケー

[1]　セクションとはスケートボーダーが技をおこなう器材のことである。

トボーダーの技術レベルは高く競い合うようにセクションにチャレンジしていた。その競技性の高さは奇妙な感じだった。

スケートボードを始めることは心に決めていた。広場に設置されているセクションを利用しているスケートボーダーたちの邪魔になることは容易に判断できたので、私は広場の一番入口側にあたる、3 on 3 バスケットボールコートが設置されている場所近くで何もわからずにただひとりスケートボードに遊ばれていると、赤いTシャツを着て左手首に包帯を巻いた坊主頭の若者が話しかけてきた（フィールドノーツ）。

若者　管理やっているものです。よろしくでーす。
筆者　今日から始めたんですけど、どうしたらいいですか？　さっぱりわかんないんで。
若者　乗ることもまったくないですか、それならまずプッシュですね。
筆者　えっ、プッシュって？
若者　こうやって（板に乗る動作を筆者にみせながら）やるんですけど、まず、左足をのっけて、それで、右足でこぎます。まあ、最初はこの感覚に結構苦労しますよ。で、とりあえずそれやってもらって、それができるようになったら次は、チックタックですね。これは、テールに足をかけて、腰と手をうまく使って、体重を移動させながら、やります。それじゃ、こんな感じで、とりあえず。

第3章 身体に刻まれるストリートの快楽

広場の注意書きの紙を手渡してくれた若者がこの広場を利用するスケートボーダーたちのリーダー的存在であり、私をこの仲間たちとの飲み会やスケートの大会へと連れ出すようになる和志とのこの形式的なやり取り以外には言葉を交わすことなく、夜9時ごろには引きあげてくる和志とのこの形式的なやり取り以外には言葉を交わすことなく、夜9時ごろには引きあげてくる和志とボーダーである彼らとの距離を感じその窮屈さから逃げだしてきたといっても過言ではない。

2日目も、3日目も同じように広場へと足を運んで、スケートボードに乗っていた。3日目の10時頃から彼らとの距離が縮まってくる。それからは毎日、スケートの特訓が始まるようになった。デッキやボードと呼ばれるスケートボードの板に乗る際に、決めるのがスタンスである。スタンスには、レギュラースタンスとグーフィースタンスがあり、レギュラースタンスは進行方向に対して、左足を前にし、グーフィーはその逆の右足を前にする。スタンスを決めたら後ろ足で地面を蹴って前に進むプッシュを始める。プッシュができるようになると、デッキに乗りながら移動するスケーティングが可能になる。プッシュからスケーティングができるようになったら、上半身、特に顔や肩を進行方向に向け、それに合わせて重心を移動させる。下半身とデッキをあとから遅らせるようについていかせるとターンができるようになる。

次はチックタックである。両腕を広げ、上半身を左（右）にひねって反動をつけ、その反動を利用してデッキ尖端部を軽く上げ、左（右）にひねる。この動作の繰り返しによりデッキを地面に着け、進行方向にデッキを押し出し、上半身を右（左）にひねる。この動作の繰り返しによりデッキに乗ったまま前進していくことができる。ここまでの板に慣れる過程は「3日目にしてようやくプッシュと、チックタックがさまになってきた」と振りかえっているように、基礎スキルを習得できた。

難関なのはオーリーの習得である。オーリーはスケートボードに乗りながらジャンプする、もっともポピュラーかつ奥の深いトリックである。バランスを崩すことで身体を自覚するという体験が、身体を媒介

93

にした行為であることを意識化させる。歩行のように日頃何気なく動作をしているときに、身体の経験をあらためて意識することはない。ただ、怪我をして痛みをともなったり、病気や体調不良等何らかの理由で日頃の動作ができない不自由さのなかで身体を自覚する。スケートボードは自身の身体を意識化させる道具でもある。一連の動作を前方に滑走するデッキを使っておこなうとオーリーが完成する。私はまず、静止時にテールを地面へと叩きつける練習を重ね、どれぐらいの強度でテールをけり上げることで、デッキの前方がどれほどの勢いで反り上がってくるかを掴んでいった。その次に、苦労したのが高さを出すことであった、デッキを地面から浮かせるのには、テールを地面へと叩きつける力と同時に自分自身の身体を浮かせる必要がある。けれども、着地時の不安定感からなかなか思いっきりよく蹴り上げることはできないし、蹴り上げて高さが確保できても、デッキを横にスライドさせる動作やデッキの上に両足を乗せたまま着地することは容易ではないのである。ストリートでおこなわれているスケートボードのトリックのすべての基礎となるのが、このオーリーであるのだが、タイミングや力加減、バランス等の総合的な動きからなる動作で見かけ以上に難しく感じられた。

「技を盗む、それが大事。教えてもらえるわけじゃないから、盗む」や、「指導してくれる人はここにはいない、自分でやりたい技を人のをみたり、雑誌やビデオをみてそんで、何回も繰り返す。そしたら、あっこれだっていうタイミングや感覚が掴める」と彼らがいうように、パークには指導者や他のスポーツの世界でみられるようなコーチは存在しない。彼らは技を人から盗むのである。「スケートはしがらみがない、自分で好きなようにやればいい」とはいうものの、技の習得について話し合い、改善していくような やりとりもみられる。初心者の私になんども指導が入る。

94

第3章 身体に刻まれるストリートの快楽

琢哉 どうすか。レギュラースタンスですね。蹴るときと跳ぶときを一緒にするんですね。左足をすりあげるときに右足を持ち上げる。跳ぶ前に力をためて自分で跳ぶってかんじですね。すりなんかはじめは意識しなくていいんですけど。タイミングですね。自分が跳ばないと板は跳んこないんで。跳ぶときに蹴れば板も浮いてきます。すりは力強く。はじめは軽くですよ。本気で跳んだらやばいから、軽く。体重移動が一番重要。はじめに蹴ってすれってことって、その後は自分の経験で。毎日それをやってればできるようになりますよ。ポイントは足を平行にすること。あっ、今のはいいですね。そんな感じで。それがオーリーってすべての技の基礎になりますね。最初ってぐらぐらきってあるんすよ。だから蹴るときに板がずれちゃって安定しない。みんな硬くしてオーリー練習するようになりますね。でも、硬くしてなれてくると、のちのちの技のときに適応できなくなりますね。俺もゆるい状態でいまだできないっすね。プロなんかはかなりゆるいらしいすよ。まず、感覚つかむために硬くする人もいますね。100％力いれて跳ばないと高く跳べないし。すること意識すると跳べないっすね。もっと軽く力んでですね。軽くポンって自分の体を浮かす。俺捻挫で一ヵ月間できねーし。付き合いますよ。ほんと、まあほんとれば上手くなりますよ。自分が跳んでないと板が浮き上がってこない。難暇で。自分が跳んでないから板が前に行く、自分が跳んでないと板が浮き上がってこない。難しく考えすぎっすね。まず跳ぶ。板を浮かすには、右足で板を蹴ると同時に板より先に足を上げる。はじめにバカ高く上がっても、結局さがってきたり。形が大事なんすよ。しっかり型つくんねーと、オーリーできなくなりますよ。きゃ駄目すよ。

オーリーの練習をただひたすら繰り返す私のところに様子を伺いにきては「どうっすか、ちょっとやってみてください」と習得状況を確認する。琢哉は「気合っすよ。気合でがーって、そんな感じで。そんぐらいすよ。あとは自分の感覚なんで、やった年月がものいうんすよ」とたきつけ、修武にいたっては「形はなんとかなってる、反立ちかな。オーリー覚えればなんでもできますよ。まだコンドームつけれないかな。1回飛べれば、どんだけでも飛べますよ」と皮肉な笑いを誘う。

彼らの語りや数週間の入門経験から技の習得に必要なのは感覚、年月、気合、であることがわかる。琢哉から「へたれてきてんじゃねーすか。厳しくいきますよ。もう、板慣れの時期はおわったし」という言葉をかけられるが上達しない自分に苛立ちを感じている。スケートボードを媒介に形成される都市下位文化集団において、スケートボードの動作を身体化していく修練は、技術を覚えるという個人的なタスクであり、集団への帰属を通して示していく、実践的なイニシエーションの過程でもある。通常の身体感覚を不安定な状況へと追い込み惑わすバランスを崩す経験をいかに身体化していくか。スケートボーダーになるというのは、繰り返しの失敗を生きられる経験を通じて身体に刻み込んでいく行為遂行的な営みである。

2 技芸の修練

街でみかけるスケートボーダーやスケート雑誌やビデオのなかのスケートボーダーにみられるのが「キャップ、Tシャツ、太めのズボン」という装いである。これらがスケートボーダーの典型的なスタイルで

第3章 身体に刻まれるストリートの快楽

ある。外側からの視点で眺めるならば土浦や新宿のスケートボーダーをみてみても、スケートボードをする若者が、均質なスタイルで身を包んでいる。

坊主頭にしているスケートボーダーもいる。弘嗣のような「自分でバリカンでやれるし」「気合の証っすよ」という根性論に関する理由付けがされている。智毅のように「仕事やめてむしゃくしゃしたから」といった坊主頭にした個々人の理由は様々であるが、和志の「スケートボーダーっちゃ、坊主でしょ」の言葉に集約される。「スケートボーダーっちゃ、坊主にキャップに、Tシャツに、太めのパンツでしょ」というある種の規範を彼らは共有している。

広場で耳にした仲間内で使われている隠語(特有の表現)には、「ぐりった」「大根おろし」「事故った」などがある。「ぐりった」とはトリックの着地に失敗したときに足首をひねって捻挫したことを意味する。「大根おろし」はトリックに失敗して転倒したときに路面のアスファルトで擦り傷をつくることをいう。琢哉から「事故っちゃいましたよ」と報告を受けたときは、交通事故をイメージし「大丈夫だったの? 車とぶつかったの?」と返答した。琢哉は「何言ってるんすか? スケボーでプッシュしててこけたんすよ。石ころですけどね、それにひっかかっちゃって、結構やばかった」という。

スケートボードの板の部分をさす。デッキの前部分をノーズ、後部分をテールと呼ぶ。デッキにはウッドスリックがあり、ウッドデッキの歴史では木製の板を木目の向きを変えながら数枚貼り合わせることで強

97

度を強化したプライウッドが開発されてきた。スリックはウッドデッキの表面にプラスチックをコーティングしたもの、カーボン製のデッキに同じくプラスチックコーティングを施したもの、アルミ製のものなどがある。スリックはレールの上などを滑るスライド系の技に適している。テール、ノーズの傾斜した部分は、コンケーブと呼ばれ、オーリーをおこなうときにはテールのコンケーブの傾きがより大きいデッキを使用するほうが高さが出る。

デッキの進化によりテクニックも進化する。テクニックの進化はデッキのさらなる進化をもたらす。オーリーの出現によりノーズにもキックテールと同様のコンケーブがつき、現在のフォルムが完成された。デッキの幅は狭くなる傾向にあって平均では19センチメートル前後のものが主流となってきた。デッキの裏側のデザインにも拘りがみられる。

トラックは車でいうところの車軸の部分で、左右に曲がるためのハンドルの役目も兼ね備えている重要なパーツである。デッキとトラックはボルトで固定する。トラックの材質は、アルミニウム、チタン等があり、チタンは軽量である。トラックの高さとプッシュ時の安定感に影響する。デッキとトラックの間に、ゴム製もしくはプラスチック製のライザーパッドを挟みこむことで、路面との衝撃を吸収し、トラックの高さ調節も可能となる。

「トラックはメーカーによって硬さは異なるし、それぞれ拘りありますよ、人のデッキに遊びで乗るとよくわかる。トラックの硬さはトリックに影響するし、それぞれのトリックに合った硬さやその硬さに適したトラックを使うことになる」。路面と直に接するのがタイヤの役割を担うウィールである。ウィールの柔らかいものは、路面の衝撃を吸収したトラックの硬さは路面の衝撃の吸収力、走行時の快適感を左右する。ウィールの硬さは路面の衝撃を吸

98

第3章　身体に刻まれるストリートの快楽

収しやすいが、ストリート系のトリックはしにくくなるといった特徴をもつ。ウィールとトラックはベアリングを使用することで、回転動作を保持したまま固定される。ベアリングも耐久性の向上を狙ったものからスピードを重視したものまであり、重量も異なる。智毅は「ウィール柔らかいのは、いやだ。硬くて、しかもがたがた音がするほうがいい」と話す。デッキの上面には、グリップテープを貼る。グリップテープはトリックを生み出すときに、シューズとデッキとの接触時間を保持する上で重要な働きをする。

琢哉

　雨ときたま降ってくるじゃないですか、そのときはデッキを横向きにして立てるんですよね。デッキの表面がぬれないようにするんですよね。デッキの表面ぬらすと摩擦がなくなるからトリックにも影響する。グリップテープは自分で貼っていた。仕事とかで結構忙しいから、やってもらうときもあるけど。店長はうまい。ローラーでやる人もいるし、手でやるひともいる。冬の時期だったら、ストーブで温める。俺モデルにしあげていく。

　デッキテープを自ら貼るという行為はデッキへの愛着を増すだけでなく、後輩スケートボーダーとのコミュニケーションの機会でもある。トリックの衝撃により、デッキやグリップテープは消耗する。新しいデッキを購入すると六角レンチを使い、ビスをはずしデッキとグリップテープを切り離す。デッキと新しいデッキに取り替えたら、ビスを付け直しトラックにウィールを付けサイドナットで締めて固定する。

　デッキの消耗はスケートの技術レベルやトリックの難度が上がればあがるほど短くなる。私のような初心者スケートボーダーのデッキは半年を経過しても、オーリーをするときに蹴ったあと地面に接触するノーズの裏の部分が傷つくのみだ。しかしレールなどのセクションを使って、ボードスライドをやるように

なるとデッキの裏には傷がつき、頑丈なトラックさえも折れてしまうことがある。「俺は、いろんなメーカーに乗った。板は13本。古い板は、とっておくか、あげちゃう」今は月一で折れてる」(和志)、「俺は12、3枚くらい」(琢哉)、「俺は9枚」(弘嗣)。デッキは、折れたり古くなったり、ニューモデルができたときに、交換するが、大抵デッキだけを購入してきて、トラックとウイールを工具とレンチで取りつける。

弘嗣

板買っちゃいました。新作っすけどね。前の板は後輩にあげちゃいました。もう7、8枚あげてますね。古くなった板でも喜んで乗ってくれるし、自分はニューモデルには飛びついちゃうし、なんとなく捨てるのは気が引けるしで、後輩にあげるのが一番。仲間が増えるみたいでうれしいんですよ。ほんとに気に入ったモデルの板は、部屋に飾ってある。

スケートボードを記録する。和志は「俺、全部こうやって撮ってるんすよね。どの板のどんなデザインに乗ってきたかを、こうやって写真に残しておく。写真は自分の部屋に貼ったり、アルバムにしてます。」と40枚以上乗ってきたスケートボードの裏側のデザインを記録している。シューズにも拘りをもっている。熟練のスケートボーダーたちは重さや柔軟性、メーカー、デザイン、値段と自分のスケーティングスタイルを考慮してシューズを購入する。私はスケートボード専用シューズをショップで1万3800円で購入した。店長は「どれでもものはいいよ。これ履くことによってソールも全然違うから、食いつきも違うよ」と述べた。DCならこれが一番新しい。スケートボーダーは、機能性やデザイン、質の良さから拘りのメーカーのシューズ歴が5、6年ともなるスケート

100

第3章　身体に刻まれるストリートの快楽

を履くようになる。大助は「俺は、ラカイ（LAKAI）しか履かない。ラカイなら、俺の期待にこたえてくれる。いろんなメーカーのシューズ履いてきたけど、ラカイのときがもっとも調子でるー」と拘りを述べる。

　デッキに細工を施す。細工のもっとも基礎的なものがテールとノーズの目印をつけることである。板の前後がわからないのだけどという私の質問に琢哉は、「それだったら、ビスに色つけたりとか、板の表面を切りつけておけば細工ですね。みんなも結構細工してますよ」と答えた。細工をするのは、デッキ、ウイール、トラックで、その組み合わせ方に拘るのである。ウイールの大きさと自分のスケーティングのスタイルとを考えて、大きめのウイールを履くものや小さめのにするものにわかれる。デッキは裏のデザインで選んだり、拘りのメーカーの新作モデルをいち早く手に入れたりする。自分のスケートのスタイルに適したデッキの可動域を工具で調節する。弘嗣のように職人的な細工を得意とするものもいる。スケートボードを自分の乗りやすいように調整していく細工はボードをより身体に馴染ませていく過程でもある。

弘嗣　（デッキをヤスリで磨きながら）こうやっていると長持ちするんすよ。幅21センチから20センチくらいになりましたね。

和志　おい、弘嗣。デッキ変形しちまうよ。やめた方がいいよ。

佑太　やりすぎだよ、それは。

弘嗣　磨いてるとなんか愛着わくし、デッキも自分に答えてくれるんじゃないかなって思うんすよ。そんなに大きく調ね。疲れてきたりどうやら滑りの調子がいまいちってときにいじるんすよ。

節するわけじゃないけど、気持ち的にもすっきりする。不思議と安心するんすよね。

トリックを共有する。オーリーを習得するのに必死になっている私を横目にみながら、彼らは次々と新たな技を習得していく。スケート歴2年の琢哉は、「今のところ俺は、12の技しかできないけど、研さんも早くできるようになるといいですね」というようにできる技を数える。技の数はスケートの技術レベルに比例する。「新しい技ができるようになりましたよ」「フロントフリップできたー」(琢哉)。「レールでトランスファーできるようになりました」(琢哉)。彼らの会話に散りばめられた技の名前と目の前で繰り広げられるパフォーマンスとを一致させていくのに苦労する。「なんでそういう名前なのかは、知らない。スケートしてるやつらはみんな当然知ってる。最初は、スケート雑誌とかビデオとかで覚えたり、自分ができた技の名称は絶対忘れないし、次やりたいなって思う技の名前も自然と覚える」(和志)。「フリップなけましたね。格好いいすよ。スライドにつなげると考えるなら、横の方がいいっすよね」(智毅)。

トリックは表現だ。誰からみても等しく理解される、フォーマルなトリックとそのトリックに取り組んでいる過程で「偶然できた」(琢哉)インフォーマルなトリックがある。インフォーマルなトリックをメイクしたときに新たな喜びを獲得する。未知なるトリックとの遭遇もスケートボードの魅力ういえば、新しいトリック開発したんすよ。エイトバリアル」(弘嗣)「祐二、今のすげーじゃん。レギュラーでスイッチワンエイティーでしょ。そのあと、バックサイドでぬける。うわー、やべー。フェイキーぽいけどな。だましてないか」(賢治)。スケートボードがもつ技の多様性と自由度は、新しい技の開発を可能にする。新しい技は技と技の組み合わせからなっている。「技って足していくんすよね。基礎的な

第3章 身体に刻まれるストリートの快楽

技ともう1つの技をたす。オーリーをやるときに、180度回転させれば、オーリーワンエイティだし、360度回せばオーリーサブロク。それに立て回転をいれたりする。セクションの幅や長さ、高さによっても技のスケールは変わるし、プロライダーのスケートボード観に関するインタビュー、トリックの解説、大会情報、新作モデルの紹介、ショップ、パークの紹介などである。

ビデオは国内外のプロライダー出演によるものである。都市空間を軽快な音楽に合わせてスケーティングしながらトリックを展開していくものやプロライダーによるトリックのコツを解説していくものや、大会の様子を収録したものがある。土浦のスケートボーダーのなかでもトリックの名前にくわしい智毅は「そんなマニアックじゃないすけど、ビデオみたらそんとき毎回出てくるやばい奴のみたいような技は、技の名称を常にチェックしている。ビデオだと技の名前が字幕スーパーみたいに出てるから便利だし」と語る。雑誌やビデオから情報を得ていく。国内のプロライダーのトリックの解説ビデオをみていると琢哉は気持ちを高ぶらせている。

琢哉 やっていることがちげえよな。あんなの人間じゃね。レールもうごいちゃうし、入れなかったら、死んじゃうから。こんなんでやっちゃうから、わけわかんねー。こいつとか、スケボーなかったら怪しい人間だろ。まさかこのグラント、ウイールでレールはさんでるのか。

筆者 ウイールで滑るの？

琢哉 これは、グラントじゃないですよね。いかさまだろ、これは。なんの、メリットがあるんだ。これ、オールドだな。これできる。やりてえ。今すぐやりてえ。うわ、こんなのよくやるわ。よく見るとバックサイドだろ。嘘だろ。

琢哉はプロライダーのトリックをビデオでみるときに自分にできそうなのかどうかを常に判断している。トリックの様子があやしいときには、文句をつけ「すげー」技には素直に感心する。こうしてトリックの名前や新しいトリックを覚えていく。ビデオをみながらほぼすべてのトリックについて自分なりに解釈を加える。琢哉が黙り込むようなずくシーンがあった。それは、「いや、なんでもできたら楽しいから、どこ行っても、どれでもできたほうがいいし、すべてスケートボードやから、プールでもランプでもストリートでも、今みたいに情報が入ってこなかったから、たまに入ってくるアメリカのビデオをするプロライダーの自分で覚えていった」とあるプロライダーが話している場面だった。「すげー」技をするプロライダーのコメントが琢哉を刺激する。

スケートボーダーが共有している「トリック」、「雑誌、ビデオ」、「スケートボーダー像」、「言葉」は「スケートボーダー」として人々から認識されるためのスタイルの共有という範囲である。彼らにとってのスタイルは、外からの視線に対して自己を顕示しようとする実践としてみることができる。服装、髪型、特有の言いまわし、技の共有などなるスタイルは、外からの視線に対して自己を顕示しようとする実践である。スケートボーダーに接近すると、集団の内部で他の仲間と差異を図るべく一人一人それぞれの拘りのスタイルがみえてくる。スタイルを共有していることを前提とした上での拘りである。拘りのスタイル

第3章 身体に刻まれるストリートの快楽

には雑誌やビデオ、大会で目にするプロライダーの存在が大きく関係している。拘りのスタイルは、集団外部の人々に対しては「スケートボーダーである」というラベルを自己に貼ること、集団内部の人々に対しては「自分特有の拘りのスタイルをもっている」ことを示す自己アピールという、二重の意味を内包する実践である。

小雨でも路面が滑りやすくなるためスケートボードはできない。「ほんと雨の日に何していいかわかんないですよね」、「雨降ると、スケボーできねー、ブルーになる」。雨の日はスケートボードができないので、スケートボーダーたちは部屋に篭る。「俺は、自分の部屋の掃除とかめったにしないっすよ。家にいたら自分の部屋に篭る」（琢哉）。「いつも自分のことは何もしないで出てくる。こないだ半年前の麦茶を処分したら、すげーくさかった。何もしてねー」（智毅）と彼らは語る。

部屋に篭ってするのは「スケートの雑誌、ビデオをみる」、「TVをみる」、「音楽を聴く」、「テレビゲームをする」、「ずっと寝る」などである。部屋にはテレビとビデオ、テレビゲーム機がある。流行っているのがスケートボードのテレビゲームである。「スケボーゲームにはまってますね。トニーホークのゲームなんすけどね」（琢哉）と雨の日にも彼らはスケートボードをゲームで体験している。彼らは他のテレビゲームも、「雨の日は、ぷよぷよやって、ドンキーコングやって、ドラマみて。そんでまた、ぷよぷよやって飽きたら、ドンキーコングやる」（智毅）、「ゲームボーイのドラクエを朝までやる」（弘嗣）。

広場でのスケートは行為の集中への満足とともに、スケートがもっている自由度を奪った。土浦駅西口広場ができたことで、やっと思いっきりスケートができると最初はスケートボーダーの誰もが喜んだが、パークで滑っていると、修武のように「あー、つまんねー。ほんとスケボーつまんねーよ」と口にするものがふえた。スケボーがつまらなくなるのは、スケートする頻度が上がったことがひとつに考えられる。

しかしただそれだけであろうか。琢哉は、「もうスケボーやめたいかなって、やりすぎじゃないですか、伸びないし、つまんねーかなって」と語る。スケートボードの技術レベルが向上しないことによって飽きてきていることを示している。

筆者が初めてパークにきたときに感じた奇妙な雰囲気を思い出す。観客のいないパークでのスケートボーダーの技術が異常に高いことなどである。スケートボードは、自分たちのペースで自由に好きな都市建築物をセクションにしトリックをするものだった。しかし、パークができたことにより、パーク内で同じセクションを使ってトリックをすることで、スケートの技術レベルの向上が集団のなかで求められるようになった。技術が向上しないものは、集団内での自己呈示につまずき、スケートに飽きがくる。パークでスケートをすることは限られたセクションを使うトリックの繰り返しとなり、そのトリックの繰り返しはいた自由度を外見以上に奪う的に要求してくることになってしまったのである。パークは、スケートが持って技術レベルの向上を直接的に要求してくるものであるといえる。

土浦駅西口広場の路面は荒い。もともと駐車場として用いられるはずの広場の地面は、水はけのいい、木目の荒いアスファルトでできている。スケートボーダーにとっては、最悪の路面である。こけたときの「おろし具合」もひどく、一度こけたらかなりの擦り傷になる。路面の抵抗が大きいことでウイールがすぐに悪くなるし、スピードも出にくい。広場の路面についてショップ店長の柴田は、「遠くからきた子は、路面が悪すぎて二度とこないよね。そうするとメンバーもどうしても決まってきちゃうよね」と話す。「これは、ほんと最悪すよ。こんなひどい路面はない」(祐二)とスケートボーダーも当然路面の悪さに不満を持っている。

5月27日の広場開始から、6月中旬にかけては毎晩15人ほどのスケートボーダーで賑わっていた。だが、

第3章　身体に刻まれるストリートの快楽

この路面の悪さに加えてセクションに対する飽きや物足りなさも関係し、8月には3人や4人という日が続いていた。「そりゃ、飽きますよ。おんなじセクションでこの路面で、そればっか繰り返してたら」（剛史）。パークの路面の悪さや限られたセクションへの物足りなさは、彼らをふたたびストリートへと駆り立てる。

智毅　パークのセクションは使えるんだけど、実際平らのところでやったらできないみたいな、基本がなってないことがあらためてわかる。他のパークが主宰するアマチュアのスケートボード大会に参加するものもいる。スケートの大会は、Aクラス、Bクラス、Cクラスのクラス別でおこなわれ、Aクラスがもっともレベルが高い。インターネットによる大会申し込みをおこなっているところもあるが、主に当日エントリーで参加費2000円を払えば自ら好きなクラスにエントリーすることができる。日本スケートボード協会のルールに従い、設置してあるセクションを自由に使って、1分間のパフォーマンスをおこなう。大会参

107

加の条件は、ヘルメットの着用である。

大会の主宰は地元のショップの関係者が主である。ショップがパークを完備している場合と、他の広場や駐車場に特設施設をつくっておこなう場合がある。この種のアマチュアの大会は、全国各地で数多く開催される。土浦のスケートボーダーがもっとも遠出したのは、三重県の大会である。15人のうち、大会に参加した経験があるのは、11人である。そのうち定期的に参加しているのが、佑太、和憲、弘嗣、祐二、智毅の5人である。

大会での入賞はスケートトリックが一定の基準で認められたことを意味する。スケートの試合にも独特の緊張感がある。「ほんと自分との戦いすね。普段できる技がどこでもできるのか、完璧にマスターしているのかを確認できる。でも、失敗すると、ほんと罰ゲームみたいになる。晒しの刑すね」。彼らは、大会を終えて土浦に帰るとショップの店長のところに結果報告に行く。入賞した賞品のメダルを、ショップの入り口の壁に写真と一緒に飾ってもらうのである。大会に出ることは、自分の力をためす舞台に立つことだ。そこで獲得した賞状やメダルが土浦のショップ内に展示され、それが土浦のスケートボーダーの間の基準として認知される。

土浦駅西口広場の開設に取り組んだ地元ローカルスケートボーダーの兄貴分的な役割を担っているのが、土浦駅近くでスケートボードショップを経営する柴田である。柴田は広場開設後、スケートボードのイベント開催を通じて、土浦のスケートボードを盛り上げていくことを考えてきた。天候に恵まれず、広場開設から26ヵ月が経過した2003年7月に、柴田はスケートボードイベントを企画する。天候に恵まれず、3回の大会延期を経て、ようやく、11月2日に絶好の天候のなか、第一回のスケートボードイベント開催にあたっては、和志らが中心になって、セクションを修繕し、新たな大型セクションを開催する。イベントを手作りして、

第3章　身体に刻まれるストリートの快楽

イベント会場を整えた。大助のネットワークで、音響機材も搬入し、佑太がMCを、大助がDJを担当しイベントを盛り上げた。ローカルスケートボーダーが中心になって設営した仮設テント横では、和志がバーベキューキットで肉を焼き、イベントに参加するスケートボーダーに、焼肉やドリンクをサービスした。

午前9時から始まったエントリーに続き、Aクラス、Bクラスの予選をおこなった。予選終了後、12時を過ぎるころ、都内から駆けつけていたプロライダーたちのデモセッションがおこなわれた。大会参加者や友人たち、60名ほどが雑誌やスケートボードのビデオ等で知られている彼らの滑りに魅了された。地元土浦のローカルスケートボーダー以外にも、つくば、千葉、栃木、都内からと、関東圏全域からスケートボーダーが、土浦でのローカルスケートボードイベントを目的に集まってきた。ローカルの手作りイベントとして十分な成果を収めると、大助を中心に、規模を拡大してイベントを展開していく。

2005年4月17日におこなわれた第2回では、全日本スケートボード協会公認の大会として開催された。エントリー数は37名とそれ以前のローカルイベントに比べると減少した。関東圏から集まったスケートボーダーたちで、大会はハイレベルのものとなった。土浦のローカルスケートボーダーの多くは、大会運営側で活躍した。大会のジャッジは佑太らが担当し、和憲がMCで盛り上げた。大助を含め6人がDJをかわるがわる担当した。

大会の目玉のデモセッションでは、前半に土浦のスケートボードショップ店員でもある地元ローカルライダーの4人が滑り、後半には、湘南から駆けつけた日本スケートボードランキングでトップクラスのプロライダーを含む11名が滑りを披露した。スケートボードショップ、メーカーの協賛を得ての開催となり、入賞者はスケートボードのデッキやシューズ、Tシャツ等の豪華商品を手にすることができた。柴田は、自身が経営するショップホームページ上に、大会レポートを次のように締めくくっている。

柴田

終わってみれば夕方6時を回っており、時間も忘れてしまうほどの素敵なイベントになりました。イベント開催にあたり日々、協力してくれたショップライダーをはじめとするローカルの皆さん、ご苦労様でした。みんなの撤収作業の早さには本当にびっくりしました。土浦駅西口広場が閉鎖になる噂が飛び回っていますが、これだけ賑わっていれば、何とかなるかもしれません。最後まであきらめずに、今まで通りマナーを守って、楽しく広場で遊びましょう！次回も現在企画中なので、その時はよろしくお願いします。参加してくれた皆さん、お祭り騒ぎしましょう！今回来れなかった皆さんも次は必ず遊びに来てください。絶対損させません。本当にありがとうございました。

大会が盛り上がりをみせる一方で、暫定的に開放されている広場の閉鎖が意識されるようになる。第3回は、通常のスケートボードの大会開催や、オーリー大会、プロライダーのデモセッションがおこなわれた。昼の12時から夜の12時まで、昼間は、土浦駅西口広場で、夕方5時からは、土浦のクラブへと移動し、クラブカルチャーとスケートボード、グラフィティのライブペイントというストリートカルチャーのクロスカルチュラルイベントとなった。クラブ横の駐車場にも、高さ1メートル80センチ、幅3メートル60センチのスケートボードのランプが2台設置され、イベントが終わる夜中1時まで、スケートボーダーで賑わった。

第4回は、2005年12月18日に最高気温4度のなかで開催された。極寒の大会となったが、参加者数や観客集は、最高人数を動員した。大会は、予選は、3～4人が一緒に滑るJAMセッションで、決勝は、

第3章　身体に刻まれるストリートの快楽

1人1分2トライ方式でおこなわれた。とくに、Aクラスでは、予選を通過したスケートボーダーが、土浦駅西口広場のイベントのなかで、もっともハイレベルな滑りをみせた。集団のなかで卓越した技をみせる佑太が、いかにして歩んできたかをみておこう。1980年、土浦生まれの佑太は、小学生のときスポーツ少年団の少年野球で投手をしていた。佑太が投げるボールのコントロールや球威は評判でまわりからも期待されていた。中学に入ると野球部に入部する。佑太は野球部の先輩―後輩関係に疑問を抱く。ボール拾いや雑用を命じる先輩に対しては「なんでそんなに偉そうなのっていつも思っていた」。野球部に入部したものの、不満を抱いていた中学一年の夏休み、佑太は「ただなんとなくひかれ」スケートボードを始める。すると、すぐにのめり込み「部活に行くぐらいだったらスケボー、部屋にいるくらいならスケボー」になった。嫌気を感じていた野球部をサボるようになる。佑太の母親は、「どうやら中学のときの先輩とうまくいかなかったみたいで、小学校のときはいつも野球で今からじゃ考えられない。でも、スケボーするようになって、毎晩スケボーしてから帰ってくるし、高校にはいったけどスケボーにとりつかれていた。昔からなんか言われてやるよりは自分でしかもひとりでやっていたんだけど、スケボー始めてからはそれがひどくなった。どんどん自分を囲むようになってからは一人暮らしを始め、父親とはここ数年話もしてない」と佑太の変化を語る。

中学の3年間、野球部だけはしていた。高校では部活には所属しなかった。高校卒業後、地元の下請工場に勤める。3ヵ月後に仕事を辞めた。その後、宅配のアルバイトを始めた。トラックの荷物を運ぶだけで仕事が少なかった。仕事がないときは、仕事場の洗車場で自分の車を洗ったりした。しかし、アルバイト先から突然アルバイトの継続を断られた。ふたたび、正社員をめざして就職活動をおこない、半年の契約社員として工場で働き、アルバイト生活を送ってきた。

高校を卒業しアルバイト生活を送るまで続けてきたスケートボードでは、佑太は才能をいかんなく発揮する。佑太のトリックはしなやかで安定感もある。スケートボードの技術レベルが高く、国内のトップスケートボーダーのひとりとして認知されるまでに至る。佑太はスケートボードのイベントや大会に参加し、結果を残すことで国内での知名度を上げてきた。佑太の滑りをみるために、わざわざ土浦の広場に来るものもいる。スケートボードの専門雑誌やDVD出演、国外への遠征にも、声をかけられるようになった。

佑太はスケートボードをするために都内生活を始めた。生活費はアルバイトで賄うことになった。都内に住んでいるときも2週間に一度は、土浦に帰ってきて広場で滑っていた。約1年半の都内生活を終えて土浦に戻ってきた。佑太自身もなんとなく始めたスケートボードにこれほどのめりこみ、国内のトッププライダーになるとは思ってもいなかった。土浦の年下の若手を連れて、週末に都内のスポットを滑ることも企画し実行している。

けれども、スケートボードを通して十分な生活費を稼ぐのは難しい。本人はアルバイトや短期の契約社員としてではなく長期の正規社員として再就職を望んでもいる。スケートボードでの「成功」を評価する受け入れ先は多いわけではない。スケートボードで一目置かれる存在として認められるようになった佑太の生き方への模索は始まったばかりである。

3　路上の記憶

人々が行き交う駅前は最高の舞台だ。土浦駅西口広場ができるまえ、彼らは土浦駅前を中心にストリートでスケートしていた。ストリート・スケートボーディングの醍醐味は、「人とすれ違うときのスリル」

第3章　身体に刻まれるストリートの快楽

（雅史）、「スピードを出したときに、顔に突き刺さってくる風を感じるときの爽快感」（和輝）、「スポットを発見した瞬間」（泰則）にある。ストリート・スケートボーディングは、身体的な経験をもとに都市空間を創出していく文化的実践である。

ストリートについて語らせたら彼らの語りは止まらない。「このへんだと、テクノパークの木のベンチ。桜テクノパーク、神社の入り口みたいなところの小屋のベンチでやれる」（佑太）。「体育館のレール。ボーリング場でも、ベニヤを敷いてやると最高。敷かないとできない」「公園のハンドレール。失敗したら、金玉打つよ。路面悪いんだよね。高さ的には、できるとは思うんだけど、気合がね。ちょっとこえーよな」。「天然アールが一杯ある。配達中にみつけた。おーって感じだった。もう、歩いてイメトレとかしちゃったし、ほんとおもしろそう。学園は探せばいくらでもある。ほんと、宝庫だね」（佑太）「スイミングスクールにハンドレールがある」（祐二）。ストリートに存在し、都市を構成しているさまざまな建造物を彼らの意味世界として再構築する。

琢哉　ストリートは高さと入るスペースがあればどこでも入れる。度胸は必要。調度いい高さや形の石やレールがあればすぐにトライする。おもしろくてしかたない。車乗ってても、いつもみてる。俺はそんなにつっこみ派じゃないけど、会社の旅行とかで遠出とかしてもこの辺あいあいなって、それは板をもってなくても、いつも思っていて。ここで何かやってそれでここでつなぎみたいなことはいつも考えちゃいますね。ストリートを滑りたい。立場上今はやばいかなって。市内はだめっすね。市外なら関係ねえけど。まあ、市内でも1発2発は関係ねえ。

113

土浦駅西口広場の路面は駐車場としての利用を目的としていたため、水分の蒸発を促進する木目の粗いアスファルトで舗装されている。しかし、スケートボーダーにとってみれば「最悪、こんな路面はほかのパークでは考えられない」(智毅)ものである。彼らは広場の路面への不満さや限られたセクションへの物足りなさから広場を利用しつつも、ふたたびストリートへ駆り立てられていく。

佑太 ストリートはおもしろいすね。手すりはハンドレールに見えてくるし、階段はステア。どこでも、これはいけそうだなとか思っている。案内版、大理石のベンチ、階段わきの縁石、平らであればなんでもトリックの対象になる。ストリートは広場とは全然違う。その辺にあるものでいろいろと楽しめちゃうのが、スケートの面白いところ。常に違うトリックに取り組むことができる。この前も配達中に天然のアールが一杯ある工場を見つけたんだよね。おーっやりてーって感じだった。歩いてイメトレとかしちゃったし、ほんとおもしろそう。ストリートはトリックの宝庫。

[あるスケーター] 花壇じゃなくてカーブ、階段じゃなくてステア、デート中でも街中をそんなふうに見ちゃう人、立派なスケートジャンキーです。いやーしかし、国が作ったセクションってのは一筋縄ではいかない、スケート魂をくすぐられちゃうものばかりだね。そう、滑りにくいからこそ、やっつける甲斐があるってもの。デッキに乗れば見なれた景色も変わるっていうけど、コレ本当の話。スケートっていや、やっぱストリートでしょ(雑誌『THRASHER』2001: 19)。

第3章　身体に刻まれるストリートの快楽

都市はトリックの宝庫だ。都市を歩くとき車で通りすぎるときでも常に、トリックの対象となりうる建造物を探している。彼らはアスファルトとフェンスしかなかった殺風景な土浦駅西口広場をパークに創り変えている。彼らは都市広場への一方的な管理に直うことなく、むしろ自分たちが獲得した空間が出勤みたいな。だってやることねーし。仕事始まっても滑れるときは毎日滑る」と話していた。地元のる空間へと創り変えながら、ストリートに管理や規制の隙間を見出しながら実践を繰り返している。

スケートボーダーが空間を創り変える行為には、広場をより自分たちにとって使いやすいものへと対象物の設置や配置を変えて物質的に空間を創り変えていく営みと、行為を生み出している只中において身体と空間との関係性が創り変えられるという営みの双方から構成されている。ストリートに駆り立てられ、滑走しながら行為の対象を選定していく営みは満足のいくものとはならない。この動きのなかで繰り出される行為が、状況にもとづきスケートボードの空間を生産していく。

スケートボーダーは、毎日滑るもの、間隔を空けながら週に2、3回滑るもの、滑りたいときに気まぐれで滑るもの、にわかれる。智毅は「仕事辞めてから、3週間ずっと滑らない日は一日もない。スケボー下請け工場で働くようになると、頻度が少なくなった。週に3、4回定期的に滑る琢哉は、「スケボーって毎日やるもんじゃない。間隔あけてやるから、楽しい」と言う。2カ月ほどまったくパークに来なくなっていたとき、彼女にのめり込んでいたという修武は「俺のスケボーはほんときまぐれですね。やんないと

きは、まったくやんない。やるときやんないときの差がはげしい」と言う。パークにくる回数やスケートボードをする頻度には、個人差と、個々のスケートボード以外の社会的生活の状況が密接に関連している。

スケートボードは、居住場所の移動も創っていく。1984年岡山生まれの浩次は、小学校、中学校と続けてきたバレーボール部を引退するとすぐに、友人の影響でスケートボードを始め、スケートボードにのめり込む。高校3年間は、スケートボードに明け暮れ、卒業とともに、都内に移り住む。岡山から上京した1年目は、アルバイトをしながら、太田区のアパートに1人暮らしをしていた。出会い系サクラのバイトや、コンビニでアルバイトをして、友人宅に居候して、家賃を節約しながら、約100万円を貯金した。

貯金をもとに1年間のワーキングホリデービザで、メルボルンに移り住む。英語の習得と何よりもスケートボードに打ち込むことが渡豪の目的であった。浩次の3歳年上の兄は高校を卒業すると、地元岡山にそのまま就職した。両親と1つ年上の姉が空港まで浩次の旅立ちを見送りにきた。姉は、得意の油絵に「好きなことみつけて、精一杯がんばっておいで、応援している」というメッセージを書き込んで、出発を祝った。浩次にとっての初めての海外、英語は、基礎的な挨拶以上のやりとりは、まったく出来ない状態。関西空港経由で、シドニーに2日間滞在し、目的地メルボルンに移動してきた。当時私はメルボルンで在外研究をしていた。浩次がメルボルンに到着した日、公衆電話から私の携帯にコールがあった。浩次の直後、英語を流暢に話すものの、浩次が電話をかけてきた女性が電話をかわり、浩次が、今、自分が、今、どこにいるのか、さっぱりわからないという。その浩次を迎えにいくと、電話で居場所を話してくれた女性も、まだ、浩次に付き添っていた。彼女にお礼

116

第3章 身体に刻まれるストリートの快楽

をいい、家に来ることになった。浩次が、「まだ、何がおきているのか、わからない」とぼそぼそと、口にしたのを覚えている。浩次の滞在先をシティカウンシルの掲示板やインターネットの掲示板で探した。浩次がメルボルンに来てから1週間が経過した日、浩次の新たな滞在先が決まった。韓国系オーストラリア人の男性とのシェアハウス生活をシティで3ヵ月、滞在先を郊外に移し、3ヵ月生活した。その後はメルボンシティのスケートパークで出会った男性が滞在するシェアハウスで過ごした。

浩次は「あんまし、自分から話って感じのタイプじゃないんで。がんがんいければ、いいんですけど、自分は、そういう性格じゃなくて」と述べるように、私と食事をしたり、スケートボーダーといるときも、口数が少ない。浩次はその日に起きたことや思ったことを日記に書き残している。[2]

浩次　スケートボーダー。ただ、スケートボードに乗れるだけ。スケートボーダーとして5年が経つ。スケートボードにはじめてであったのは、中学3年間のバレーボール引退直後のことだ。仲間との出会いが大きな影響をあたえた。そう、まだ、スケートボードに対して、ただ紛れもなく、貪欲にスケートボードに立ち向かい始めたばかりとき、今の仲間に出会った。同じ匂いを感じた。スケートボーダーという経歴がそこから始まった。ただ、毎日、スケートに明け暮れていた。皆同じ、生意気に、スケートボードに貪欲だった。
毎日のようにスケートボードに対する欲求から、学校という空間から開放されるとスケートボーダーになる。今までになかった満足感を痛感する日々を過ごした。生活のなかで大きさを

［2］通常の聴き取りは相手を想定してストーリーが構成される。日記や手記は自己語りが主要部分を構成する。

117

ますスケートボードとそれに耐えられない何かが私のなかで生まれたのは、高校に入って2ヵ月ほど経ってからだ。スケートボードが完全に生活のなかへ、馴染めない欲求と、恋愛という欲求、という時間への不満がその頃の私の重荷になっていた。スケートボードに乗った自分を想像のなかでつくりあげ、サバイブする。天気にさえムカツキを覚えたらいだ。スケートをはじめて、何かが変わったことはわかった。今まで普通に興味がなく、歩いていた町も、道も、建物の外観も次第にスケートの場所に変わっていった。そんな新しい波が自分のなかで感じられるようになったことは、スケートボードと写真で得ることができる特有のものだ。

岡山から都内に移り住み、新宿スケートに毎晩のように出かけるようになってから、スケートの違った空間を他のスケートボーダーから感じした。酒を飲みたいやつ。空間に飲まれたいやつが新宿GAPに集まる。自分もその1人だった。シューティングに行きたいと思えば、西新宿に向かえばいい。バンク、ステア、ウォール、レッジ、すべてが揃っていた。目でスケートボーダーを追い、シューティングの新たな場所を探し、鼻でいい女の安っぽい香水の匂いをかぎ、ときおり誰かが燃やす匂いをかぐ。燃やすのは、私の性にはあってないが、香りは好きなほうだ。口で会話を楽しみ、タバコを吹かす、舌で酒を味わい、皮膚でスケートボードを感じる。良き友とも出会い、色んな業界でその個性的な才能を持つ、同世代。スケートに関しても、大阪、仙台、名古屋、地方からのニュースクールのアップカマーたちも集まってくる。不思議という言葉が自然にあたまの中をよぎることが

第3章 身体に刻まれるストリートの快楽

4 身体の痕跡

あたりまえすぎる空間だ。はじまりがあり、終わりという事実がない場所、それが、新宿。

メルボルンに来て7ヵ月。スケートも7ヵ月。スケートボード中心な毎日を送るようになってからか、明日はあそこのレッジ、ステア、アールをこうして、シューティングしてやる。若い餓鬼のように毎晩頭の中がスケートしている。場所が新鮮で、やはり、日本にないスケートスポットに目を凝らす。新しい想像とスケートが形になったときに、自分の中で最高のオーガズムをメルボルンのスケートライフで実感できるようになった。スケートボードにのれているってことなのか。岡山、新宿、メルボルンとスケートシーンを移ってきて、スケートボーダーの形は、どこへ行っても同じだろう。志向が違えども、思考は同じだ。スタイルというどの分野でも永遠のあこがれを追い求めるためには、今日もどこかでスケートボードから離れていないことは、ストリートで鳴らしにいく。21才、今、将来を思えば、スケートボード特有の音をどこかのストリートで鳴らしているたしかだろう。ただ、何がどういう形で姿を現すのか、創造する前の想像的なことがらを探す日々。

スケートボードは世界的な身体言語である。スケートボードを続けているなかで新たな仲間に出会う、世界中どこでも仲間に出会うことができるのだ。スケートボードは人生を築く移動も創っていく。

デッキに乗る。両足は固定されない。スケートボードのひとつの特徴にインラインスケートやスノーボ

ードのように足が板に固定されていない点がある。デッキに乗るという行為は、地面に足をつけて立つという日常において身体を把握する感覚に比べて不安定な状態になることを意味している。スケートボードはこの日常の不安定な身体動作は、頻繁に怪我を引き起こす原因となる。怪我の主な内訳は、足首の捻挫、手首の捻挫、腰、肩、頭が地面に接触することによる打撲、擦り傷、切り傷、足首手首の骨折等である。パークに来てはトリックに失敗し怪我をする。「足首捻挫は、職業病」（弘嗣）だと平然と語る。

身体の痛みをどのように理解し受け入れているのだろうか。「長年コケテルと、軽く打っただけでもすぐにはれるんすよ」。「俺らの場合はすぐ治っちゃうんだけど、普通の人がひねって痛ーってのでは、俺らは痛くない」（和志）などである。これらの語りは、捻挫や打撲の痛みに慣れていく身体をもっていることを示している。

痛みを受け入れる。「捻挫なんて、病院行っても何もしてくれない」。「病院に行けばもろ固定するだけ、意味がない。だから、病院に行ったのは最初だけ、あとは自分でシップするだけ」。痛みを抱えスケボーを休むことはしない。ボックスでトリックに失敗した賢治は脛を9針縫った。「滑りながらもズキンズキンきますね」と痛みを語る。「滑るつもりではなかった」と言いながらもスケートボードを必ず持ってきて「結局滑っちまった」と振りかえる。

スケート歴2年の琢哉は捻挫を繰り返している。琢哉は「捻挫はほんといやっすよ。できれば、したくない。でも、怪我しないようにってばっかり考えてるとびびりすよね。びびりキャラだけは嫌だ」と述べる。琢哉にとって怪我はできるだけ避けたいことである。かといって怪我を恐れて滑るのは、格好の悪いことなのである。怪我を恐れないで果敢に挑戦するスケートボーダーとしてのキャラクターをつくり

第3章 身体に刻まれるストリートの快楽

あげて保つことと、そうすることにはリスクがともなうことを充分に理解した上での実践なのである。

琢哉　靭帯がまがっちゃったみたいですね。足首が緩んだって感じですね。こんなに痛いことはないっすね。調子よかったのにな。雨も降ってて一瞬やんでたそのときにやったんすよ。それでこれ（捻挫した部分を触りながら）。やんなきゃよかったですね。痛み消えねーすね。足首のうえのところなんですけど。ほんとぐりっちょはいやっすね。怪我がうざい。上半身もだめ。怪我は治ることがないこけたときのことを考えるとどうしようもない。どっちに転んでも古傷痛ーみたいな。病院なんか行かないすね。もう慣れているし、病院行っても何もしてもらえないってことわかってるし、自分では骨はいってないってことがわかるって。うわー、またやっちゃった。今回のは、たち悪い。神経に直接きてるっていうか、こう伸びてたかなって。毎回っすよ。脛触れば、ぽこぽこしてる。治らないっすよ。

スケート歴が2年の弘嗣はパークのメンバーのなかでも危険なトリックに挑戦し、もっとも怪我が多い。弘嗣はトリックに失敗してそのまま顔から壁に激突し左瞼の上を切った。出血が止まらないので、病院に行ったところ3針を縫うことになった。スケートボードで痛めた身体は、当然ながらスケートボードをするとき以外にも痛む。学校でも、仕事のときにも、家にいるときにも、寝るときにも痛みは続く。

弘嗣　うわ、グリッタ。うー（数秒間倒れこむ）。はい治ったー。はい、10秒で治る。いたきもー（痛いけど気持ちいい）、目覚めるー。

筆者 大丈夫、今みてたよ、完全にぐりっといったっしょ。大丈夫っすよ。俺の足首はこんな太いじゃないですか。これ、捻挫するたびに腫れて太くなるっすね。捻挫するたびに頑丈になっていく。

弘嗣 冷やしたほうがいいんじゃない。

筆者 冷やすまえに滑ったほうが治りが早い。これがスケートボーダーなんすよ。腫れる前に滑れば、痛みにもなれて、ほんとに最初のズキンズキンてのを我慢してやれば、滑り続けれる。こんなの構ってられるかって感じっすね。全然大丈夫すよ。怪我をびびってるくらいならやめたほうがいい。これくらいどうってことないっすよ。痛みって気持ちいいんすよ。なんか生きている感じするじゃないすか。だからこういう傷はなんてことないんすよ。

弘嗣 いや、冷やすまえに滑ったほうが……

痛みは気持ちいい。弘嗣は突如として直面する怪我を恐れていない。彼から発せられる言葉には、その恐れは現れてこない。捻挫を繰り返した弘嗣の足首は、慢性的に腫れあがっているようにもみえる。足首を捻った直後もすぐに滑りだす。弘嗣を駆り立てるものは一体何なのか。スケートボーダーであることと自虐的であることが彼のなかでは共存している。

和志 怪我してても仕事にはちゃんと行ってるんすよ。手首痛いのに鉄の棒もって、作業するんすよ。痛いからスケボー休むってのはおかしいじゃないすか。仕事は休んでもスケボーは休まない、スケボーは無休。仕事で火傷したんすよ、頭なんすけど、溶接して。頭みてくださいよ。赤くなってません？ こんな火傷より、捻挫したときのほうが厄介。痛みがずーと続くじゃないっす

第3章　身体に刻まれるストリートの快楽

か。でもスケボーの痛みは、我慢できるし、納得する。仕事の痛みはうけつけてらんねー。

痛みは続く。スケートボーダーにとってスケートボードでの捻挫や怪我は、納得できるものである。仕事での怪我は受け入れることはできない。彼らはスケートボードをすることが痛みをともなう実践であることを身体で充分に理解した上でスケートボードを続けている。怪我を恐れることを格好悪いこととして理解する琢哉や、痛みが気持ちいいと表現する賢治や弘嗣など、痛みに対する納得の仕方は個人で異なっている。

筆者　怪我は、怖くない？
賢治　そりゃ、みんな怖いっしょ。でも、このスリル感っていうか、緊張感がたまらない。生きてるって感じ？ どこか痛いときは、それはそれで、からだに目を向けるっていうか。痛みって気持ちいいんすよ。なんか生きてる感じするじゃないすか。だからこういう傷は、なんてことないんすよ。
弘嗣　痛みって気持ちいいんすよ。

怪我をしても続ける。それは、なぜか。スケボーが楽しいから、トリックを増やしたいし、怪我を怖がるのは格好悪い。しかし、度重なる身体の痛みにより痛みを受け入れることが困難になってくる。和志は痛みに対する理解が変化してきている。「びびってんすよ、俺は。技も簡単なのしかやってないし、やっぱ怖いっすよ。でも、びびってるところは気づかれないようにしてるけど」（和志）。

123

筆者 スケボーやってるときに、この技やったらやばいかもってことは考えないの？

和志 俺はとくに考えるかもしれない、いけないんだけど、すごいテンションが上がってるときは何も考えてない。俺んなかで他のスケートボーダーよりすんごい気分で滑ってるのかもしれないも左右される。テンションによって滑りもつっこみとこけかたもうまくなる。テンションが上がってるときは、こけても楽しいっていうか。ずーとやってるみたいな、ほんと勢いでずっと滑ってた。高校の3年間とかは、怪我してても関係ねーもいってられない。この手首の痛みにしたって、仕事してるときも飯食うときも痛いんすよ。それに一番痛かったときは寝れなかった。あの辛さもう嫌なんすよ。痛めた左手首かばってこの前も腰を打ったり、右手首をやったりと。俺の身体なんか、肘、膝、肩、腰ぼろぼろすよ。でも怪我することを怖がったらスケボーは絶対うまくなんねー。だから、悩んでるんすよ。ほんといつまで怪我すんだろ。治るもんも治らなくなっちまう。

　痛めた身体が日常を支配する。スケートボーダースタイルから仕事着や制服に服装を変えることはできても、身体の痛みは取り除くことができない。スケートボーダーはスケートボーダーであることを自覚させる、強力な目にはみえないスタイルである。スケートボードでの痛みを受け入れないでいる。スケートボードをすることが痛みを伴う実践であることを身体で充分に理解した上で、スケートボードを続けている。スケートボードで痛めた身体は彼らの日々あらゆる生活において支障をき

第3章 身体に刻まれるストリートの快楽

たす。身体の痛みの共有は、スケートボーダーの特有のスタイルといえる。筆者はパークでの実践を通して、何十回も怪我の瞬間に立ち会った。そのときの広場の様子からは彼らがまるで身体の痛みをその場にいるみんなで共有しているかのような実践がみえてくる。レールでのトリックに失敗した弘嗣はアスファルトに顔面を強打した。

 頭を抱え、うずくまっている。弘嗣の転倒に気づいたスケートボーダーは誰もがトリックを中断し、急ぎ早にプッシュしながら集まってくる。起き上がらない弘嗣にほぼ一斉に「大丈夫か」と声をかけた。すると弘嗣は「こんなの全然大丈夫っすよ。すいません」と声を返し、立ち上がる。額は腫れ上がり出血もある。「血でてるよ。やめとけ」と声をかけると、すぐさまスケーティングに戻っていく。弘嗣のことを大袈裟に心配するような素振りはない。軽く声をかけ、軽く肩をタッチすると、トリックに戻る。それぞれが知っている痛みについてあえて言葉で語る必要はないのだ。各々が経験した痛みを思い起こすことで弘嗣の痛みを感じているのだ（フィールドノーツ）。

 怪我をした本人はその痛みから自己の身体を確認する。仲間たちも彼の痛みを共有する。痛みは、今まさに怪我をスケートボーダーの身体と、以前に、同じような怪我をしたスケートボーダーの記憶とがその場であい混ざることで共有される。

 和志　弘嗣はやりそうだったんですよ。無理するし弘嗣のバランスじゃ、コケる。レールとかボックスは失敗したときの怪我はひどくなる。なんていうか、技の最中は体を技に預けるわけで、その

125

ときに怪我を避けたりはしてない。直前までは、できるだけリスクを避けるきには怪我を恐れてはいない。度胸とか、無茶とか必要ですよ。誰でも、怖さはあるし、仲間同士の目も気になるし、いつもびびってるって思われるわけにはいかない。なんでもそうだと思うけど、限界を超えようとして難度をあげていくとそのときの怪我はひどい。

リスクをともなう頭の痛みは、打ちどころが悪いときには捻挫や軽い怪我ではすまなくなる。佑太は広場でトリックに失敗し頭部を強打した。佑太は自分の口から血が出ているのか、額から血を流しているかがわからないでいる。真っ青な顔して同じことを何度も繰り返す佑太の様子をみて病院へ連れていった。

佑太　ずーと起きなかったの？　なんでここにいるの。どこで怪我したの？　何でこけたの、やっと人の顔見えるようになってきた。なんで唇切れてるの？　何でこけたの。なにで失敗したの。俺なんで座ってんの。えっ、俺意識なかったの？　あー、これ夢で見たよ。やっと、意識戻ってきた。俺、なかなか起きなかったの？　これ夢で見たわー。

和志　こいつ、ほんと動かなかったんすよ。冗談だと思ったんすよ。近寄ったら口から血出てるし。だからって、救急車は呼べないっすからね。市から叩かれてるんすよ。怪我はいっちゃってて、目はいっちゃってて。まじか後は、まったく喋れなくて。転んだときの勢いがかなりあって。頭打っちまってるし。直って。ほんとびっくりしたー。まじで。あいつすげー調子よかったんすよ。バンバン決めたし。それにしても旅してきてもいいかって言われたときにはさすがにやべーかなって思いましたね。

第3章　身体に刻まれるストリートの快楽

脳震盪と診断された。2時間の点滴と脳内検査を受けて入院することになった。パークでのリスクをともなった実践は身体の危機をも引き起こす。怪我を恐れることや予防をすることは格好悪いこと、そんな規範が彼らのなかにはある。

和憲は怪我が少ない。「準備運動してるんすよ。地味っすかね。俺は絶対にするようにしてる。捻挫したときでも足首とか柔軟しておくと全然違う。もう柔らかくなってるから、平気なんすよ。でも、みんな準備運動なんかしないっすよね。格好悪いじゃないすか、パーク来てなんか準備運動するのもね。だから、家でやってきたり、パーク来る前にコソっとやってるんすよ。だって、痛いのは自分だから。それはできるだけ避けたいし」と語る。

怪我をするスケートボーダーが増えてきた時期に管理人の和志が、定期的にパークを利用するスケートボーダーに保険の加入を打診した。「保険は5人以上の加入が必要なんすけど、誰も入らないっすよ。1人1500円でとりあえず、1年間運動時の怪我については、保険がきくやつなんすけど。なんで保険にはいらないかわかります？　格好悪いから。それなんすよね」。パークでは怪我防止のプロテクターを装着するとか、ヘルメットをかぶるということもしない。

擦り切れたジーンズが血で滲んでいる。「足から出血しているよ」という私の声かけに「こんなのまったく気にならない。これでビビッてたら、ヘタレでしょ」という言葉を返して裕真は滑り出す。「怪我を恐れていては、スケートボードをすることはできない」といった類の彼らの語りは、私にとって珍しいものではなくなった。それほど、頻繁に、私の目の前で、彼らは出血し捻挫し、ときに一緒に、病院に駆け込むこともあった。日常的に怪我の瞬間に立ち会うと、不思議なもので私にとっても彼らが怪我

「両手首骨折したのが一番ひどい怪我。入院もしたからね。天然のレールで怪我して、友達に病院連れていってもらった。足首も骨折したことある」（裕真）というような彼らの過去の経験の語りにもたまり場に足を運び始めたころの大きな驚きを抱かなくなったのである。とはいえ、彼らとのやりとりやそれを記録したテープやフィールドノーツを見直していると痛みとの向き合い方は、行き過ぎている[3]。プロテクターで身を守ることなく、スケートボードとは裸一貫で身体を賭けた挑戦なのである。直弥は高校を卒業すると都内の私立大学に通う。大学卒業後はアルバイトを繰り返し、日本橋でふぐ料理の板前の見習いとして働き始めた。

直弥

怪我も痛いけどスケートできないのが不満。それがイタい。怪我しているときでもやたらに滑りたくなる。無理をしないようにするけど。でも滑ってしまう。この感覚はスケートボーダーじゃなきゃわからないかも。仕事関係上、怪我しないように滑っている。職場の上司はプロテクターとかつけてやれとか言うけどね。それは絶対したくない。だから、怪我してもばれないように働く。変わったことは以前よりは、つっこまなくなったってこと。

をすることはたいした事柄ではなくなっていった。

直弥が滑ってきたスポットは、中野サンプラザ前広場、池袋駅のガード下、原宿の路地、代々木公園、祖師谷公園、蓮沼のパーク等、無数にある。直弥は、都内のあらゆる建造物や公園を記憶している。

傷口は衛生上良くないとか言われると、多少は気を付けるようになる。仕事を始めてから、

第3章　身体に刻まれるストリートの快楽

直弥 高井戸の高架下のカーブで失敗して肩の骨が外れて、近くの整骨院に行った。肩がまったく上がらなかった。亜脱臼だったんだけど。1ヵ月半くらいは滑んなかった。痛くて滑れない。新宿のNSビルのステアでは、膝下をえぐって骨が見えて白くなって、そのまま、救急車を呼んだ。骨は見えてるけど、破傷風の注射してもらって、あれは、マジで、びびったね。初めてだよ、スケボーで救急車呼ぶなんて。ノーズスライドやってたときに、板がはずれて、そのまま、階段の角にぶつけた。天然のハンドレールとかは、やばすぎる。

　痛みは突如訪れる。スケートボーダーの身体には、ストリートでの経験が無数の傷跡として刻まれている。身体に残る傷跡への語りからは、ストリートでの生きられた経験や場所の記憶が立ち現れてくる。スケートボーダーは空間管理の諸施策により均質化する都市空間を痛みの経験とともに身体に記憶していく。彼らが自明のものとして語らない部分にこそ、身体的実践としてスケートボードによる都市空間の経験の内実が垣間見えてくる。文化的行為を共有することで、集団の帰属意識を維持している。髪型・衣服・隠語等からなる文化的アイテムと、集団内外のコミュニケーションを共通の関心事項にして集団を形成する若者たちは、文化的アイテムは、身体の外

　[3]　身体文化は多様である。スケートボードは、ブルデュー（1980a = 1991: 247）を援用するならば、「苦労や苦痛の投資を要求するスポーツ」（ボクシング、その他の格闘技）や「身体それ自体を賭けることを要求するスポーツ」（オートバイレース、スカイダイビング、ラグビー等）、と類似性を持つ。危険性の度合いは、それぞれの身体的活動、頻度、活動のレベルによって、異なる。

見的装いを創り出す。これら文化的アイテムとコミュニケーションと同様に、スケートボード下位文化的集団において、重要な役割を担っているのが身体行為の側面である。スケートボードという文化的行為における、快楽を伴うフローと自発的にリスクを冒す行為との2つの身体的経験の状況的関係性が見えてきた。スリルを克服することで到達するフローの経験が、痛みを抱え込んだ身体をもとに経験されている。痛みを恐れず果敢にリスクを冒す。流血しながらもスケートボードに打ち込む。スケートボードカルチャーにおいては包帯や身体から流れ出る血も服装や髪型と同じように、仲間集団で共有されるスケートボードスタイルの一部分を担っている。スケートボードにおける痛みとは仲間集団で共有されるスケートボーダーの証である。痛みを身体に刻印することが挑戦への勲章であるだけでなく、集団への身体を賭けた意思表明なのだ。

第4章 集団内の役割と規範

> 個人は、家族やクラブに属する以上に、また階級や性に属する以上に、そして国家に属する以上に、集まりに属するのであり、そのれっきとした一員であることを示すにまさるものはないのである（ゴッフマン 1963＝1980: 267）。

裏面に込める「哲学」
（©筆者撮影）

集団成員は「より直接的な相互作用のもとに親密な人間関係によって統一化され、緊密に集団に結び付けられる」(ジンメル 1908＝1972: 218) と同時に、集団に対して「個人のあますところなく献身」(ジンメル 1908＝1972: 12) が求められる。集団に帰属し担い手たちは行為を集積する。路上で単独でパフォーマンスするストリートミュージシャンの行為は当人の意志決定が意味をもつ。複数人以上のコラボレーションとなれば、それは集団の行動の規範に寄与する。自らの意志で下位文化集団へコミットし、それらの行為を評価する他者の存在により、成員は下位文化集団への帰属を強める。下位文化的行為は、当人の選択による自由な行為ではなく、集団の規範に基づく集合的な行為である。

1 集団の序列

スケートボードは疲労をともなう身体動作である。トリックが思うようにいかなくなったり、疲労が溜まると広場の端に備え付けられたベンチ付近に集まってくる。ジュースを飲んだり、煙草を吸いながら仲間のスケーティング談義に花を咲かせる。スケート歴がもっとも長い和志は後輩のスケーティングに評価を下す。

和志　淳介は伸びねえ。あんなに伸びねえやつもいねえ。徹也の方が上手い。琢哉の伸びもいまいち。弘嗣の伸びもいまいち。もう少しってとこまではきてるけど、まだまだ。同じ技を繰り返しているだけ。弘嗣はもったいない。ただ、生活が不規則過ぎる。あれじゃ、いつかぶっ倒れるんじゃないかなって。弘嗣のキャラはいい。あんな生活してたら死ぬよ。ほんと寝てねえじゃん。スケボーとバイト漬け

第4章　集団内の役割と規範

だろ。休まずにひたすらスケボー。ハマり過ぎだな。

土浦駅前西口広場は誰もが無料で利用できる。広場を利用する常連メンバーは広場開設前からの友人で小学校や中学校の同級生である[1]。近隣学区の友人関係にある2、3人のグループが5つほど集まり、集団を形成している。たまり場で形成された集団内部では序列化がおこなわれる。序列は年長者と若年者という年齢、広場を管理していく行動であらわされる広場への関わり度、スケートボードの技術レベルによって形成される。他の社会集団に強くみられる年齢による序列化は強く作用しているわけではない。広場への関わり度とスケートボードの技術レベルが集団内序列化の主な支柱である。

琢哉　佑太さんは半端ない。和志さんは一時期、すごかった。でも、今はへたれてる。今一番、あついのは賢治さん。弘嗣さんはのめり込み度からして、スケボーやめちゃう系かも。弘嗣さんは力でもっていく感じ。伸びは半端ない。

筆者　和志はこの辺では有名だったんだ。

琢哉　そうっすよ。土浦のスケートボーダーていえば和志さんだった。パークが出来た頃は話すのも緊張した。

紘一　へたれはへたれ（笑）。

[1]　「集団」とは、①共通の目標や関心、②ある程度の役割分化にもとづく組織性、③成員の行動や関係を規制する規範、④統一的なわれわれ感情、⑤相互行為の持続性、の5点の条件を備えた集合体（collectivity）である（塩原勉ほか 1978: 32）とひとまず、理解している。

智毅　この辺では佑太って誰でも言う。人間的に良ければもっとヒーロー。ほんとぶっとんでる。佑太は信じられね。技も豊富だし柔らかくて力強い。土浦に佑太あり。他県のスケートボーダーからも佑太の存在は知られている。

和志　でも、佑太になんかひとつ勝てばよくね——。俺のワンエイティーは誰にも負けねーって思ってる。弘嗣がクォーターでフロントサイドオーリーやられるのは、いたい。結局ワンエイティーじゃん。

智毅　自分に一番自信のある技ありますよね。負けるときはすげーショックかも。俺はケーグラインドなら智毅って言われたい。

琢哉　スケボーではもう同い年には負けねー。和志さんとかにはやっぱキャリアで負けるし、和憲とかも上手い。剛史より上手いんじゃない。剛史は昔はすげー上手かったけど、今はそうでもないな。

　佑太は土浦のスケートボーダーの間でカリスマ的存在である。佑太がパークに来て滑り始めると滑っていたスケートボーダーがベンチに座り込んで彼の滑りを眺めている。スケーティングが集団のなかで誰よりも上で、誰より下であるのか、スケーティングの技術で評価されていく。同年代、同スケート歴の仲間には負けないことが彼らには重要である。後輩に抜かれないこと、年上やスケートキャリアの長い先輩を抜くことが目標になる。
　スケートボーダー以外に、3on3バスケットボールをするもの、インラインスケーター、BMXに乗るものに広場は利用される。3on3は広場入り口付近のバスケットボールコート内でおこなわれ、スケート

第4章　集団内の役割と規範

ボーダーとの接触はほとんどない。インラインスケーターも広場を利用する。「セクション貸してもらってもいいですか」という丁寧な挨拶に始まり、終了時間も守る。愛想よく「ありがとうございました」と挨拶をして帰っていく。インラインスケーターは土浦駅西口広場の常連スケーターと良好関係を構築している。

BMXとは揉めている。ことの発端はBMXの利用者が、BMXの専門商業紙に「専用パーク誕生」と、あたかも自分たちがつくったかのように読める記事を投稿したことや、和志の手作りであるセクションを無断で日常的に使用していたことなどが関係している。自分たちの署名活動が実ってやっと獲得した広場のことをBMX専用広場として紹介されてしまったことへの憤りは小さくはない。BMXの代表者が和志やスケートショップの店長のところに謝罪にきた。「ずうっと謝ってきてて、ほんとうぜー。BMXのやつらはどうすっかって感じ。バスケのやつらは、コートでやってるだけだからいいけど、BMXのやつらはボックスとかも勝手に使う。自転車での着地なので衝撃が大きく、ボックスを壊しかねない。自分が広場にいないときBMXのやつらが来たら言っちゃってください。使うなって」(和志)。

スケートボーダーのトリックは多様な形のセクションを用いておこなわれる。土浦駅西口広場には、ボックス2台、ハンドレール2本、バンクtoバンク1台、フラットバンク2台、クオーターランプ1台、がセットしてある。これらのセクションは、クオーターランプ以外すべて和志の手作りである。手作りのセクションは劣化する。バンクtoバンクは、オーリーの着地場所の消耗が激しかった。消耗した箇所には、新しい板を買ってきて修繕作業をおこなう。自分たちが使うセクションを造り、そのセクションでトリックをし、消耗したセクションを修復する営みが繰り返されている。

ショップ店長のつながりで山梨県のスケートパークからクオーターランプが搬入された。クオーターラ

135

ンプは上面がアール状になっており、そのカーブを手作りでつくることは難しい。「ランプはちょっと無理っすね。つくりたいんすけど、やっぱあのアールが上手くできないと思うんすよ。」(和志)。手作りが難しい、ランプの無償提供は嬉しい出来事だった。クオーターランプが搬入されると、広場にはパークが始まった当初のスケートボーダーたちが集まった。パークのセクションを搬入したり、新しいセクションを造るというのは、新たなトリックをする楽しみが増えることである。セクションの位置を変えたり、組み合わせを変えたりと毎日のように広場内のセクションは様変わりをする。

2 広場の統制

土浦駅西口広場は市の外郭団体である開発公社の管理下にある。無料開放されている土浦駅西口広場は利用時間が決まっている。日没から点灯されるナイター照明は消灯時間の午後10時30分になると自動的に消える。11時になると市に雇われた警備員が毎日広場の様子を確認して門が閉められる。この消灯時間が7月中旬から10分弱早くなっていた。「ちょっと7分早くないか消灯。ケチってるだろう。苦情の電話しなきゃな」(剛史)。「あれ、消灯早くないっすか」(弘嗣)。「まだ20分じゃねーか。ケチってるなー。ふざけー」(剛)。「だんだん、消えるの早くなってるー。けちってる」(和憲)と不満を述べていた。管理されていることで、このような変化には敏感に反応し不満が募る。消灯時間の問題は、和志が広場管理の担当者に電話をし広場に来るものもいる。広場周辺には1時間100円の有料駐車場がある。スケボーするた車を運転し広場に来るものもいる。

第4章 集団内の役割と規範

びに駐車代金を払うとなるとそれなりの出費になる。その出費を抑えるために路上駐車をするものもいる。路上駐車は周辺住民からの苦情を引き起こす。苦情があったり、問題が起こるようならすぐに広場は閉鎖すると通達されている。

日々の管理は和志を中心としたスケートボーダーの当番制でおこなわれる。当番の仕事は、ナイター消灯の夜10時30分に広場にいて、消灯後に広場内のタバコの吸い殻、ジュースの空き缶、夕食としたコンビニ弁当などのゴミを拾い集め、移動したハンドレール2本とコーン2つをボックスのところに戻すことである。消灯時間を過ぎても広場の3 on 3のバスケットボールコートを利用しているものやそれ以外に利用しているものがいた場合、広場の使用時間の終了を伝え帰宅を促す。広場の管理をめぐっては様々な問題が生じる。

和志　自分の車のなかとか、自分の部屋は何もしないんだけど、パークだけは綺麗に大事にしたい。自分たちの場所だとだって思ってる、せっかく獲得した広場だから。（ゴミをそのままにして帰ろうとした高校生3人組に対して）おめーらゴミ捨ててけよ。いいかげんにしねーと、怒るよ俺も。態度悪くな。ゴミは捨てんなよ。吸い殻も捨てやがる。（フェンスを乗り越えて帰ろうとする高校生を注意して）あいつらみたいにフェンスを乗り越えて帰り始めると、みんなそういうふうになるんで。しめるとこ、しめて。俺の役をしっかりついでくれる奴いないかな。

管理人の和志はメンバーのなかでも広場への思いが強い。和志の地道な活動があって広場は維持されている。管理の当番は和志と剛史と賢治の3人によって交代でおこなわれていた。この管理人制度で3人が

揉めることになった。和志からの電話に出ると、「今パークすか。片付けお願いしたいんすけど、いいすか？ ちょっと管理のことでいろいろ話して、そのことについては今度話しますけど、とりあえず、お願いします。今日も行けないんですいません」と用件のみであった。剛史が管理人制度は警備員の人がいるわけだし、俺らがやらなくてもいいんじゃないかと提案したことに賢治が賛成したのが始まりである。そのことにより、管理を人一倍おこなってきた和志が管理していく意欲をなくしてしまった。

剛史　管理人なしで様子みる。だって俺らが楽しめないんすよ。行きたくないときや疲れたときでも当番だからって行かなきゃいけない。3人で管理まわすと、週に最低2回はやる。これじゃ、スケボー嫌いになりそうだし。まあ、別に管理しなくても警備員は来るしってことで。はっきり言って、面白くねーもん。当番だから、行かなくちゃって。行きたくもねーのに。

和志　それ言ったら、おしめーじゃないですか。そんなことはわかったうえで、管理を引き受けているわけだし。そりゃ、ないしょ。

賢治　そうっすよ。それは、最初からわかっていたわけだし。

　広場に設置されたセクションはスケートボーダーらによって賄われている。手作りのセクションは日を追うごとに消耗する。消耗した箇所には新しい板を買ってきて修繕作業をおこなう。無料開放され、誰でも利用できるセクションの修繕費を自分たちだけで補填することに疑問が生じる。

和志　ローカルチームにすれば、補修代を回収するのに困らない。BMXは団体がある。それに関し

第4章 集団内の役割と規範

筆者 会費を集めるようにしたらどうかな？

和志 会費集め以前にやっていたんですよ。4人でやってたんすけど、毎月500円とかで、でも結局飲み会のときに、そういえば会費あったよなとかいって、それで使ったりしちゃうんですよね。難しいのは、あそこの場所は、スケボー専用ではなくて、若者広場になってて、だからBMXのやつらとの兼ね合いも問題になってくる。面倒なことが重なる。

俺らって。

琢哉 チームつくりましょうよ。

智毅 形式的につくってもしょうがないよ。

和志 今はまとまりつつあるじゃん。

智毅 個々でいいじゃん。スタイルも全然違うし。

筆者 セクションは3ヵ月で消耗したね。

和志 セクションの消耗は、わかっていたこと。骨組みを鉄筋でつくれるかどうか。昔、親父がレールをつくってくれて、長いレール。

筆者 提供している市は維持費のことは、無視している。

和志 それはあてにできない。

　使用時間や路上駐車をめぐって市や警察から管理されて、他方では広場内においてゴミや吸殻をそのまま捨てることなどを注意し、管理していかなくてはならない。自分たちが使うセクションをつくり、そのセクションでトリックをし、消耗したセクションを修復する。管理人の和志は、広場の利用に関してどこ

139

まで注意すべきかで頭を悩ます。維持費を抑えるために和志は、父親の工具を使って数多くのセクションをつくっている。

和志

　市はなにもしてくれない、ただ場所を提供してくれただけ、だからといってアスファルトだけじゃ、俺らは何も楽しめない。金だして買うってこともできない、セクションは値段が高い。そんな金は俺らにはないから、だったらつくっちまおうって思って、俺は工場で働いているぐらいだから、つくるのは苦手じゃない。簡単だし、つくることで愛着もわくし、器材も工場の廃材を利用できる。この前も仕事の昼休みのときにレールを溶接した。いまこういうふうに管理をしっかりやってるのは、俺が高校のときにもってたスケートのビデオの影響が大きい。ビデオのなかで俺の好きなスケートボーダーのひとりが「遊ぶ場所は自分たちでつくろうよ」って話していた言葉が印象深い。ああなるほどって。俺は、俺自身のひとりの考えでいくと、俺たちが遊びたい場所を獲得したんだって思っている。自分たちで手に入れた遊び場で自由に遊べるんですよ、ヨクナイっすか。俺も人頼りにしてる部分あって、先輩がやってやるってかんじで、結局なんだかんだで、でも、俺らがやるってことになってたんだけど。
　市のほうとやりとりをする人物を立てなきゃいけなくて、最初はその先輩がいろいろやってくれてたんだけど、仕事のほうが忙しかったり、パークで滑ってるわけじゃないから、現場の動きがわからないってことになって、俺が会長になってやってたんだけど、いろいろミスとかしたり、怒られたりしてると頭へんになっちゃって、結局先輩に迷惑かけるってことになっち

第4章 集団内の役割と規範

やってたから、それじゃってことで賢治に替わって、今になってる。俺一人で考えることが多くなって、だめだってことになって、賢治にあくまで会長は俺がやるから、賢治頼むわーって、市のほうとの連絡は賢治にまかせることにした。パークができてすぐぐらいは、ほんと他のメンツがだるかった。俺らでやるしかねーってことになって、結局なんだかんだで、パークの準備とかセクション作りも自分でやった。そんなときに賢治も怪我しちゃって。パークができるまえスケボーについて考え込むときは、あったけどここまで追い詰められたのは初めてっすかね。管理とかでいろいろ問題出てすげーおもしくねーって。でも、やっぱり仕事してるときでも、あそっか、こうすればいいんだなんて頭から離れねー部分があって。俺らの役目でスケボーやってたら誰でも嫌いになる。義務的になるし、行きたくないとき体調が調子よくねーとき、気分が乗らないときでもパークに行かなきゃならない。今は、誰かがこういう役やらなきゃいけないんだから、それだったら俺がやればいいかなって思っている。

土浦市役所の都市整備部開発課の広場担当者によると、警備員を外注しその費用が年間100万円である。広場に備え付けのバスケットゴール等器物の修繕はその他にナイター照明として年間200万円かかる。広場に隣接する敷地2000平方メートルの有料駐車場の収益で賄って土浦市が賄う。土浦市が管理する広場に隣接する敷地2000平方メートルの有料駐車場の収益で賄っている。[2]。広場を利用する大半のスケートボーダーは、利用時間や利用規則を守っている。広場が土浦市によ

[2] 駐車場の年間利用代数は、13万6000台程度で、年間利益は3700万円に及ぶ。この利益を、JRと土浦市で二分している。

表4-1 「土浦駅西口広場」を利用した各種イベント

日付	広場利用申請書登録名称	日付	広場利用申請書登録名称
2001. 5.27.	「土浦駅西口広場」開設	2003. 7.20.	ストリートダンスフェスティバル
2001. 8. 1.	音楽ライブイベント		
8. 2.	フリーマーケット	7.26.	スケートボードイベント（雨天により中止）
12.29.	フリーマーケット		
2002. 1. 3.	フリーマーケット	8. 3.	音楽ライブイベント
3.16.	BMXイベント 第1回	8. 4.	音楽ライブイベント
3.21.	フリーマーケット	8.16.	スケートボードイベント
4. 6.	フリーマーケット	8.31.	音楽ライブイベント
5. 6.	フリーマーケット	9.27.	BMXイベント 第3回
7.13.	フリーマーケット	11. 2.	スケートボードフェスティバル Vol.1
7.20.	BMXイベント 第2回		
8.10.	フリーマーケット	2004. 7.18.	BMXイベント 第4回
9.14.	フリーマーケット	2005. 4.17.	スケートボードフェスティバル Vol.2
2003. 1.27.	広場プロモーション撮影		
2. 1.	音楽ライブイベント	9. 3.	スケートボードフェスティバル Vol.3
5.18.	音楽ライブイベント		
7.13.	スケートボードイベント（雨天により中止）	11.12.	BMXイベント 第5回
		12.18.	スケートボードフェスティバル Vol.4
7.19.	ストリートダンスフェスティバル		

(開発公社「土浦駅西口広場」関連資料ならびに「広場運営・管理」担当者への聞き取りより作成)

第４章　集団内の役割と規範

って設置されて以来、スケートボーダーやＢＭＸの若者たちによる日頃の利用については、大きな問題は生じていない。[3]「土浦駅西口広場」開設から広場を利用しておこなわれた各種イベントについて、表４－１にまとめた。

広場を利用したイベントでは、新たな問題が生じている[4]。広場では大会の司会やＭＣを含めた設営から運営までスケートボーダーたちが担当し、手作りのスケートボードフェスティバルが開催された。音響設備を導入し大音響下でおこなわれる広場でのイベントに近隣住民から苦情が多数寄せられた。大会を開催するたびに苦情が寄せられた。広場入り口には、広場の管理団体である開発公社の連絡先が記されている。地元住民からの苦情は、直接、開発公社に届く。開発公社の広場運営管理担当者によると、苦情の大半はイベント開催時の騒音である。広場に隣接するＪＲの駅社屋では社員が寝泊りすることもあり、イベント開催時の騒音には、苦言が呈される。

広場利用として寄せられる苦情は広場利用者の違法駐車が主である。広場が地元住民の生活居住地区というよりは、駅前の商業地区に位置するため、地元住民からの苦情は、広場開設前に比べると少なくなっている。

［3］広場開設の目的には、①中心市街地の活性化に寄与する集客施設であることと、②市民等の憩いの場とともに多目的に利用可能な広場であること、が掲げられている。管理運営に関しては、事業主体は土浦市都市整備部開発課であるが、土浦市の外郭団体である都市開発公社が管理運営している。開設時間は、茨城県条例にもとづき午前10時00分から午後11時00分である。

［4］広場で行われる各種イベントの主催者は、土浦市に対し広場使用料を納めることになっている。広場使用料は、原則的に無料である。営利活動を目的に使用する場合には、有料となる。営利目的での広場の全面使用は、一日５万円、半面使用は、２万５０００円である。入場料等を徴収しないフリーマーケット等のイベントの広場使用料金は、４０００円である。

たと開発公社側は、認識している。柴田が経営するスケートボードショップのホームページの掲示板は、土浦ローカルのスケートボーダーの情報交換の場として、日頃から頻繁に書き込みがされている。そんな地元ローカルのスケートボーダーのネット空間のコミュニケーションの場に、通りすがりという地元住民から「土浦のスケボーの人たちって本当にマナー悪いですね。がっかりしました」という書き込みがされた。

広場は若者に無料開放されているものであり、土浦地元のスケートボードショップが管理しているわけではない。ホームページにはスケートボーダーたちの仲間内のローカルスポット情報や、イベントの告知、飲み会の連絡等の内容が投稿されている。そのためこのホームページが批判の標的になることもある。ホームページに寄せられる苦情は、ネットの匿名性のもとに、より直接的な批判へと向かう。苦情の投稿者は、土浦市民の意見を代弁しているかのようにコメントする。土浦スケートボーダーのマナーの悪さを指摘し、広場の閉鎖を希望すると荒っぽい言葉で述べる。コメントが反論されると、今度は、スケートボーダーの人間性をより直接的に暴力的に批判していく。こうなると、批判者と反論者、地元住民を代表する投稿者とホームページを閲覧するスケートボーダーとの間で売り言葉に買い言葉、関係性は悪化し、より脅しめいた暴力的なやりとりが交わされる。

3 占有の創造

土浦駅西口広場の空間特性をまとめておこう。第一に、専用広場としての空間である。もともと、駐車場利用が予定されていた土浦駅前西口広場は、スケートボード用のセクションが常設されるわけではなく、

144

第4章 集団内の役割と規範

木目の荒いアスファルト路面の広場空間が開放されたにすぎない。地元土浦のスケートボーダーたちが、スケートボード用のセクションを手作りでつくり、広場に設置していった。広場開設後も、新たなセクションをつくったり、痛んだセクションを広場で補修するなどしてスケートボーダーたちにとっての快適な遊び場へとつくりかえていった。その間、木目の荒い路面の舗装も土浦市によっておこなわれ、広場ではスケートボードの大会が定期的に開催されるようになった。開放されるだけでは広場は、スケートボードのパークとしての機能を果たさない。土浦ローカルスケートボーダーによる空間の専用広場化のプロセスが、広場をパーク化させている。

第二に、そこは身体技術の高度な空間である。身体技術の高度化は、空間の専用広場化とも直接的な関係をもつ。広場開設後、広場を利用するスケートボーダーたちの間にでる不満に応えるようにして、新たなセクションを用意していく。レール、ボックス、他県のスケートボード関係者からランプも寄贈され、豊富なセクションが次第に揃っていく。この空間の専用広場化のプロセスは、広場を利用するスケートボーダーたちの文化的行為の技術レベルの高度化を要請する。スケートボード自体の難易度が増し、それは、ときに、恐怖心をあおり、怪我のリスクを高める。あるものは冬場にもかかわらず、上半身裸になり同じトリックに何十回も取り組むようになる。あるものはトリックに失敗した後、額から血を流しながらもトリックが成功するまで果敢に挑戦を続ける。集団の技術向上への相乗行為の結果、スケートボードのDVD等にも登場するスケートボーダーを生み出し、関東圏で開催されるスケートボードイベントで入賞を繰り返す4人のライダーを生み出すことになった。

第三に、隔離された空間である。土浦駅西口広場は、駅のフラットホームから眺められるところに位置している駅前広場ではあるが、駅の改札を出て、直接、広場にアクセスできるわけではない。改札を出て、

西口広場までは、300メートルほど歩いていくことになる。広場は、駅のフラットホームの高さまで盛り上げられており、広場に面する道路から、広場の様子を伺うことはできない。物理的なアクセシヴィリティにより、広場を訪れる目的をもった人以外、人々が、広場に偶然通りがかることはない。

最後第四に、地域社会が埋め込まれた空間である。集団成員は中学や高校の同窓生であり、集団の形成前からの友人関係が持続しているなかで下位文化的実践が展開している。土浦のような地方都市における下位文化的活動は、その実践が地域社会に根付いた文脈のなかに埋め込まれているところも空間の特性に関連する。

4 役割の演技

近代スポーツは男性中心主義を制度的に再生産してきた。それに対して、カリフォルニア型スポーツは、もともと、ブルジョワ的儀礼の象徴的転覆を図ろうとする（ブルデュー 1979＝1990: 340）ことからして、近代スポーツが抱えてきた男性中心主義を内側から崩していくラディカルさを兼ね備えていた。少なくとも、スケートボードの文化的行為は女性の排除を制度的に強制したわけではない。だが結果として、スケートボードの歴史的経緯は男性支配的なカルチャーを構築していく。近代スポーツが制度的に男性中心主義を再生産してきたのに対して、スケートボードは、担い手たちの文化的行為と集団内に共有される価値規範のなかで、内側から男性支配的なジェンダー規範を構築してきた。

土浦駅西口広場の開設時、2名の若年女性が広場に顔を出していた。彼女たちは、初心者で常連の男性スケートボーダーたちと会話はかわすものの、集団の内部へと深く関わるようなことにはならなかった。

146

第 4 章　集団内の役割と規範

1ヵ月もすると2人ともたまり場に姿をみせることはなくなった。その後も、女性スケートボーダーを広場でみかけることもあったが頻繁にたまり場に来るようになることはない。広場を定期的に利用し、広場を利用するメンバーとして他の仲間から認識されるようになる過程で、女性スケートボーダーはスケートボードから離れていってしまう。

新宿地裏は女子スケートボーダーが集まる都内数少ないたまり場となっている。たまり場が形成された2年ほどは、都内の他のスポットと同様に、男性スケートボーダーの独占的なたまり場だった。徐々に、女子スケートボーダーが集まってくるようになった。新宿地裏のたまり場は、スケートボード専用広場のように、フェンスで囲われているわけではない。駅前のオープン・スペースは、新宿駅を利用する人々や、野宿者、ストリートミュージシャン、ケバブを販売する外国人労働者、待ち合わせをする人の偶発的な結節空間である。開放的な空間であるともいえる。

新宿路地裏に集まるのは、都内でアルバイトや専門学校に通うものが大半である。3人をのぞく、12人が高校を卒業し、都内に移動してきたもので賃貸アパートで生活を続ける。都内で3年から6年といった滞在を終えると地元に帰っていくものもいる。就職により毎日の生活が忙しくなり、広場に顔をみせなくなるものもいる。スケートボードを媒介に広場で出会うことで、友人関係が構築されていく。同じ中学や高校卒業して地元に残るものたちが形成するローカル集団に比べると、友人関係期間が短く、行き来のある流動的な集団が形成されている。

また、このたまり場では様々な都市下位文化が交錯する。クラブカルチャー、グラフィティ、カラオケ、コンパなどの文化的活動が共有されている。スケートボードの取り組み方もこのたまり場ではそれぞれである。メーカーのスポンサーシップを獲得して、スケートボードの大会に参加するものもいれば、フラッ

これらの要素が女子スケートボーダーにとって立ち寄りやすい開かれた空間の構築の一端を担っている。ときには、10名に及ぶ女子スケートボーダーがたまり場に集まったこともあった。

初心者で始めた彩夏がたまり場に頻繁に来るようになったのも重要な契機のひとつである。

彩夏はスケートボードの基礎的なトリックであるオーリーもできない初心者であった。たまり場に週4回ほど、定期的に出向き、他のメンバーからトリックのコツを伝授してもらうことを通じて上達していった。彩夏に続いて、佳奈美、彼女たちの友達も来るようになった。彩夏と佳奈美は、他のメンバーからも仲間として認知され、花見、忘年会、送別会、誕生日会等の仲間内で集まる機会にも顔をみせている。彩夏は十条のワンルームアパートに1人暮らしをしながら、服飾関連の勉強を専門学校で続けてきた。「スケートボードは、前々からやってみたいと思っていたけど、やる機会がなかった」と話す。12時30分過ぎの終電に乗り遅れて、新宿から十条の自宅までスケートボードで3時間ほどかけて帰宅したことは、彩夏のスケートボーダーとしての「勲章」として仲間内で語られる。

佳奈美がたまり場に顔をみせるようになった。ストリートスポーツを科目として受講することができる都内の専門学校の学生である。彩夏とも親しい友人関係を築いている。佳奈美は自身もスケートボードに取り組むより彩夏や他のスケートボーダーと会話を楽しんでいる。佳奈美は裕真や健斗の話の聞き役である。彩夏や健斗は、スケートボードをもってくることもあるときはジーンズや綿の長ズボンをはいてくる。彩夏は他の用事を済ませてからたまり場に顔をみせてくるときは、スカートをはいて登った。服飾系への就職を希望し、お洒落なストリートファッションに身を包んでいる。

第4章 集団内の役割と規範

晴美は神奈川県平塚市生まれの21歳である。2歳年下には妹がいる。会社勤めの晴美の父親は48歳になる。父親は高校までサッカーに取り組み、娘の晴美もサッカーを始めるように願っていた。晴美の幼児期の思い出の写真には、必ずといっていいほどサッカーボールが写っていて、サッカーボールを抱きながら寝かされたこともあった。子供好きの晴美の母親は、幼児教室の先生をしている。小学校時代はクラブには所属しなかった。中学に進学すると、女子バスケットボール部に入部する。入部した経緯については、「なんでかわかんないけどバスケ部に入っていた。あんまり覚えてないけど、たしか小学校卒業するころに、激しくバスケをしたくなったからそのままノリで入っちゃった」と振り返る。でも、実際入部すると「そんなノリで続けられるような甘っちょろい部活じゃなくて、今時の中学生にしてはすっごく厳しくて。時にはパイプ椅子がフリスビーになったりとか。マジ完全にスポ根だった」。厳しい部活動であった。バスケットボールにのめりこんだ晴美はバスケの強豪校で入学が約束された高校に進学する。バスケットボールに打ち込み、「食っちゃ寝バスケ」の日々を過ごした。高校の部活動では地区予選・県予選を勝ち抜き関東大会に出場した。「わりと頑張ってたんです」と言葉を添えた。スケートボードを始めるようになったきっかけについて晴美は手記に記している。

晴美　中学の部活を引退した後は、高校でバスケをすることを決めてたけど。高校引退するときは何も考えてなくって、大学も行く気もなかったし、バスケももう満足したし、何しようって感じで。そのころ、友達がスケボー楽しいよって話をしてくれてて、バスケも、面白いならちょっとやってみたいなーって思っていて。進路のことも考えなくちゃいけなかったし、パソコンで専門学校とか探

場しスケートボードに打ち込むこともある。

してたら、スケートボードができる専門学校を発見。体験入学してみようと思って、行ってみてスケートやってみたら超楽しい。親もここの学校気に入ったし、いっちまえーって感じで入っちゃいました。おかげで晴美は受験とかしたことありません。だからこんなダメ人間が育ちました（笑）。

晴美は専門学校に進学するとスケートボードにのめりこむ。スケートの大会に参加するようになって、栃木県、千葉県、神奈川で開催された大会に出場してきた。晴美はスケートボード以外では女子部門で2位や3位になり、メダルや賞品を獲得するようになった。晴美はスケートボード以外にBB弾を撃ち合うサバイバルゲームやカラオケ、バスケットボール、読書やヨガも楽しんでいる。

専門学校を卒業して、晴美は地元神奈川にあるストリートショップでアルバイトをしている。ショップは、帽子やアクセサリーをはじめ、ストリートアイテムを取り揃え、サーフィンとスケートボードを扱っている。将来については「結婚願望もないし、何も考えていない」。それでも「子供は、大好きなので、1人は絶対産みたい」と付け加えた。晴美の携帯のメモリーには、50人ほどの女子スケートボーダーの名前と電話番号、メールアドレス等が登録されている。そのうちの15名から20名ほどが「まともなスケートボーダー」で、あとの残りは「初心者スケートボーダー」だから、この先、続けていくのか、辞めていくのかは、わからないという。

　晴美　スケートボードはスポーツでもなんでもないんじゃないかな。**あれは病気だよ。みんなスケートボード病になってるんだ。だから続けてるとかじゃなくて、やめられないって感じ。**だいた

第4章 集団内の役割と規範

い、始めるとかやめるとか、そーゆうものじゃなくて、出会ってやりたくてやってるってだけだし。たまに、もうスケートやめちゃったとか、言う人いるけど。やめるって一生やらないって心に決めるの？なんでそんな意味ないことすんの？またやりたくなるかもじゃんね？やめるって言うことは一生ないと思う。何かが理由でやらない期間があっても休憩してるだけ。あとは半身不随とかになってほんとにやりようがなくなった時しかやめるとか言わないし、やめないと思う。たまに寂しくなったりとかもあるけど。女の子が少なくて、男の子が多い。けど、あんまりそこは気にしてない。仲間が増えた感じ。でも、たまにいる「スケートボーダーカッコイー！」とかっ言って、スケートボーダー目当てでスケート始める女は大嫌い。こっちまで勘違いされることは素直に嬉しい。だから女の子スケートボーダーが増えることムカツクどころじゃおさまらない。だからそーゆう女は、スケートボーダーだと思わないで友達だとも思わないで、知らない人にすることにしてる。晴美のまわりにはそーゆう女の子はいないけど、稀にいるんだよね。女の子スケートボーダーも男の子スケートボーダーも他にはなんも変わらないけど、そこだけとつもなく面倒くさいかな。

　学校部活動で経験したバスケットボールを通じて晴美は、先輩・後輩関係や目標に向かって取り組む努力していく姿勢を学んだ。スケートボードでは、日常的なパークスケートや大会参加、イベント参加を通じて多くの友人を作ることができた。学校区で出会う友人とは異なり、スケートボードをしていなかったら出会うことのない人々にあうことができた。そうした人たちと話すことを通じて人生観や価値観も養わ

れてきた。

晴美　スケートボーダー独特のノリってすごくポジティブで、一緒にいて楽しいし、ネガティブな晴美でもすぐ楽しくなれる。だからこのまま、みんなと楽しくスケートしていければ、もうそれでいいやーって思っちゃいます。悩みごとがあったりとか、誰かに裏切られたりしても、スケートは裏切らない。

筆者　カナダモントリオールの16歳女子スケートボーダーが「ヒールを履いたってスケートはできる。やってみたしね。そりゃ、痛いけど。たしかに、ヒールで満足のいくオーリーなんてできないよ。でも、私はやってみせるんだ」と言っているのだけど、どう思う？

晴美　そんなの意味ないよ。怪我のリスクが高くなるだけでしょ。オーリーできてもすごいとも思わない。まぐれじゃないの。

スケートボードという下位文化的活動は、服装や髪型、隠語、身体的な所作のまとまりからその文化集団内部でのクールなスタイルを創出していく。誇張された女らしさの通俗的で強力なシンボルであるハイヒールは、ヘゲモニック・マスキュリンなスケートボードカルチャーに似つかわしくない。晴美の返答のなかで重要なのは男性的なファッション文化のなかに、女性的なファッション文化を持ち込むことへの違和ではなくて、スケートボードという文化的行為をおこなう上での機能的な不十分さを指摘している点である。晴美はスケートボードをするときの服装と普段の私服については「わけているようなわけでもないかもしようなな？　スケートをまったくしない、って決まってる日なら、ストリートファッションではないかもし

152

れない。たいていは、仕事もしやすいし、急にスケート行くこともできるし、なにかとストリートっぽいかっこをしてるかな。」スケートシューズに、Tシャツ、ジーンズが、スケートボードにもそのまま行けるハルミのストリートファッションである。

晴美 怪我は、やっちゃいます。今回のはわりと痛い。脛にも傷跡がめちゃめちゃある。あんまり気にしてない。脛の傷跡はまわりの友達が気にしすぎるからちょっとやりづらい。痛くないし、傷跡あってもスカートとかはかないし、ちょっと痒いぐらいで何も気にする要素もってないんだけどな? って思ってるのは晴美だけみたい。昔から、男っぽかったところもあるせいか、女の子だったら普通に嫌がるんだろうけど、晴美は気にしないからここまでやってもやり続けられるのかもしれない。女ってゆー意識はあんまりない。自分が女の子らしいって思ったことは一度もないけど、まわりには女の子らしいって言うんだからまぁそうなんだろーってことで、このまま女らしくならなくてもいいやーって感じ? てかこのままでいいでしょ。それより早くあの技できないかなとかそんなことばっか考えてる。

スケートボード・カルチャーのヘゲモニック・マスキュリニティの存在証明である身体の痛みに焦点をあてるとボーイズスケートボーダーの傷跡は、マスキュリニティの象徴的証しの傷跡は、フェミニニティからの逸脱とされ性別カテゴリー化がふたたびおこなわれる。女子スケートボードをやめることは考えられないという彼ら・彼女たちの現時点での語りは、スケートボードという行為自体が生み出す身体的快楽をともなう常習性の現われとして理解できる。快楽は痛みと隣り合わせである。

153

膝下が打ち身だらけになっている若年女子のスケートボーダー、度重なる捻挫で、足首が腫れ上がり、感覚が鈍くなっている。怪我や痛みを恐れることなく、難易度が高いトリックに果敢に取り組んでいくことで、仲間から真のスケートボーダーとして認められる。トリックに失敗し、顔面からコンクリートに叩きつけられ、病院に入院したこと、足を骨折して、救急者で運ばれたこと、手首が骨折しているにもかかわらず、スケートボードをし続ける。スケートボードによって媒介される文化集団では、ストリートで自己を顕示するための喧嘩や暴力は、重要視されない。自己の存在を他者の身体との衝突によって証明する顕示的なマスキュリニティではなく、自己の身体に徹底的に向き合っていくような内示的なマスキュリニティが、集団の内部で評価される。トリックを習得していくため、ストリートの快楽を得るためにリスクを冒す。自己の身体を賭けた行為である。スケートボードには怪我が付き物であり、この怪我に耐えられないものは、スケートボードから離れていく。身体的な技術レベルの向上を目指して、リスクを冒すよりは、仲間との会話を楽しみ、現状のトリックを繰り返す。痛みは自己の身体との対話、集団における卓越化の基準として働くだけではない。それは集団内存在としての自己を確認することになる。

第5章 獲得した場所に囲い込まれる行為

街頭、公園、レストラン、劇場、商店、ダンスホール、集会場、その他およそ人の集まる場所での行為にみられるルールは、社会組織のもっとも一般的な形態について、多くのことをわれわれに教えてくれる（ゴッフマン 1963＝1980: 4）

行為のリスクと快楽
（©筆者撮影）

特定の関心を共有する集団によって生み出される集合的行為は、皆に開かれた公共空間で他のアクターとの利害関係に巻き込まれコンフリクトを生む。服装や集団内のコミュニケーションが問題視されることは滅多にない。他のアクターが利用する空間を侵害する集団的な行為が規制の対象となる。しかし、他のアクターとのコンフリクトをもたらし規制の対象となるまでに、集団は何らかの意思表明をしていくことが可能である。本章でみていくのは、一方的に規制されるのではなく、自らが立ち上がり、広場の獲得を目指して署名活動を展開していく若年集団の主体的な営為と、その動きを契機にして若者たちの活動場所を囲い込んでいく管理の動きである。

1 偏見と排除

淳介 夜中ストリートで滑っているとうるさいって怒鳴られた。土浦駅前でもよく言われた。そんなうるさいすっかね。自分らが滑ってるときはあまり気にならないんすけどね。けどやっぱ、静かにしていたらスケボーで滑ってるときのウイールの音とかトリック失敗した後の音はうるさいかもしれないっすね。悪気はないけど、トリックしたあとは、縁石が欠けたり、ワックスを塗るから手すりやベンチが真っ黒になってしまう。壊すつもりはないけど、技をしてると壊れちゃう。だから、スケートボーダーの騒音と破壊によって不良扱いされるんすよ。やめろとかうるさいートを楽しんでる。スケートボーダーは不良みたいな扱いは寂しいすね。純粋にスケとか言われても関係ない。悪いことはしてない。

第5章 獲得した場所に囲い込まれる行為

「悪いことはしていない」のに「スケートしているだけで悪者扱いされる」という和憲の語りは、スケートボードの文化的行為の境界性を象徴的に示している。スケートボーダーにとってはごく自然な行為が地域住民にとっては騒音や破損をもたらす悪者の行為として受け取られる。和志は別の側面からスケートボーダーが悪者扱いされることについて述べる。

和志　土浦スケートボーダーって昔悪かったんすよ。自分たちの先輩にもデッキをもったままカツアゲしたり、喧嘩したり、原付バイクを盗むとか、万引きする人もいた。スケートボーダーが悪かったのも事実なんすよ。これはスケートボーダーのごく一部の人の話で、スケートボーダーじゃなくてもこういうことする人はいますよね。先輩の話だと自分より5歳から8歳上ぐらいの人たちのころはかなりやばかったらしいすよ。スケートボーダーは不良っていうイメージがあると思う。たぶん、そのころのことに嫌な思い持っている人たちがまだ店とかやってるんすよ。駅前商店街の人たちからの苦情は、感情的なんすよね。今、パークにきているような奴らには、ひとりもそんな奴らはいない。悪くはない。この不良イメージはなかなか消えない。

土浦の駅前商店街の経営者の一見感情的にも思えるスケートボーダーに対する態度に、過去のスケートボーダー＝悪者であるイメージが維持されている。スケートボーダーにとってはごく自然な行為が地域住民にとっては騒音や破損をもたらす悪者の行為として受け取られる。スケートボーダーに寄せられる偏見についてスケートボーダーの自覚のなさは認めつつも、地域が彼らを囲い込んでしまうことを佑太の母親

は冷静に捉えている。

佑太の母親 偏見も多いですね。以前は広場もなかったから、駅前なんかでやってたりで、人に迷惑かけても平気っていうか。スケボーはスポーツとして認められてない。中学校のときは学校で、スケートボード禁止されてました。不良だからってことで学校に持ち込むのも禁止。でも、私から彼も辞めたらってことはまったくいってない。言ってっても聞かないし、悪いことしてるけじゃないし。父親が思っている人生とはまったく違うというか、違う生き方をしている。父親とは話合いをするわけでもなく、喧嘩しているわけでもないけど、口を聞かない。高校卒業して、専門学校に2年目までは行ってたんですけど、自分で家を出るのと、同じくして専門学校もやめちゃって、今は援助もしてないです。家では一人浮いちゃっているみたいでね。ってその下の弟も高校で、もうひとりも中学でしょ。だから、彼だけ浮いちゃっている感じで。トラックの運転手やって一人暮ししながらスケボーやってね。いつまでやるのって言いたいですね。仕事も不景気で首切られて。ほんとに独立するなら、保険とかもね。自分でやらないといけないのに、そういうことはまったくわからないという。佑太がいない生活に慣れちゃっていけないんですけど、自分の生活基盤だけはしっかり築かなければならない。中学のときの先輩がやってて、それではじめて、スケボーは裏の裏でね。人の目のつかないようなところで、やりだしたらやめられなくなって。自分たちからも線を引いたりね。家の前の広場もスケボーをできないように、花壇を置いたり。それで、彼らはほかへ流れていく。市の方も彼らを広場に隠してしまうだけじ
夜だったり。

第5章 獲得した場所に囲い込まれる行為

地域住民によるスケートボーダーに対する悪者扱いは、住民たちが過去の出来事によって構築された悪者イメージを持ちながら、結果的に騒音や破損をもたらしてしまうスケートボーダーの行為を目にすることによって維持され受け継がれている。道路交通法の禁止行為のなかに、交通の頻繁な道路で球技やローラースケートなどをしてはいけないという項目がある。スケートボーダーの摘発もこの項目に入り、適用された場合には、交通切符の道路交通違反事件迅速処理共用書式を切られ、罰金が科せられる。

和志　カピオが大変なことになったらしいな。

弘嗣　カピオでいつもやってるんですけど、障害者用のタイルを誰かが取っちゃったんすよ。ステアに行くところのがたがた。自分はそれあっても意外に好きだったんすけどね。まだ苦情は来てません。多分2枚以上は取ったんでしょう。

和志　やばいな。それは犯罪になる。警察に追われながらやるのもいいけど、やっちゃいかんこともあるじゃん。

貴之　そうっすね、俺も誰がやったかはわからない。

和志　いつも滑ってるやつに聞いても知らねーなんてこというんだけど、ほんとそうかよって、知ってんじゃないのーって思いますよね。俺的には、そういうのやめてほしかったなーって。だって、そんなの外したら禁止になるのわかってるじゃないすか。ウララでもなったんだし、そうやってどんどん禁止区域が増えていく。それくらいわかってるだろって言いたい。ほんと馬鹿

159

筆者　え、なんで？

和憲　だって、壊したらそのあと使えなくなることはみんな知ってるし、上手ければその障害をかわしてオーリーすることもできる。馬鹿で下手な奴ですよ。技やってて自然に壊れちゃうのは仕方ないことだと思うんですけど、技をするためにわざわざ剥がしてまでやるのはおかしい。それは間違っていると思う。もともとあるものをいかに利用するかが醍醐味。ただでさえ、スケートボーダーは目つけられてるのに、目立つようなことはするべきじゃない。

　つくば市竹園にある市営多目的ホールつくばカピオは、開館5年でモダンな建築技術を取り入れその景観も評判である。このカピオの玄関前広場は、5段のステアと3段のステアが連続し、路面も滑らかでスケートボーダーにとって最適のセクションだった。平日の夜や休日には、常に7、8人のスケートボーダーや、インラインスケーター、BMXをするグループによって利用されていた。しかし、この広場は、「スケートボード全面禁止」の掲示や看板を設置し、警備員によってスケートボーダーの管理がおこなわれている。つくばカピオ側が、スケートボードの締め出しに踏み切ったのは、視覚障害者用の点字ブロックの窃盗事件のためである。点字ブロックが合計12枚何者かによって剥がされた。つくばカピオ側は、カピオ前広場をスケートボード全面滑走禁止とするとともに窃盗の被害届をつくば中央署に提出した。[1] つくばカピオの管理事務主任のOさんは、窃盗事件をきっかけにスケートボードを全面滑走禁止にした理由を次のように語る。

160

第5章　獲得した場所に囲い込まれる行為

管理人　この路面自体を部分的にデコボコにする案が出されました。業者の人に見積もってもらったら1600万でしょ。警察の人が話してたように、パイロンとか突起物を置いたりだとかね。でも、それはほんとに普通に歩く人だとか、通行しているだけの人にとっては邪魔になっちゃいます。景観も悪くなります。だから、まめに注意していくしかないかなっていることになっているんですよね。でも、我々がいなくなった夜とかの注意はできないですしね。迷惑してますよ、ほんとにね。最初のころは人に迷惑かけないでね、人がいないときに空いてるスペースでやってる分ならそんなに悪い遊びじゃないし、スポーツの部類ですよね。私もそう思うすけど。だこうやって縁石が欠けたり、割れたりとかそれに点字ブロックまで剝がしちゃうってことになるとね、これはもう全面禁止にするしかないですよ。ここが良くて、ここが駄目って分けれないですからね。なんにも人に迷惑かけずに、やってればいいんだけど、人がいると熱心にやっていますからね。縁石はいきなり壊れるって感じじゃなくて、少しずつ少しずつ割れたり、欠けたりしていくわけです。だから、被害届けも出せないんすよね。いつやったか、少なくともわからないと警察も相手にしてくれない。だから警察のほうでもなんともしようがないんですよね。

筆者　点字ブロックが剝がされたことに関しては、警察に被害届を出されたんですか？

管理人　出しました。すぐに気がつきましたからね。この縁石とかと違って点字ブロックは、視覚傷害者の方にとっては本当に大事なブロックですしね、あのブロックを頼りに歩いてこられるわ

[1] 出典は、読売新聞　2001.11.10.

けで、それが突然なくなったところでは、歩くのをパタッととめて、立ち往生ってことにもなります。そのときに事故とか怪我がなかったのは幸いだと思います。じゃ、逆に全館貸しきって、好きなだけやってもらうってのもいいかと思うんですけど、そうすると1日3、40万はしますけどね。どういうふうに言うのが彼らにわかってもらえるんでしょうかね。

　土浦駅西口広場が設置される以前は、土浦駅前のウララ広場がスケートボーダーにとって格好の場所だった。ウララ広場は土浦駅西口前のバスターミナルやタクシー乗り場を越えたところに広がる空間であった。ウララ広場は都市広場や公園のようにフェンスや石段、植木といった敷居もなく通勤、通学のために多くの人々が通行する開かれた場所である。ウララ広場中心には人工滝の建造物があり、数々のイベント広場としても利用されている。県外のスケートボーダーもわざわざウララでのトリックをビデオ撮影に来ていた。縁石の高さ、長さ、硬さ、路面の状態、トリックに入るまでの助走スペース、それに景観のよさ、申し分のない最高のスポットである。スケートボーダーが活動する休日の昼間は、駅に行く人や、バスを待つ人、買い物途中の人等と、人々の流れが途絶えることはない。平日の夜には、ライトアップされ人通りも少なくなり彼らにとっては最高の空間になる。

　トリックの失敗次第でスケートボードは器物を損壊しうる凶器にもなる。勢いを付けてトリックに挑み、バランスを崩し転倒する。転倒後もスケートボードそれ自体は勢いを失わない。勢いそのままに車道に跳ねていったり、建造物に衝突することもある。和志はトリックに失敗し商店街のガラスを割ってしまう。管理が厳しくなってからもウララ広場で夜間滑っていた。

第5章 獲得した場所に囲い込まれる行為

修武

俺らが滑ってると警察官が何度も来たんすよ。苦情が来てるからすぐにやめるようにと。俺らもバカじゃないから、そんときは一回やめて散らばる。警察官が立ち去ったらまた集まる。携帯で連絡をとりながら、あいつら行ったかとか、まだいるのかとかね。ウララでやるときは、いつもこれを繰り返していた。夜中に私服警官がいたことに気づかずに滑った仲間のひとりがついに捕まったんですよ。そんときは、警察官も興奮していて、「一緒に滑ってたやつら全員でてこい」って大声で叫んでいましたね。さすがに俺らもそいつひとり置いていくわけにはいかなかったから、みんなで交番行った。俺らみんな指紋とられて、写真もパシャッて。ほんと、うぜー。人に危害加えたり、警察官に反抗したわけでもないから、まあ、たいしたことはないっすけど。苦情を出すようなやつも。今のところは、なんか土浦駅西口広場は俺らが獲得した場所って感じですけど、結構騙されたかなって思うんすよ。警官は楽じゃないから、俺らを囲っちゃえたわけですよ。

それに広場ができなくなったことがもっとも頭にくる。もし、一人でもウララで滑ったら、パークも閉鎖だし、今度はほんとに捕まえるっていってるんすよ。結局、脅されてるんすよ、軽い脅迫。「おまえらには、広場があるだろって」って警察官に言われたときに、前までは「やる場所がないから仕方がない」って言ってたことが通じない。これが問題。

スケートボーダーなんて悪いやつひとりもいないけど、こんな風に言われてもしなんかあったときには、俺らもキレますよ。どっちにしてもとにかくウララではできなくなった。こうや

ウララ広場ではスケートボーダーがトリックできないように鉄の鎖が設置されたり、プラスチック製の花壇が横一列に並べられている。スケートボーダー対策として土浦市が施したものである。彼らは土浦駅西口広場の設置により「場所がないから」という言逃れもできなくなった。こうして、彼らはウララ広場から締め出されることになった。スケートボードがスポーツ的な身体活動として認識されているときには、彼らの行為は受け入れられる。いったんスケートボードに対する騒音や器物損壊などの苦情の声が高まってくると、逸脱的で不良の行為として認識され管理や排除の対象となる。

2　署名と獲得

広場設置活動は土浦の事例に限ったものではない。「若者広場」[2]設置活動に至る経緯は、スケートボードをする若者が駅前や都市公園等の公共の広場にたむろするようになる90年代前半に遡ることで確認できる。広場設置を求める活動はスケートボードをする若者によって担われている。

この当時、公共空間の利用をめぐる立場の相違からスケートボードをする若者が夜間にかけて頻繁にたむろするようになると、その近くで生活する地域住民や駅前に隣接する商店街の店舗経営者との間で問題が生じる。スケートボードの行為に伴う騒音、ゴミの放置、店先の縁石や階段の破損等の問題である。これらの問題に対して最初

164

第5章　獲得した場所に囲い込まれる行為

にとられる対応は、スケートボード禁止やスケートボード全面滑走禁止と記した看板の設置である。公共広場の利用に関する注意書きや警備員らの警告を無視して、スケートボードを続ける若者には警察官が駆けつけて対応する。スケートボーダーの行為は、道路交通法違反の禁止行為や器物損壊で取り締まりを受けることにもなる。スケートボードの文化的行為を制限する目的で監視カメラや特設フェンスが設置されている。表5−1では、広場設置活動の全国的な動向が確認できる。

滑走禁止区域の増加に伴うスケートボーダーたちの滑走場所を求める署名活動等の動きが、全国各地においてみられる。表5−2のように公営スケートパークを求める署名活動や陳情書などによる要望が受け入れられる事例も多く確認することができる。設置された公営スケートパークの管理に関して、騒音やゴミ捨て、縁石や階段、フェンスの破損、落書き等新たな苦情も寄せられるようになった。

［2］「若者広場」設置活動は、地域的な偏りがあるというよりは全国各都市においてみられる。新聞記事として取り上げられたものを基礎資料とし表5−1にまとめているが、それ以外にも筆者はスケートボード関連の専門誌や聞き取りにおいて広場設置活動の事例をいくつも確認している。

表5-1 「スケートボード協会」の設立ならびに広場設置を求める署名活動の全国的な動向

掲載日	市町村	代表　署名活動の展開ならびに、陳情書・嘆願書提出の経緯
1999.12.15.	京都府京都市	男性（29）「スポーツとして楽しむための施設を造ってほしい」と、1200名分の署名と請願書を市に提出
2000. 1.14.	奈良県斑鳩町	大学生（19）「スケボー・コート設置を求める会」を設置、署名簿1254名分、要望書を県に提出
2000. 3. 2.	大阪府枚方市	男性スケートボード専用施設設置に関する請願　採択　3.29.
2000. 5.29.	兵庫県姫路市	女性（22）「みんなでスポーツパークを造ろう会」を設立、JR姫路駅前で署名活動を続ける
2000. 6. 8.	神奈川県藤沢市	男性（27）鵠沼海岸スケボー設備存続へ署名活動開始
2000. 7.14.	島根県出雲市	男性スケートボード協会設立
2000.11.15.	富山県八尾町	男性（36）「エクストリーム・スポーツクラブ」のメンバーらが署名活動を続ける
2001. 2.14.	東京都八王子市	中学生中・高校生専用スペース要望を市長へ提出
2001. 2.23.	福岡県北九州市	スケートパーク設置に関する市長質疑
<u>2001. 5.28.</u>	<u>茨城県土浦市</u>	<u>「スケートボード振興会」を設立、4000名分の署名を集める。その後、土浦市に陳情</u>
2001. 9. 4.	大阪府福知山市	会社員男性（42）「福知山スケートボード協会」を設立
2001.10. 4.	京都府城陽市	高校生3名スケートボード専用施設を求めて陳情書提出
2001.10.12.	福岡県宗像市	市長へ「スケートボード専用広場設置」を求める手紙を送る1152名分の署名を添えて陳情
2001.12.23.	石川県金沢市	男性（28）「スケボーパークを造ろう会」、堅町商店街などで署名活動。署名1258名分、金沢市に提出
2002. 3.11.	和歌山県和歌山市	和歌山駅前等で、「公営スケートボード場建設」を求める署名活動をおこない、3500名分の署名を集める
2002. 4.14.	山形県新庄市	男性（17）、スケートボードをする高校生20名を中心にクラブ発足。署名活動をおこない、市へ提出
2002.10.18.	茨城県日立市	スケートボーダー20数名とBMX10名ほどの若者が県議会議員Iに要請。Iが日立市長に要望
2002.11.29.	福島県いわき市	20代若者を中心に結成した「スポーツパークプロジェクト」が集めた7108名分の署名と要望書を提出
2003. 1. 5.	北海道札幌市	「札幌にスケートパークを作ろう会」を設立　2002.12.09.より署名活動開始
2003. 3. 1.	広島県東広島市	学生や若者らが中心になって、約1200名の署名と要望書提出
2003. 9.13.	宮崎県宮崎市	愛好者らの強い要望と4500名の署名
2004. 1. 8.	和歌山県和歌山市	スケートボード愛好者ら市長にスケートボード専用施設設置を請願
2004. 8.25.	群馬県伊勢崎市	男性（23）が「いせさき遊び場実行委員会」を設置、その後、2000名の署名を集める
2005. 1.12.	三重県名張市	20～30歳台の男女20名が中心になって、600名の署名を集め、要望書を提出

資料：朝日新聞社戦後新聞記事検索『Digital News Archives』より作成（～ 2015. 2.18.）
※下線は本書の事例

第5章 獲得した場所に囲い込まれる行為

表5-2 地方自治体による公営スケートパーク設置へ

新聞掲載日	市区町村	設置場所
1991. 5.25.	埼玉県本庄市	県道の高架下の公園内
1993.10.	東京都千代田区	神田青果市場跡地
1994.10. 4.	茨城県協和町	県西総合公園内
1996.10.29.	栃木県小山市	小山駅東の城東公園角
1997. 3.21.	埼玉県新座市	国有地の新塚公園内
1997.11.14.	富山県城端町	桜ケ池公園内
1999. 6.22.	岐阜県高山市	小学校の舗装道路　公共施設駐車場
2000. 1.15.	長野県飯田市	飯田運動公園駐車場
2000. 4. 9.	富山県富山市	富山駅南口駅周辺整備用地
2000. 9.22.	高知県高知市	市総合運動公園内
2001. 4.16.	宮崎県都城市	大淀川沿い
2001. 5.16.	鳥取県郡家町	八東川水辺
2001. 5.27.	茨城県土浦市	土浦駅西口地区再開発事業用地
2001. 8.15.	岡山県岡山市	旧国鉄岡山操車場跡地
2001. 8.25.	福岡県中間市	遠賀川河川敷
2001. 8.29.	埼玉県吉川市	調整池
2001.11.	兵庫県姫路市	姫路駅周辺土地区画整理事業区域内
2001.11. 5.	愛媛県東予市	体育館建設予定地
2002. 1.16.	長野県茅野市	茅野市運動公園敷地内
2002. 2.16.	東京都武蔵野市	武蔵野総合体育館　温水プール前広場
2002. 3.	山形県酒田市	酒田港東埠頭フェリー乗り場隣接部
2002. 8.18.	山口県新南陽市	永源山公園内
2002.10. 5.	香川県高松市	JR貨物跡地
2002.10.18	福岡県宗像市	ふれあいの森総合公園内
2003. 3. 1.	広島県東広島市	東広島運動公園内
2003. 3. 7	東京都調布市	スポーツクラブ跡地屋上
2003. 3.10.	茨城県日立市	河原子海岸北浜

新聞掲載日	市区町村	設置場所
2003. 4.18.	島根県松江市	不燃物処理場跡地
2003. 5.20.	兵庫県姫路市	姫路駅周辺土地区画整理区域内
2003. 5.30.	徳島県鳴門市	ウチノ海埋立地
2003. 7.	岩手県盛岡市	旧盛岡競馬場跡地
2003. 8.22.	愛媛県宇和島市	国道56号宇和島道路の高架下空地
2003. 9.13.	宮崎県宮崎市	桑畑の跡地
2003. 9.30.	広島県尾道市	ため池跡地を舗装して利用
2003.12.下旬	兵庫県西宮市	西宮市の人口島の広場内
2004. 4. 8.	山形県新庄市	最上中央公園の駐車場用地
2004. 5. 1.	兵庫県神戸市	北神戸田園公園スポーツ公園内
2004. 5.15.	長野県大町市	文化会館敷地内脇
2005. 4. 4.	千葉県浦安市	高層住宅街公園内
2005.11.24.	山形県寒河江市	最上川ふるさと公園内の一角
2006. 4. 9	埼玉県川口市	工場跡地、専用広場
2006. 4.27	山形県寒河江市	総合公園内試験的開放
2010. 3. 3	青森県八戸市	山車小屋 試験的開放
2011. 3.29	東京都八王子市	最終処分場跡地、専用広場
2013. 4.20.	東京都港区	大型商業施設内屋上 民間施設
2014. 5. 2.	富山県富山市	ストリートスポーツ専用広場
2014.10.16	神奈川県川崎市	大師河原公園専用広場

資料:朝日新聞社戦後新聞記事検索『Digital News Archives』より作成 (〜 2015. 2.28.)

第5章 獲得した場所に囲い込まれる行為

3 開設の経緯

1997年、JR常磐線の土浦駅西口に複合型ビル・ウララが完成した。ウララの北側に設けられたオープン・スペースは、開設当時から土浦駅を利用する会社員、地元商店街の買い物客、カップルなどの多くの地元住民に利用されていた。土浦を地元とするスケートボーダーにとってウララは、路面の良さや手頃な高さのモニュメントから絶好のスポットであった。ウララでのスケートボーダーの行為は、次第に、縁石の破損、ゴミのポイ捨て、騒音などの苦情を引き起こす。ウララでのスケートボーダーに対する苦情が多く寄せられていた1997年に、土浦駅西口近くにスケートボード専用ショップがオープンする。

当時27歳のショップの店長柴田が、駅前のウララでのスケートボーダーに対して寄せられる苦情に対応していく。柴田による対応とは、スケートボードの専用パークの設置を求めて働きかけていくという積極的なものであった。

柴田 土浦市にパークをつくってやろうって思ったのが4年前。店をオープンすると同時に署名を集め始めたんです。集め始めたら1ヵ月で4000人にもなって、それは(スケートボード専門)雑誌にも載せました。とにかく、あのころは署名活動をしてパークをつくるというような前例が全国的に見てもなかった。途中でもうだめかとか、つくったところで意味はあるのかとかいろいろ悩む時期がありました。でも、言ったからにはやらなくちゃっていうのを励みになんと

か続けていきました。やっているうちに何人か議員さんにも出会って、いろんな方法で（なんとか市から許可をもらうように）攻めていきました。そのときは、土浦で何ができるのかってことを主張しましたね。なかなか土浦市のほうは動かなかった。陳情書が効きました。そこからようやく動きがでてきて、会議をしてって感じでしたね。土浦市はその場所を開放しただけです。4年ですよ。なんだかんだって決まりがあって、ほんと大変でした。議員さんたちの大半はなんでスケボー？って感じでしたよ。今でもそうですけどね。何人かの理解ある議員さんたちが動いてくれてよかった。とりあえず、ここまでこれて。これからなんですけどね。

柴田はショップに来るスケートボーダーにも自分たちの専用パークを求める署名活動の展開をすすめていく。柴田と土浦市在住の約10名のスケートボーダーらが中心となってスケートボード振興会を立ち上げる。スケートボード振興会が中心となった活動は、4000名を越える署名を集めた。集まった署名に陳情書を添えて、柴田らは土浦市にスケートボードパーク設置を嘆願する。このときの土浦市の対応について柴田は、「集めた署名も最初はほんと紙切れの効果しかない、ほとんどなんですかこれっていう態度」で真剣に取り扱ってくれなかったと振り返る。広場設置の署名活動を柴田と協力して展開したのが、駅前でスケートボードをしていた和志たちである。

和志
　パークをつくろうってことで署名活動を始めて、みんなで署名活動をして、俺もバイト先の人とかに頼んだりとか、ほんといろいろ。とにかく名前を書いてもらって、それをショップにもっていった。最初は、剛史とショップの店長が中心になってやっていた。このころ、パークを

第5章　獲得した場所に囲い込まれる行為

つくろうかって思っているやつは10人ぐらい。そいつらで剛史の家でするようになって、月1回は最低でも集まっていた。高3のころですね、それで、剛史の家でパークをつくるかどうかを決める多数決をしたら、俺は実は全然やる気なかった。剛史の家で、パークをつくるかどうかを決める多数決をしたら、そこに集まったスケートボーダーのほとんどがなんとなく手を挙げた。俺も渋々賛成した。

広場設置活動はスケートボードをする若者にすぐさまに受け入れられたわけではなかった。広場設置活動を中心的に進めていくことになる和志も「俺も渋々賛成した」と当時を振り返っている。土浦のスケートボーダーの大半が、当初の話し合いにおいて専用パーク設置を求める活動に積極的な関心を示さなかった。スケートボードショップ店長柴田の働きかけに応じた剛史と他のスケートボーダーとの間には、広場設置を求める活動に対して温度差があった。けれども、彼らは休日や平日の夜間に滑りに出かけていた秋葉原駅前広場を専用広場のモデルとして思い浮かべることができたからである。

土浦のスケートボーダーのなかにも秋葉原駅前広場で滑った経験をもつものが何人もいた。和志や剛史をはじめ、署名活動を展開していく土浦のスケートボーダーは、秋葉原駅前広場での経験を共有していた。土浦での専用広場を求める署名活動は、スケートボードをする若者の思惑通りには展開していかない。土浦のスケートボーダーと柴田らが3年間活動して集めた署名は、土浦市に対応を迫るものではなかった。

広場設置活動は、滞っていた。それでも、広場設置活動を続けていたところ、土浦市市議会議員の木下と出会うことになる。木下との出会いを通じて広場設置活動は展開していく。

木下は女性市議会議員である。木下は女性ならではの視点、主婦の立場に目を向ける重要性を主張しながら、「レッツゴー子育て」、「ファイト土浦パワーアップ行政」、「街を元気に」、「人を元気に」、「チェック行政」をスローガンとする活動を展開してきた。中学校校区で連携する福祉ネットワークである「ふれあいネットワーク」、「駅前保育所の設置」、「学校の空き教室の利用」、「市営住宅のバリアフリー」など幅広く活動をおこなっている。活動を振り返り木下は、「行政と市民の声をつなげるとこんなに仕事ができるんですよ、女性議員ならではの視点で、ここまで改善できるんですよ」と述べている。木下のはたらきかけのひとつに「若者広場」の設置が加わる。

木下　議員になるにあたって、市民の声を第一に考えていたから、いろんな層の人に、駅前や商店街、近所の集まりとかで聞き取りをしていたんです。そのとき、駅前でスケートボードをしている若者にも話しかけて、何か土浦市にしてほしいことはある？って聞いたら、スケートボードを存分にできる場所が欲しいと話してくれた。彼らは駅前でやっていると、文句を言われたり、警察に追っかけられたりと、随分と嫌な思いをしてきたこともわかったし、これからの行政は若者、ばかもの、よそものを取りこんでいかないといけないって考えていたから、なんとか働きかけてみようと決心した。でも、最初のころは彼らもわたしに対してなんだか不信感をすごく持っていて、パークをつくるなんてことは信じていなかったみたい。そこは、なんとかしてあげるっていう熱意をみせたら、そのうちの何人かは理解してくれるようになった。パークをつくる場所から彼らとともにと思ったので、スケートボーダーの代表を土浦市の方に3回連れて行った。市長と助役と直接話し合いの場を設けたのよ。このときに運がよかったの

第5章　獲得した場所に囲い込まれる行為

木下はスケートボーダーの不良イメージを払拭するために、直接的な話し合いの場を設ける。土浦駅前管轄の警察署員に理解を求め、スケートボーダーとともに警察署に出向き話し合う機会を持った。議会の一般質問では「若者広場」の設置を呼びかけていく。「土浦駅西口広場」はスケートボード、BMX、ハーフコートバスケットボール、音楽イベントにも利用できる若者向けの広場として設置された。開放された広場は、都市基盤整備公団が中止を決めた土浦駅前北地区再開発事業用地の一角として、市の土地開発公社が鉄建公団から購入した広さ約4600平方メートルのうちの約2600平方メートルの土地が暫定的にあてられた。この土地は、「2億5000万円で市が買い取った場所よ、最初はあの場所はタワーに購入したんだけど、公共事業の見直しということでその建設ができなくなって、次は住宅展示

は助役の人が、土浦の再生のために役立つのならなんでも取り入れていくという人で、ばんばん憎まれ役をかってくれる人だったということ。私なんかは新人議員だから、なかなか意見を聞いてもらえないってこともあると思うんだけど、この助役のおかげで、話が上手く進んだ。正直、若者広場はちょっと無理かなって、思っていたんだけど、まあ暫定的に始めてみましょうよってことを促した。若者を信頼してほしいし、街の活性化を目指すなら、若者のエネルギーを掬い上げるしかないってことを主張した。とはいっても、スケートボーダーに対するイメージの悪さみたいのがかなりあって、広場なんかつくったら余計何をするかわからないといった反対意見は絶えなかった。スケートショップの店長が顔を出してくれたのはよかった。タイミングもよかった。スケートボーダーだけではなく、彼らを応援している社会人が名乗りでてくれたことは大きな力になった。

場にするってことになったんだけど、その住宅展示場をもってくる業者が途中でだめになっちゃった。次案として考えられたのが、有料駐車場にするというもの、これはすぐ施行されたんだけど、土浦の駐車場組合から反対がでて、結局半分になったの」（土浦市議会議員　木下 2001.7.10）というように行政の側の思惑があった土地である。

木下が1999年12月13日の土浦市議会定例会の一般質問でおこなった消費者行政、通学路の交通安全、「若者広場」の3点の要望のうちの「若者広場」に関する要望は下記の通りである。

木下（質問） 若者広場をぜひとも設置していただきたいことを要望いたします。21世紀を担う若者たちのエネルギーは無限の夢と力を持っていると思います。先日、スケートボードをやっている若者たちと話し合いました。土浦には思いきり遊ぶ場所がない、ウララ広場でやっていると時々注意を受けるので、人通りがなくなった頃に見計らってやらざるを得ない。夜間にやっていると、大人達は快く思ってくれない。大人も私たちのことをわかってくれていない。もっと自由で安全な広いオープンスペースが欲しい土浦に若い人の遊ぶ場所が本当に欲しい。踊りのヒップホップの仲間たちは、駅の東西通路で夜中まで踊っているとのこと。私の議員仲間の皆さんと早速見学してまいりました。大変すばらしい施設で感心いたしました。スケートボードあり、子ども広場あり、シルバー向けの憩いの空間あり、夜間照明つきで野球、テニス、サッカーのできる施設が整備されており、仕事が終わってから駆けつけて練習する方たちで大いに利用されているとのこと、羨ましい限りでした。いつでも心おきなく遊べる若者広場がもしできたら、若者が喜々として集い合い、にぎわう

174

第5章　獲得した場所に囲い込まれる行為

活力のある元気な土浦になるのではないでしょうか。その際、場所の問題が起きてくると思いますが、川口運動場、水郷公園の一角、ウララ広場、その他種々検討していただいて、ぜひとも若者の笑顔がはじけるまち土浦、そんな夢と希望を運んでくれる若者広場の設置を強く要望したいと思います。その際、若者たちをいま一つ信頼し、彼らにコーディネート、プロデュースをさせてみてはいかがでしょうか。私たちには到底考えが及ばない、すてきな思い切った発想が提案され、豊かな活力のある土浦への呼び水となること大だと信じます（土浦市議会定例会会議録　平成11年4回）。

木下による「足元からの改革」のひとつとしての若者広場の設置は紆余曲折の過程の後に実現する。広場の設置に反対する警察、市役所、親などのスケートボーダーに対する閉じた認識が木下によって開放され導かれ、暫定的な土地の利用策として、広場が設置されるに至ったことが理解できる。

木下　スケートボーダーに対する認識がまったく開かれてない。親御さんからの苦情でしょ、警察署の反対、役所内の反対、これらについてはできるかぎり対応してきました。警察署との話合いでは、私一人じゃなんともしょうがないし、ああいうところは権力を利用するところだから、こちらも県議会議員の人に立ち会ってもらって、スケボーに対する悪い認識をとかないかぎり土浦はよくならないってことを言いきったら、その反発がものすごくて、なぜあの場所につくるのか、不良の温床ともなるような場所をとってね。警察はそのへんのところはことなかれ主義で自分の時代には問題を起こしてもらったら困るってことで、余分な仕事をさせるなって感じ

175

がみえみえだった。あげくには、警察の人には私の行動が自分の点数稼ぎをやってるんだろうって思うらしくて、なさけないわよね。

今度は、市役所の窓口でいろいろ言われて、こんなんじゃつくらないほうがいいかなってところまで落ち込んだこともありますね。それぐらい、信頼してくださいってことを言って聞かせるのは難しいのよね。なんとか広場をつくるってことになってからも問題を抱えた。私の考えでは、社会人になっていく彼らをなんとかしてあげたいっていう気持ちと、仕事を終えてリフレッシュする社会人のための利用を考えていたし、助役の田上さんも思いきったことをしてくれて、最初は彼らを信用して、すべて任せてみようってことになって、利用時間は24時間開放ってことになったの。

助役が水戸に帰るやいなや、途端にルールを決め始めて、警察も地元住民の苦情がすごいってことで、利用時間朝10時から夕方6時になった。それには何を言ってるのって私も頭にきて、何度も繰り返し、そんな利用時間じゃ意味がない、学校から帰ってきたり、仕事を終えてからの時間でやりたいはずなのに、私は夜12時までにしてくれっていったんだけど、結局11時に落ち着いたのよ。今度は、それは駅のホームの消灯と合わせるってことだったけど、泣いちゃった親もいるというのよ。うちの子をどうするの？　とんでもないのをつくってくれたって、それにはそんなに自信ないんですかって、自分の子に縄でもつけて育てているのかって。駅前とかでやるよりは広場のほうがよかったさんの立場は賛否両論よね。反対意見もあるし、この折り合いは難しいわね、ほんと。教育方針は各家庭で異なるし、勉強しってものあるし、大学は入ってくれって思ってる親は、スケボーなんてなにそれって感じで猛反対。

第5章 獲得した場所に囲い込まれる行為

スケートボーダーは「おもいっきりスケートボードをする場所」を獲得したのであり、スケートボーダーに悩まされていた警察や商店街の人々にとっては、彼らを駅前から広場へ囲い込むことになった。スケートボードをする若者たちが、自由に使用できて、注意も受けないオープン・スペースを強く望んでいることを確認し、多くの若者に利用されている茨城県協和町にある県西公園の「若者広場」の視察結果を専用広場の成功事例として報告した。その上で、木下は「若者の笑顔がはじけるまち土浦、そんな夢と希望を運んでくれる若者広場の設置を強く要望した」[3]。広場の管理や利用について、若者たちに任せてみることについても打診した。

広場設置を求めて働きかけていく木下を後押ししたのが、1998年から2001年までの3年間茨城県から土浦市に出向していた田上である。都内の私立大学を卒業し、茨城県庁に就職した田上の配属先は、青少年婦人課であった。田上は、1987年から高齢化社会対策に取り組み、「地域ケアシステム」の構築を手がける。明野町で助役を務めた1991年から1993年にかけては、環境浄化運動を担っていく。田上は「まちづくりに欠かせないのが地元の若者である」と主張する[4]。

田上が土浦駅前の賑わいを求めて「若者広場」設置活動をバックアップしていく。田上との出会いをき

---

[3] 木下の市議会で発言は、土浦市議会（1999）『平成11年第4回土浦市議会定例会会議録』を参照している。以降、本文で一般質問のやりとりを引用する際には（土浦議事録 1999）と表記する。

[4] 田上の行政の立場からの働きかけに関する記述は、田上の語りと田上が記した茨城県生活福祉部（1979）「地域福祉の今後のあり方」、ならびに茨城県地域福祉研究会（1980）「福祉コミュニティ」の形成による地域福祉の担い手としての青少年「地域福祉の増進」『茨城公論』、にもとづく。

177

っかけにして「土浦駅西口広場」設置活動を展開していたスケートボードをする若者は、田上が中心となって活動する市民ネットワーク組織の会合に参加するようになる。木下や田上の働きかけもあり、「スケートボード振興会」を立ち上げ活動を続けてきた「若者広場」設置活動は、土浦市による広場の設置に至る。広場設置を「承諾」した土浦市側の対応をみておこう。木下による一般質問に対して土浦市役所都市整備部長は、スケートボードに一部を開放している茨城県内の川口運動公園の事例を取り上げ「駅周辺の公共施設等につきましては、スケートボードやヒップホップ運動の愛好者の一部において遅い時間帯にわたる騒音、こういうものがあるということで、周辺の住民の皆様からの苦情もあり、開放はされていないというのが現状」（土浦議事録 1999）であるが、「若者文化の醸成というような観点から見ますれば、21世紀に向けまして若者広場整備も重要であるというふうに認識してございます。今後、市街地における広場整備などにおいて、利用者の意見を聞くなど検討して参りたい、こういうふうに考えております」（土浦議事録 1999）と肯定的な立場の回答をしている。

土浦市が「若者広場」として開放することになった場所は、都市基盤整備公団が中止を決めた土浦駅前北地区再開発事業用地の一角であった。この際に、土浦市の「若者広場」設置担当者は、駅前再開発着工までの暫定的な空地利用策として無料開放していた秋葉原駅前広場をモデルとして想起できたのは、和志や賢治らが事前に秋葉原駅前広場をモデルにしていた。土浦市の「若者広場」設置担当者が秋葉原駅前広場をモデルとして想起できたのは、和志や賢治らが事前に秋葉原駅前広場の利用状況を担当者に伝えていたことによる。広場設置に向けて土浦市は、「土浦駅西口広場」運営協議会を開いている。表5-3は、広場設置運営協議会を開設したのには、地元町内会関係者らに「若者広場」の設置経緯をまとめたものである。

土浦市側が運営協議会の承認を得るためであった。運営協議会には、「若者広場」設置活動を展開した和志と賢と、広場設置の承認を得るためであった。

第5章 獲得した場所に囲い込まれる行為

表5-3 「土浦駅西口広場」運営協議会委員構成員

所属	構成団体／構成員
利用団体	土浦スケートボード振興会代表　BMX代表　フラワーネット土浦ラベンダークラブ代表
地元	土浦市大和町町内会代表　土浦都市開発（株）
関係団体	（社）土浦青年会議所　土浦市青少年相談員連絡協議会（土浦一中地区）
市関係	都市整備部次長　市民生活部交通安全課長　産業部商工労政課長　産業部中心市街地対策室長　産業部観光物産課長　教育委員会青少年センター長
施設管理者	土地開発公社事務局長　土地開発公社主査
事務局	都市整備部開発課長　都市整備部開発副参事兼調査係長　都市整備部開発調査係担当係長　都市整備部開発調査係主事補

（開発公社「土浦駅西口広場」関連資料と広場運営・管理担当者への聞き取りより作成）

治の2人が参加した。運営協議会では広場運営や管理等に関する取り決めがおこなわれた。広場の利用者と町内会の代表ならびに土浦市の関係者が一同に顔を合わせ運営協議会の場を共有したことは、広場設置後の運営・管理の面においても重要な意味をもつことになる。というのも、広場を利用するスケートボーダーにとって、地元住民の「承認」を得た場所であることを少なからず意識させていくことになるからである。この若者広場が設置された「場所」をめぐっては、さまざまな土地利用が検討され見送られてきた。もともと、タワー建設予定で購入されたが、公共事業の見直しで計画が頓挫する。タワー建設の中止が決まると、住宅展示場案が提案される。しかし、住宅展示場としての土地利用もコスト面の問題で計画中止となった。その後に、提案されたのが、有料駐車場としての利用である。有料駐車場としての利用は、すぐに実行に移されたが、民間の駐車場経営者から反対が出て、利用面積の縮小を余儀なくされた。こうして、「若者広場」は、有料駐車場の縮小によって生じた空地の利用策として暫定的に開放されることになったのである。広場設置予定地は、土浦市が駅前再開発事業のために2億5000万円で購入し

179

ていた場所である。全国的にみられる稀有なケースである。なぜ、土浦のケースは成果をもたらすまでに展開したのか。この点について木下は、「一般質問の半年後に、駅前北地区再開発事業が駄目になったという時期的なものと、土浦市の助役に田上さんがいたことが大きかった。行政のなかに、話のわかる人がいないと駄目。いまの体制では、駅前広場はできなかった」と振り返る。スケートボーダーと木下と田上との間でのネットワークの構築と、駅前再開発が着工しない土浦市の状況とが偶発的に連関したこと。それゆえに「若者広場」設置活動は、開始から4年後の2001年5月27日に土浦市によって無料開放される若者向けの広場を獲得するに至った。[5]

4 組織と地域

スケートボード振興会は、「若者広場」設置活動を通じて協力関係を築いた木下と田上とが活動する土浦の市民ネットワーク組織の「ゆるやかネットワーク土浦」と関わりを持つことになった。「土浦再生」を掲げたまちづくり活動として立ち上がったこの市民ネットワーク組織の中心的なアクターが、「若者広場」設置活動をサポートした田上である。田上と常陽新聞社元社長I氏ならびに土浦ケーブルテレビ代表取締役元社長A氏は、高校の同窓生である。木下が土浦市市議会議員の1期目を勤めていた際に、土浦市の助役であった田上とのネットワークを構築した。また木下の女性ネットワークにより、「ゆるやかネットワーク土浦」は介護や福祉分野の地域住民組織とも関係を築いていく。土浦市生きがい対応型デイサービス施設代表M氏とのネットワークもこのときに構築されたものである。「ゆるやかネットワーク土浦」

第5章　獲得した場所に囲い込まれる行為

は、土浦市市民協会、商工会議所の中心的なアクターであるH氏のネットワークにより、市民ネットワーク組織として十分な基盤を確立していた。

「ゆるやかネットワーク土浦」は、田上を中心に2002年2月23日に発足した[6]。土浦市の公民館でおこなわれた第一回の会合には、土浦市の市民活動団体の代表者や地元のローカル・メディア、学識経験者ら89名が出席した。会合のテーマには、「わたしたちの土浦で、市民が誇りと自信と安心を感じながら生活していくには、市民は何をしたら良いか」が掲げられ、活発な話し合いがおこなわれた。この会合に、和志と琢哉と大助の3人が「スケートボード振興会」の代表として出席した。そのなかで、和志は自分達の「若者広場」設置活動をふまえて、駅前周辺に若者を集めるにはどのようにすべきなのか、柏市や水戸市と比べながら土浦の駅前の状況について意見を述べた。和志の発言は、土浦市のケーブルテレビで繰り

[5] 広場の運営・管理にかかる主な経費は、警備員の外注料としての年間約100万円、ナイター照明料の年間約200万円である。そのほか、広場に備え付けのバスケットボールコートのゴールや広場のフェンス等は、土浦市が業者を雇い修繕している。土浦市は、広場の修繕費を隣接する敷地約2000平方メートルの有料駐車場の収益で賄っている。ちなみに、駐車場の年間利用台数は、約13万6000台で、年間利益は3700万円におよぶ。この利益をJRと土浦市で二分している（土浦市役所都市整備部開発課の広場担当者 2002.8.6）。

[6] 広場設置活動はスケートボードを媒介に集まった若年集団が地域関係者に働きかけていった取り組みであった。「土浦駅西口広場」設置の過程を分析する為に、スケートボードショップ店長M、土浦市前助役T、土浦市都市整備部開発課広場担当者らにインタビュー調査をおこなった。土浦市前助役T、土浦市都市整備部開発課広場担当者らにインタビュー調査をおこなった。土浦市が業者を雇い修繕している過程で、都市下位文化集団と他の社会集団との相互行為、空間的要因についても考えるようになった。署名活動を展開したスケートボーダーの幾人かが土浦市の前助役Tを中心に2002年に立ち上げられた市民ネットワーク組織「ゆるやかネットワーク土浦」の会合（2002年2月23日、2002年12月14日、2003年6月1日、2003年12月7日）にも参加していった。会合の様子も分析の対象とした。

181

土浦駅前のウララでのスケートボーダーの行為は地元住民と問題を引き起こしていた。「若者広場」設置活動で構築した社会的ネットワークを通して、「ゆるやかネットワーク土浦」の会合の場で、他のアクターと意見を交わすまでに彼らの下位文化的活動は展開してきた。言い換えるなら、利害を対立させていたアクター間の立場の相違を越えた社会的ネットワークが「若者広場」設置活動を通じて構築されてきたのである。

土浦駅西口広場は、和憲、土浦ローカルスケートボードショップ店長、他の土浦ローカルスケートボーダーらが協力して集めた署名活動、市議会議員木下の働きかけによって、土浦市によって無料開設されるに至った。それ以来、イベントによる騒音、ローカルスケートボードショップへの苦情の書き込み等の問題を抱えながらも、都内で活躍する国内トップクラスのスケートボーダーも足を運ぶほど、土浦駅西口広場は利用され続けてきた。

土浦駅西口広場の無料開設は土浦駅前北地区再開発事業着工に至るまでの暫定的な開放にすぎない。土浦市は、平成17年度の当初予算案で懸案となっていた土浦市立図書館の建設を、土浦駅前北地区の再開発事業区域内で進めるとし、それにより、図書館建設を再開発の推進計画策定に盛りこむことに決めた[8]。
本事業では図書館整備を含めた推進計画策定に1300万円を計上し、住居と図書館を複合させた再開発ビルの建設を進めている。ちなみに、広場として開放されている建設予定地は、民間の地権者や市が所有する敷地1万1260㎡で、内訳は3法人が合計で4060㎡、市が300㎡、道路敷地が2300㎡である。

土浦駅前周辺地区の再生や活性化を図る再開発事業のより詳細な着工日程が発表された。まず、土浦市

第5章　獲得した場所に囲い込まれる行為

新図書館と、14階程度の高層マンションからなる複合型再開発ビルを平成20年度から2ヵ年で、本体工事に着手する方針が示された[9]。それにともない、18年度には基本設計、19年度には実施設計に着手し、20年度から2ヵ年で本体工事を進めていく意向で図書館の館内工事は21年度におこなわれる方針が示され、22年には完成した。

広場の設置や広場の管理は、土浦市側からみると上手く機能していた。土浦駅西口広場設置以前、器物損壊や騒音などの苦情が絶えなかったウララ広場での苦情は寄せられなくなったことや、広場の利用に関しても大きな問題は生じていないことによる評価である。これには、土浦市在住のスケートボーダーの代表と市議会議員、土浦市の都市整備部開発課の担当者が話し合いをおこなった上で広場を設置したという経緯や、定期的に互いの意見交換をおこなっていることが大きく関係している。土浦駅西口広場設置のモデルとなった秋葉原駅前広場は、「土浦駅西口広場」開設の2ヵ月後、東京都による秋葉原駅付近土地区画事業工事の着工により閉鎖されている。

広場設置活動参加者たちは広場の獲得という当初の目的を達成した後も、その活動をきっかけに地域で活動するアクターたちと出会い、地域活動に参加するようになった。1999年から2005年に全国的にみられたスケートボーダーたちの広場設置活動は、彼ら・彼女たちが、地元の活動に参与する契機となる。

[7] VTRは会合の様子を短くコンパクトにまとめたものであった。そのなかで、和志の発言場面は「カット」されることなく放送された。旧友との「飲み会」において和志の発言は話題になる。和志はこの出来事を通じて土浦の「政治」を意識していくようになる。
[8] 日本工業経済新聞社　バックナンバー、http://www.nikoukei.co.jp/　2005/3/16
[9] 日本工業経済新聞社　バックナンバー、http://www.nikoukei.co.jp/2005/5/19

っていた。

若年集団と地域活動組織との出会い、その後の関係性の構築は、広場設置活動という点では実質的な結果をもたらした。しかし、地元の活動に参与したのは一時期であり、それも和志、和憲、琢哉らの数名に過ぎなかった。スケートボードを媒介に形成された集団の参加ではなく、個人としての参加であった。それから数年が経ち彼らが地元の活動に参与する様子はみられなくなった。若年集団からみれば、広場設置活動の協力要請以外には地元の活動への参与の意義を見出すことができなかった。若者との関係性を構築しようとした地元組織は出会いの機会を恒常的な関係性へと育てていくことができなかった。都市下位文化集団と他の社会集団との接点は開かれ、出会いの機会はいつでもあるのだが、それを地元の政治への参与といった恒常的な関係性に育てていくことは、若者たちにとっても地元組織にとっても容易なことではない。都市下位文化集団は他の社会集団と一定の距離を維持することで、独自の社会的世界を保持していく。

184

第6章 身体化された行為の帰結

個人というのは社会空間のなかを行きあたりばったりに移動するものではない。なぜならまずひとつには、この空間にその構造を与えているもろもろの力が（たとえば排除と方向づけの客観的メカニズムを通して）彼らの上にも否応なく働きかけるからであり、もうひとつには、こうした場の力に対して彼らが自分自身の慣性〔過去の軌道の残余効果〕を、すなわち彼ら自身の特性を対置するからである（ブルデュー 1979＝1990: 172）。

行為の舞台
(C)筆者撮影

スケートボードをするという行為の時間とは、行為に打ち込むパフォーマティブな状況的な時間と、行為者の生の歩みを内包する生きられる時間との2つの時間から構成されている[1]。行為者にとって都市下位文化は行為者自身の成長であり、長い時間と己の身体を賭けたものである。これまでの都市下位文化研究は、身体化された行為がもたらす帰結について目をつむってきた。本書でたびたび取り上げてきたウィリスの『ハマータウンの野郎ども』は注目に値する。本書の対象が都市下位文化を媒介に形成された若年集団であるのに対して、ウィリスが主要対象としたのは労働者階級の男子12名からなる若年集団である。路上で形成された集団と学校文化のなかで形成された集団との違いがある。ウィリスは労働者階級の家庭に生まれた子供たちが、親と同じ労働者階級の職務におもむいていくのはなぜかという問いを掲げ、文化を媒介にして階級階層構造が社会的に再生産される過程を暴いた。対象とする集団の性質は異なるものの、ウィリスの研究は学校から職場への移行に着目し、「文化」を媒介にした再生産過程を解明していて示唆に富む。ウィリスによる再生産過程を明らかにする試みは、対象とした生徒の語りの分析によって展開されたものであり、言い換えるなら、当事者の生きられる歴史に焦点をあて、そこから構造を暴き出す作業であった。

本章ではウィリスの研究を参照しつつ行為者の生きられる歴史に焦点をあて、学校集団とは距離を置いたところで創出されていく文化的行為への継続的関与によってもたらされる身体化された行為の帰結をみていくことで、都市下位文化を媒介に形成された集団の社会的軌道を追尾していく。

186

第6章　身体化された行為の帰結

1　行為の経路

スケートボードへの没入は行為者の学校から職場への移行期に並行しておこなわれる。ブルデューは人々がいかなる身体行為を選択し、実行するのか、それは、経済資本と文化資本、自由時間のゆとりによって決まってくると述べている（ブルデュー 1980a＝1991: 246）。どのようなきっかけで、スケートボードという行為を選択し、いかにして没入したのか。自らの身体を賭けた苦労や苦痛、膨大な時間の投資、そこに喜びや快楽がある。スケートボードは、誰にでも親しまれ、誰もが打ち込むことができる。この誰でもできる文化的行為を辞めないで、続けている行為者には、共通点がみえてくる。本章で取り上げていくのは、スケートボードに没入していくなかで、非正規雇用のアルバイトを繰り返したり、地元の下請け工場で働くようになる若者たちの生きられた時間だ。

脱落していくのかという不安

琢哉は幼稚園までは神奈川の藤沢で育ち、その後転勤で熊本で生活し、小学校4年から土浦に住んでいる。獣医の資格をもつ転勤族の父と母との3人で土浦の社宅で暮らしてきた。小学校や中学校のときは、

[1] 下位文化的身体資本（subcultural bodily capital）とは、下位文化的活動を通して蓄積される技能や感性、振る舞いからなる文化資本（ブルデュー 1979＝1990）の一特殊形式であると捉えている。ソーントン（Thornton 1997）の下位文化的資本（subcultural capital）が、メディアとの関係性を強調しているのに対して、下位文化的活動の身体的行為の蓄積を重視したい。下位文化的身体資本という概念でもって、

体を動かすことが嫌いでスポーツ少年団や部活動には所属しなかった。行進の練習を繰り返す体育祭がもっとも嫌いな行事だった。部活動や体育祭といった学校文化に積極的な姿勢で向き合う生徒ではなかった。

琢哉の成績は悪くなかった。クラスのなかでも成績が良く、地区二番目の進学校も受験できた。だが、受験しなかった。その理由はこの頃付き合っていた彼女がH高校を受験することを決めており、その彼女と同じ高校に通うことを選択したからだった。2人揃って、H高校への進学ができる。その彼女とは高校に入学するとすぐに別れてしまう。琢哉の時間を受験前に巻き戻すことはできないが、進学校を受験していたら、その後の歩みは違っていた。

H高校での学校生活では、授業中は寝ているか注意されない範囲で他事をしていた。暗記科目が得意な琢哉は、テストではクラスの平均点を上回る。けれども、授業態度が悪いということで成績は悪い。ノートも一切とらず、教師の話も一切聞かない。他の生徒の邪魔になるように騒いだり、教室内を授業中にうろうろ歩いたりすることはしない。何か注意されたらすぐにすいませんと謝っていた。学習外活動には積極的ではないものの、成績は良いという中学生のときの生徒像とは異なり、授業時間の学習も疎かにする生徒へと変わっていった。学校文化とのズレは大きくなっていく。

琢哉は高校1年の夏頃から約1年半のあいだ学校を休みがちであった。琢哉はその理由について「彼女とも別れたし、高校そんなにおもしろくなかった」と語る。高校を休んでいた1年半の生活については、「なんか、いつもむしゃくしゃしてて、酒に酔ったサラリーマンを路上で殴り倒したり、ケンカしたりバイク盗んだり、カツアゲもした」という。

琢哉は原付バイクを盗み補導された。昼間寝て、夜になったらスケートして彼女の家に泊まっていた。

第6章　身体化された行為の帰結

　琢哉がスケートボードを始めたのは学校を「フケてた（行かないで休んでいることを意味する）」高校2年のときである。琢哉はスケートボードに、はまっていく過程で悪いことをしなくなった。琢哉は「スケボー始めてから落ち着きましたね。スケボーやってすっきりするし、体も疲れるから他のことはどうでもよくなる。バイク盗むことや、ケンカすることよりもスケボーのほうがずっとおもしろい」と語る。学校文化とのズレが大きくなり、ついには、高校に通わなくなり、日々を持て余し、鬱積した苛立ちを行き当たりばったりの暴力行為や逸脱行為で発散していた琢哉にとって、スケートボードとの出会いは、その負のエネルギーを昇華させていく大きな意味を持っていた。
　スケートボーダーは一般的には他の族文化、暴走族などと類似したイメージが持たれており、逸脱的な行動をとる若者、不良といったラベルをまとわされている。しかし、琢哉の語りからもうかがえるように、スケートボードに入れ込むことと社会一般から問題とされるような行動をとることとは、強く結びついているわけではない。琢哉がスケートボードにはまる以前にはいちいち口を挟んでいた琢哉の親も「スケボーならっていいよ」と何にも文句を言わなくなった。
　琢哉は友達の紘一が高校を2年で中退して苦労している様子をみていた。「高校だけは卒業する」ために、高校3年生になると毎日休まず高校に通っていた。高校3年の琢哉は、学校での友人と遊ぶことはなく、スケートボードにだけ、のめりこむようなこともなかった。琢哉のなかでの関心事といえば、日焼けサロンで皮膚を焼くことや、ストリートで女性をナンパすることであった。「うわ、肌ガサガサ。土浦の日サロにいったんすけど、友達に誘われて、そこにいって。前はジェルだったけど。土浦のモールにある。焼きたいマシンで焼けなくて残念。スケートボーダーやって、汗かいて、その汗流すついでに焼いてって感じ。オイルがまだのこってる感じがする。

もてない。だから、スケートボーダーってことは隠してナンパしている」(琢哉)。「出会い系」、「メル友」を通じてネットワークを広げている。

高校3年生になり、高校卒業後の進路について考える時期になると、これまで過ごしてきた3年間の意味が、琢哉に突きつけられることになる。琢哉は、卒業後に働くことを決めた。学校から職場への岐路を迎えることになった。卒業後に、働く職場として選んだのが、美容院である。

琢哉は高校に張り出されていた求人募集で見つけた美容院の面接を受ける。琢哉が求人票をもって面接を受けにいった美容院は、「自分が髪の毛を切ってもらっているところで、自分の担当の美容師の人に面接にくれば絶対受かるって」とお墨付きをもらっていたところだった。しかし、面接の結果、不採用となった。琢哉は「なんか落ちたんすよ。店長が俺のこと気に入らなかったみたいで、推薦で落ちたようなもん。なんかそれはないすよね。自分の学校にきてた求人先なのに落ちたんすよ。社会人になったこともないから、わかんないし」と不採用の結果にショックを隠しきれずにいた。

2日後に琢哉は「もう俺無理っすよ。俺、美容師向きじゃないのかな。ひどくないっすか。

2つ決まったからいいや」と語った。琢哉と出会ったのは、琢哉が高校3年の春先である。出会って2カ月後が経過した頃、琢哉は卒業後について不安と不満が入り交ざる心境を吐露した。

琢哉

高校を辞めることはなんとも思わないけど、この先を考えて高校は卒業しておこうかなって。就職、バイトしますよどっかで、東京にでもいこうかなって。技学校ってのは、うまくいかねーもんすよね。話し込んじゃいましたよ。酒を飲むわけでもなしに、シラフで。俺らこのままスケボー続けてていいのかとか、いつまでこんなことしてるんだ

第6章 身体化された行為の帰結

ってね。俺は大学に進学するわけじゃないし。専門学校も高校出てから自分で行くわけだから、三者面談なんか関係ねーし。それにしても学校はうぜー。教師は自分に何かをしてくれるわけじゃない。それなのに、偉そうに振舞う。それが許せない。美容師の専門学校行こうと思って、知り合い専門行きながら、今自分が髪の毛切ってもらっているところで修行しようと思って、知り合いが土浦の美容院で働いているから、そこにお願いする。

琢哉は土浦市にある職業安定所に足を運んだ。美容院に電話をかけたが、ひとつの美容院は電話で断られ、もうひとつが、面接で落とされた前述の店である。この頃、私の知り合いの美容院に話をしてみたところ、都合良く男性の美容師を募集していた。この美容院で面接を受けた琢哉は、就職が内定した。結局、「つくば市の美容院がとってくれましたよ。とりあえず、契約だけど、まあ普通にやってれば、正社員になれると思うんで、安心すよ」と別の美容院の就職が決まった。通信教育で美容学校の科目を受講しながら、美容院で下積み期間が始まった。

高校を卒業し美容院で働き始めて間もなく琢哉は、「美容師の世界ってオレが想像していたのと違う。オレ、一人浮いちゃっている感じっすね。働き始めて一週間ですけど、オレ他の仕事したいかも。接客の仕方はすごい誉められているんですよ」と述べた。働き始めて、労働のきびしい現実に直面し戸惑いを覚える若者は少なくない。琢哉のように、仕事に就き、働き始めて、労働のきびしい現実に直面し戸惑いを覚える若者は少なくない。琢哉は研修生として1ヵ月働いた賃金がアルバイトをして稼ぐ金額よりも低いことに納得できないでいた。琢哉は仕事が身体的に過酷だからではなく労働の対価としての賃金の低さに「馬鹿にされた」と語り、働き始めた美容院を辞めた。

琢哉

最初の給料日に美容院辞めました。仕事が大変っていうわけではないんだけど、給料があまりに安くて辞めました。月8万から9万円ですよ。日給3000円で、時給にしたら300円ぐらい。研修生だとかなんとか知らないけど、馬鹿にしている。最初は13万って話だったのに、騙されたって感じ。これだったらバイトしたほうが確実に稼げる。今は、職安行って仕事探しています。事務系とかで探しているんですけど、高卒じゃつらい。正社員になりたいのに相手にされない。

若者が就職した職場を短期間で辞めることは珍しいことではない。琢哉の友人の紘一はアルバイトを次々と替える。紘一がアルバイトをしている理由は「正社員になれねーし、正社員になったらなったで縛られるのはあわねー」。アルバイトだったら、気にくわなかったら簡単に辞められる」からである。琢哉は、高校卒業後就職した美容院に通うため、つくば市の家賃6万円のアパートを借り、彼女の侑那と同棲生活を送っていた。24才の侑那は琢哉の就職とともに服飾関係のアルバイトを辞め、水戸市の実家からこのつくば市のアパートに移り住んだ。アパートの家賃は、琢哉の両親が払っていた。侑那はつくば市に移り住むとすぐに大型スーパーのレジのアルバイトを始めた。レジのアルバイトは、長続きしなかった。1ヵ月も経過しないうちに侑那はバイトを辞めた。収入に関して幾度か揉め事を繰り返し、2人は、約4ヵ月間で同棲生活に終止符を打った。侑那はふたたびアルバイト生活を始めた。新規学卒就職した美容院をひと月で辞め、琢哉は水戸の実家に戻り、ふたたびアルバイト生活を始めた。この時期の「がんがん就職活動したのに、ことごとく落ちた」経験を通じて、琢哉は生活に対する不安を口にするようになる。正社員になるために足繁く職業安定所に通った。

192

第6章 身体化された行為の帰結

琢哉

どうしたもんかなって思うんすよ。このままアルバイトでいいのかって。悩みが多すぎる。将来のこととか、考えるんですよ。親のコネねーしな。まわりみていると、このまま脱落していくんかなって。こっちの人間って地元意識強いから、東京とかに出て行かないんすよね。若いうちは、遊んでけっていうけど、遊べねーすよね。ナーバスになっちゃって。すべてのことにおいて、きっかけないんすよ。地元志向ってことでもねーし、土浦になんか愛着あるのかなって。なんか不安になるんすよ。だから、とりあえず、東京にでてみようかなって、親も専門学校ぐらいは、でておけって言うし、土浦で正社員になれねーし。受けてもうかんね。俺にはなんにもないなって思っちゃって、このままどうすんかなって。高卒の資格なんてクソクレー。22才とかになってどうにもなんねーってのは、困る。まあ、俺は男だし、将来的には自分で生きていかないといけないからって不安になりますね。俺、どうなっちゃうんすかね。

「このまま脱落していくんか」という不安をふり払うように琢哉は東京の専門学校への進学を考えた。土浦で就職できないので、とりあえず東京にでてみようかという琢哉の選択には、地方小都市で生活する高卒若年層の現実が伺える。侑那との同棲生活を終えた琢哉は借りていたアパートを引き払い、土浦の実家に戻りアルバイト生活で日々を過ごしていた。琢哉はホテルマンを養成する専門学校に通うために都内に移り住んだ。その半年後に、専門学校を辞めたという連絡が入った。それから琢哉とは連絡が取れなくなった。

琢哉にとってスケートボードとの出会いは、当時抱えていた暴力性や逸脱性の負のエネルギーからの転

換をもたらしたものの、学校から職場への移行を円滑にする、思い描く職場への就職を可能にする動力源とはならなかった。面接を受けて落ちる。その結果をただ受け止め、行き先をこれまた行き当たりばったりで探していく。そのような繰り返しのなかで、琢哉は社会の低層へと組み込まれていく。琢哉の生きられる歴史からみてとれるのは、自らの環境を積極的に受け入れ、そこに対抗文化の積極的な意味を見出していくウィリスが捉えた野郎どもの生き様とは異なり、自らの環境を消極的に受け入れるしかないなかで、とくにスケートボード文化に自己の存在を積極的に肯定する意味を見出すことなく構造に組み込まれていく生き様である。

一時的に働く職場

和憲は1985年に大阪で生まれ土浦で育つ。土浦生まれの父と大阪生まれの母、7歳上の姉と5歳上の兄をもつ。姉が絵を描いていたのも影響し、絵を描くこともやものを作るのが得意な少年だった。小学4年生になると地元のスポーツ少年団でミニバスケットボールを始める。ミニバスケットボールは、行くのが面倒になりすぐにやめる。学校の昼休みや休日には我流で後方宙返りや側転、ハンドスプリングなどの体操技を練習していた。5年の誕生日のときに兄がしていたスケートボードとは違うインラインスケートを両親からプレゼントしてもらう。スケート靴が足から離れないのが怖くて、しかも転んだときにスケート靴のままなのが痛かったのですぐにやめる。6年のときに、遊びでオーリーをしてみたらすぐにできた。危ないときに板からすぐにおりられるのでスケボーを続けることができたと語った。

それに、兄がみていたスケボービデオが気に入った。

中学では小学校のとき地区の体育館で少し習ったことのあった卓球を楽そうで、休めそうな部活動とし

第6章 身体化された行為の帰結

選択する。卓球部には、3年間所属したがほとんど顔をださなかった。休み時間には後方宙返りや側転をひたすら友達と練習していた。和憲は、広場でも側転や後方宙返りを披露することもあり、身のこなしが軽い。ひとつのことに集中するというよりは、絵を描いたり、ミニバスに参加したり、体操をしたりと器用貧乏なところもみられた。

和憲は中学1年生のときの誕生日に兄からスケートボードを買ってもらう。2年の夏から学校の授業が終わると夕方からずっとスケートボードをしていた。3年の夏から少し家の近くの塾に通い、T高校に入学する。T高校の生徒の大半は、高校卒業後、大学に進学することなく就職する。高校卒業後の彼らの就職先には、下請け工場が多い。和憲は、同じくT高校の卒業生である兄から、高校の内容を聞き、卒業後に就職できる高校を気軽に選択した。

スケボーに没入していた和憲は高校の部活には所属しない。T高校では、学内へのスケボーの持ち込みは禁止されていた。他の生徒が学校で部活動に励んでいる時間に、和憲らは学校から帰って地域でスケートボードをしていた。進学のために必要な受験勉強や他の生徒が所属する部活動に当てられる時間を含めて、中学校や高校時代に持つことのできる時間の多くを惜しみなくスケートボードに費やす。[2] 高校を卒業する頃になると、駅前で歌を披露していた。「今は、裏の通りで連れと2人で歌っている」。5曲し

[2] 高校に比べて中学校は部活動や授業、学校行事に生徒は真面目に取り組むべきだという風潮が強い。一部を除く多くの生徒たちは、あまりに自明な学校規範に疑問を持つこともなく従う。スケートボーダーの実践は、学校の規範にもとづいた評価基準からはいまのところ評価されていない。学校文化は、学校規範に順応しない実践として、スケートボードの文化的行為を位置づけているわけである。彼らと学校との乖離はこのようなところから生じている。彼らがスケートボードにはまっていく過程が、学校の価値基準からはずれていく過程になり、それが学校生活との距離を広げることにもなる。

っかり歌えるようになったら、駅前でやろうって決めてるんですよ。それが、夢ですね。この前、俺らの歌聴いてた人が1000円も置いていったんですよ。それは、もう感動しましたね。金っていうよりは、認めてもらえたんだってね」。

和憲は高校2年のとき、「将来は、イラストレーターになって絵を書いていく。そのために、高校を卒業したら東京の専門学校にいくつもりだ」と語っていた。高校を卒業すると、地元のクリーニング屋に就職する。

しかし、その後和憲はクリーニング屋の勤務を辞めてしまう。毎日が同じように過ぎていくことへの不満感があった。朝起きて、職場に行って自宅に帰宅し、スケボーに行って、寝るという繰り返しからなる生活。労働と余暇時間が規則的に繰り返される毎日の生活に身を置いたとき、和憲はその生活に物足りなさを感じた。その間、変わらないのは、スケートボードをし続けていることである。スケートボードを続けるために、一時的に働くことはあっても、働き続けるために、スケートボードから離れるということはない。

中学や高校のときも、頻繁に夜間にかけて、スケートボードに取り組んできて、学校を休む。文化的行為が生活の中心となって経過していく時間こそが、馴染み深いのである。定職から離れて、アルバイト生活をおくる若者が、仕事への漠然とした不満を抱くようになるのは、この下位文化的活動を通して身体に蓄積してきた内的時間と都市が要求する労働時間との不整合からくる。問題を自覚して言葉にする機会は少なく、多くの若者は、どこからきているのか理解できない身体的な虚脱感に苛まれている。下位文化的活動を続けるために、一時的に働くという生き方は、和憲に限らず、今を生きる少なくない若者にもあてはまる。

第6章 身体化された行為の帰結

　和憲はスケートボードで技術レベルを向上させ、関東近郊で主催されるスケートボードの大会では、上級者が参加するAクラスで上位に入賞するまでになっている。地元土浦のスケートボードパークで主催するイベントには、中心的なメンバーとして関わり、子供たちへのスケートスクールのインストラクターをつとめている。キッズへのスケートボードスクールは、地元の有志により無償で開催されるか、パークの使用料を徴収するのみで、おこなわれている。スケートボードパークの全国的な設置を、スケートボードという文化的活動の制度化の現われとしてみるならば、上級レベルに達したスケートボーダーには、その経験と技能を活かして、それを伝えていくというインストラクターとしての機会も増えてくる。スケートボードという下位文化的活動の現われとしての身体資本をいかして、社会的なコネクションを作っていくことは可能である。スケートボードという下位文化的活動を、下位文化的身体資本の蓄積行為として捉え、和憲のように失業期間中に、打ち込んでいる下位文化的活動を、下位文化的身体資本の蓄積行為として捉え、希望を見出すこともできる。だが、それはほんの一握りの世界である。夢物語といっても過言ではない。
　中学のときにバレーボール部で活躍した紘一は、バレーボール部に入部し、練習も休むことなくひたすらバレーボールに打ち込んできた。高校に入学すると、すぐにバレーボール部に入部し、練習も休むことなくひたすらバレーボールに打ち込んできた。
　紘一は、スケートボーダーのなかでも優れた運動能力を備えている。それは、彼のオーリーの高さ（スケートボードによるジャンプの高さ）からうかがい知ることができる。I高校は、卒業後生徒の約半分が私立大学に進学し、他の生徒は専門学校へ進むか就職する県内の中間レベルの高校である。高校2年までは、紘一は「部活だけは、絶対手を抜かなかった。授業中とかはおとなしくしてたし、ほんと普通の生徒だった」という。彼は部活に打ち込み、バレー部のキャプテンをつとめた。
　紘一は学校で悪ふざけしたことから信頼していた部活動の顧問に執拗に注意される。紘一は、「悪ふざ

けしてただけだし、壁を壊すほど強く蹴っていたわけではないのに、しかもその現場をみてない顧問の先生にそんなことする奴は部活にでる資格ないとかって、部活と結びつけられたのが頭にきた」という。紘一がスケートボードを始めた背景には学校でのいざこざがあり、それに嫌気がさしたため、彼は学校といいう制度から自らを遠ざけようとしたのだろう。紘一は、スケートボードを続けている理由について「なにやっても自由だから」とコメントしている。紘一にとって自由になることとは、学校を辞めスケートボードをすることだった。

その2ヵ月後、高校を退学する。紘一は、そんな高校2年の秋に、友達とスケートボードを始める。紘一は、高校の部活動に行かなくなった頃にスケートボードを始めた。紘一は、西葛西に住み、事務所が高田馬場にある派遣会社でバイトをしている。

バイトをしながら高校卒業の資格をとるために、通信教育を受けている。通信教育にかかる費用は、バイトで稼いだ賃金で3分の2を自分で負担し、3分の1を親に払ってもらっている。

紘一は母親と妹との3人で暮らしている。小学校のときに両親は離婚している。スケートボーダーでありながら、専門高校を経て、肉体的負担の伴う単純作業の技術職につき底辺層へと確実に組み込まれていくなかで、彼らは漠然とした不安を抱えている。漠然とした不安を打ち消すために「俺流であること」を求め、創造的であると思えるスケートボードをし続けている。

移動と滞留

剛史は、職人の父親、母親、姉、弟の和憲の4人家族の長男である。寿司職人の父親のことを尊敬している。剛史は中学3年生のときにスケートボードを始める。土浦駅でのストリートスケートで熱心に滑っている。

198

第6章　身体化された行為の帰結

てきた。中学を卒業すると、地元のT高校に進学する。高校の間は、スケートボードに夢中になっていた。T高校を卒業すると、塗装工として働きはじめる。仕事の内容は、主に、作業機械の色塗りである。土日休みではあるものの、給料があがらないことと、仕事の内容自体のつまらなさに不満を抱いている。就職した当初は、独立することを考えていたが、資格の取得等、簡単にはいかないことがわかってきた。

土浦駅西口広場設置の署名活動においては、土浦のローカルスケートボーダーをまとめるという中心的な役割を担ってきた。2001年に広場が設置されると、剛史は、空間的に限定された広場でのスケートボードに面白みを感じなくなる。その頃から、クラブカルチャーに、はまっていく。直接的なきっかけとなったのが、イギリスで生活する姉のもとへと会いにいった経験である。剛史は、2001年7月17日から8月17日までの1ヵ月間、盆休みと休暇をとって仕事を休み姉のところに遊びにいった。出発前に、剛史は「スケボー一枚もってイギリス行くんすよ。かっこいいすよね。1ヵ月間現地のスケートパークに行って自分を試してくる。ついにこのときがきたかって感じっすね。それにねーちゃんに会うのもすごく楽しみ、4年ぶりっすからね」と語っていた。スケボーするのと姉に会うのが目的だった。4年前にイギリスに移り住みそれ以来会ってない姉には「親より、姉弟の方が恋しくなりません？　親から離れたことないから、わかんないけど、やっぱ姉弟だとなんでも言えるし」と信頼を寄せる。

地元のスケートボーダーが18人集まって、川沿いでバーベキューをしたその日に、剛史は「こいつら、枠に囚われるのを一番嫌がる連中すよ。組織とかやっても、まとまりないんすよ。枠に囚われるの、嫌な人間ばかりなんで。もし、しっかりとした組織をつくるなら俺がもっとしっかりしないといけないと思うし、みんなから信頼されないといけないし」と語っていた。

1ヵ月間の海外体験が剛史の価値観を変化させることになった。その要因としてもっとも大きかったの

が、「ねーちゃんが、すげーかわってた」ことだった。剛史の姉は4年前にロンドンの語学学校で半年間勉強をした。一度日本に戻ってくるとすぐにまたロンドンに行った。それからロンドンで現地の住人と結婚する。剛史にとっては姉をそこまで変えた夫も魅力的だった。「その人がねーちゃんのすべてを変えた。うちのねーちゃんを変えた男って言える。その人がかっこいい。今はその人はギターの先生やってるんだけど、前はストリートミュージシャンだったらしい。自由に生きるために苦労してるんだって、言うのがしびれた」。

ロンドンから2時間のブライトンでの1ヵ月間は主に、「クラブにいったり、スケートボードのパークに行ったり、買い物したりしていた」。スケートパークでは、「向こうのパークって雰囲気いいんすよ。俺が始めていった日でもすげー歓迎してくれてトリックするたびにみんなで盛り上がってくれた。英語なんて一言も話せないのにすぐにとけこむことができた」。土浦のパークに戻ってきた剛史は、「何もかもやる気ないんすよ。人生の倦怠期すね」と語った。イギリスで初めて体験したのが、クラブだった。以前から音楽に興味があった剛史は、ロンドンのドラムベースのクラブにはまった。

変化は、剛史の発言や行動として現れる。「セックスしてー。やりてー。やりたすぎる」。「あっちであけたんすよ。どうっすか、これ。(舌の真中に直径5ミリくらいのボール状のピアス) セックスのときにそういいらしいすよ。舌は三日間腫れて、その間スープしか飲めなかったぐらい、耳ピアスと同じような痛さだと思う。舌の健康状態みて、はさんでそれで舌からイテーっておもったぐらい、何でやってるのっていったら、彼氏もあけてて、セックスのときいいよって、だから俺もやった」。

「俺、今車にウーハー積んだんすよ。すげーす。音がこう体に響いてくる。クラブみたいすね。9月15日八景島ででかい音聞くと、体に電気がはしる。何か伝わってくる。世界を感じることができる」。

第6章 身体化された行為の帰結

イベントあるらしいすよ。オールナイトで。それに今週の土曜に新宿でクラブのイベントあるんすけど、チケットが手にはいらなくて、今どうしよかなって」。

剛史はイギリスでの体験から日本でもクラブイベントに足を運ぶようになった。スケートボードをする回数がめっきり減った。パークをめぐる管理についても剛史が当番の仕事を担当しないといった問題を起こすようになったのは、このころからだ。「仕事が生きがいなんて思ってたらおしまい、人生おわり」という言葉が剛史の変化を物語る。冬山で3ヵ月間スキー場の住みこみのバイトをするために、塗装工の仕事を辞めた。スキー場のバイトを終えて、土浦に戻ってきてからは、日雇いで引越しや、塗装の手伝いのバイトで、貯金をしてきた。2002年の夏以降からは、剛史は広場でスケートボードをすることはなくなり、スケートボードのイベントのときに顔を出す程度になった。貯金を、150万円ほど貯めて2005年6月に、剛史はふたたびロンドンへと向かった。

大助は1984年に土浦市で生まれる。父親と母親が土浦駅近くで和菓子屋を経営している。2人の兄を持ち、2人ともクラブミュージックにはまり、1番上の兄貴はイベントでDJをしている。小さな頃から2人の兄の音楽の影響を受けてきた。小学校3年から始めた野球を今でも続けている。中学のときの野球部の仲間と一緒に始めたが、すぐにみんなやめてしまった。一人で滑っていたら和志たちと仲良くなった。スケートボードの仲間は大助にとって貴重な存在だった。

中学校は荒れていた。このころ続けていたリトルリーグ野球の実績が評価され、3つの高校からスポーツ特待生の推薦の話がくる。J高校、I高校、G高校である。大助は、家からもっとも近いG高校を選んだ。この3校のスポーツ推薦の話から大助がG高校を選択した理由について、「どうせ野球は高校3年間

と決めているし、じゃ、家から近いところがいいかなって、高校出たらすぐに就職する。野球はやめるけど、スケートボードはやめない。おもしろいし、パークのみんながいる。もしかしたら、野球はちょこっとやるかも」と語った。

大助はG高校の野球部の主将をつとめた。G高校の友達でスケボーをやっているものはいない。大助は、高校にいるときとスケボーをしているときキャラクターを変えている。他のスケートボーダーがスケートボードにのめり込む過程で、部活動や他のスポーツをやめる傾向があるのに対し、大助は中学1年のときから始めたスケートボードとスポーツ推薦の話がくるほどの実力をもつ野球とを両立してきた。

大助は高校での生活について、「高校では、かなりいい生徒を演じている。勉強はできないけど、授業はしっかり聞いてるし、聞いてるふりもしている。スケボーで坊主にした頭も野球部の主将ということであいつは気合が入っているって評価されるので都合がいい。先生には真面目な生徒だと思わせているが、実はそんなことはない。大抵の生徒が学校で目立とうとするけど、俺はその逆で学校にいないときを大事にしてる」と語っていた。学校生活では、本来の自分の個性を出そうとしない。適当な生徒を演じていれば、学校の時間は過ぎていく。それゆえに、学校以外で過ごす、広場やストリートでスケートボードに取り組んでいる時間や仲間、文化的行為が、以前にも増して、若者たちにとって、欠かすことのできない貴重な財産となるのである。

大助は、高校を卒業すると、神奈川県にある電化製品の組み立て工場で働くことになる。大助は、神奈川で働いていたあいだ、土浦の仲間と会う機会が減る。大助の希望がかない就職時の契約どおり、同会社の地元土浦の下請工場に移ってこられたのは、2年後のことである。土浦に戻ってきてからも、広場でのイベントやスケート仲間との花見や忘年会等にスケートボードをすることはほとんどなかったが、広場で

202

第6章　身体化された行為の帰結

は、かならず参与してきた。大助は、スケートボード以上に、クラブでのイベントやストリート系イベントにDJとして参与することに関心が向いていった。

大助は一年後に土浦の工場を辞めた。自分の好きなことをやりたいだけやる。これが大助の離職理由である。和菓子屋を経営する両親をときどき手伝うようになった。大助も2人の兄貴をおいかけるようにして、不安定ではあるが、自分の好きなことをできる道を選択した。

2006年5月から、大助は、土浦の地元のスケートボードショップの店長が、事業拡大を図り、土浦から車で20分ほどのつくば市にオープンさせたストリートファッションやアイテムを扱うアパレルショップの店長として働き始めている。店長代理を任されることになった大助のケースは、土浦や都内のスポットで話を聞いてきた70人ほどのスケートボーダーのなかではじめてのケースである。下位文化的関心を活かした職場としては、ストリートファッションを取り扱うショップや、スケートボードやサーフィン、スノーボードなどの横乗り系ボードショップの店員として働く機会がある。土浦の集団のなかからも、4人の経験者がいる。この場合、スケートボードの身体技術レベルが選別の基準に用いられるわけではなく、多くのスケートボーダーにも、この門戸は開かれているわけである。いまや、下位文化が、新たな市場を開拓し、より大衆化していくことは、それほど驚くことではない。逆に言えば、われわれの日常に浸透しきった資本主義は、いかなる下位文化ですらも、徹底的に商品化していく。ここには、下位文化と直接的に関連する雇用が生み出されるわけで、こうした場をいかに活かしていくことができるかが、いま、下位文化の担い手たちに問われている。

剛史、佑太、智毅は、高校を卒業すると下請け工場に就職してきた。彼らは単純作業による「労働の退屈さ」、「身体的厳しさ」を主な理由に職場を辞め、アルバイトをし、転職を繰り返す。転職は賃金や勤務

203

条件を悪化させていく。これは、底辺層へと組み込まれた彼らの、生活環境を悪化させるということにつながっていく。スケートボーダーたちは底辺層に属しているという決定論を主張しているわけではない。しかし彼らが中学校と高校において学校の評価基準という枠組みからは絶対に評価されないスケートボードをし続けてきたことで、結果的に社会の底辺層に組み込まれがちになるという全体的な傾向は確認できる。

スケートボーダーの親の職種が、肉体的負担の伴う技術職と会社員が半々であるのに対して、スケートボーダーの彼らは、全員が前者であるか、前者に組み込まれていく過程にいる。親の階層と比較してみても、スケートボーダーには、階層下降の傾向がみられるのである。スケートボードを創造的に実践する彼らが、社会の底辺層へと確実に組み込まれていく装置がたしかに存在しているのである。

下請け工場での労働

和志は1980年に土浦市近郊で働く大工職人の家庭の長男として生まれる。母親は専業主婦で、2歳年上の姉がいる。小学校のクラブ活動で夏にはサッカー、冬にはソフトボールを選択していた。和志がスケートボードに出会うのは小学校6年生のときのことである。地元の中学に通う年上の友人が近所でスケートボードをしているのをみてなんとなく魅かれた。最初の頃は、その友人の滑りを近くでみていただけだが、そのうちに小学校1年生のときからの旧友である賢治がボードを購入する。賢治のボードを借りて滑るようになると次第にスケートボードに魅力にとりつかれた。毎日のように友人宅前の路上でスケートをしていた。

中学に進むと和志は、もっとも楽だという理由で柔道部に入部し、授業外の時間はスケートに没頭した。

204

第6章 身体化された行為の帰結

和志が1枚目のボードを購入したのは中学1年の正月のことである。この年、和志の家族はそれまで住んでいた社宅から戸建住宅へと引っ越しをする。それからは和志の自宅近くの新築住宅の建設予定地の空き地前の路上で毎日のように滑るようになった。コンクリート舗装された、車の往来も少ないこの場所を「オク」とよんで、「じゃあオクで」とか「オクシュウ（オクで集合）」といって利用していた。スケートに集中できる格好の場所であった。

賢治が土浦市内の別の中学に転校し、その転校先の友達も一緒にスケートをするようになった。オクは単なる路地の一角であるが、この場所で滑っていた仲間は13人にもなった。賢治と佑太と和志の3人は、このときからのメンバーである。中学校の授業が終わると毎日夕方4時か5時ぐらいから7時過ぎまで滑っていた。この家の場所以外でも、アパートの階段や縁石、適度な障害物をみつけるとどこでも滑った。仲間のうちスケートをやめたもののなかには、暴走族に入るものや、原付自動車の無免許運転で捕まるものもいた。

中学1年のときのクラス担任は、40歳をすぎた女性で、独身の英語の教師だった。和志は、とにかくこの教師が嫌いだった。中学2年と3年の時の担任が男性の国語の教師が、放課後にクラスで補習をしてくれた。中学3年のときに、3ヵ月くらいスケボーをやめて、受験勉強をしてA高校に進学する。スケートをやめるものが、高校入学をひかえるこの時期に増える。和志は、「ほんと俺勉強、小学校のころからできなかったですね。だから中学のときも一切勉強なんかしないでスケボーしていた。スケートくらい勉強にはまっていれば、今ごろ大学生かましてると思いますよ。人生変わっていますね」と語る。

高校までは、毎朝土浦駅まで母親に車で送ってもらい7時40分のバスに乗り片道1時間かけて通った。高校が家から遠く、高校の友達の家とも遠かったので遊ぶことは少なかった。高校の授業を終えると、バ

205

スに乗り17時には土浦駅に着いた。通学中のバスのなかでは、ほとんど寝ていた。高校2年の後半から高校3年にかけて仲良くなったが、遊びにいくのはたまにしかなかった。帰宅すると家に置いてあるスケートボードで毎日滑った。スケボーの服や板を買うためにコンビニでバイトをはじめる。バイトは、週に3、4回のペースで3年間続けた。バイトに入れるときは昼の10時から夕方6時まで働いた。バイトの時間は、平日は夕方6時から10時までの4時間で、休日にバイトに入れるときは昼の10時から夕方6時まで働いた。バイトの収入は月に3万円から4万円になった。親にスケボー関係のものを買ってもらったことはない。バイトで稼いだお金でスケボーの服、デッキ、ウイール、トラックなどスケボー用品を買った。

高校1年の2学期になると中学の頃から滑っていた道路に、家が建設されはじめたので場所を移動した。賢治と後輩の3人で自転車でストリートを回り、手ごろなセクションを見つけると自転車をとめてトリックをした。土浦2中の柔道部で一緒だった賢治ともう1人の仲間の3、4人で滑っていた。

高校2年のときには、土浦駅近くにスケート専門ショップができた。こけて放り出された和志の板によってウララ広場のガラスが割れてしまうという事件が起きたのもこの年だった。自営業の父親が知り合いのガラス会社から安く仕入れて割れたガラスの弁償をしてくれた。

高校3年の秋には、すんなり地元下請工場に就職が決まる。[3]和志にとって就職先の選定は、「まあ、どうせ、地元の工場に就職することになる」と考えていたことが、現実化しただけであり、どこの会社であるかはとくに重要な意味を持たない。就職先の下請け工場では、ヘルメットをかぶって、高速に回転している機械に鉄の棒を突っ込み、コンクリートをかき混ぜる。それを1日中繰り返す。仕事の単調さから転職を考えることもあった。不況も関係し給料も全然あがらない。

第6章 身体化された行為の帰結

小学校6年から始めたスケートボードは、「俺のすべて」だと和志は話していた。和志は、中学と高校の計6年間スケートボードに打ち込み、工場で働きながらスケートボードを続けている。広場を管理し、セクションを自らつくり、修繕する。今のところ、「親の世話にはなりたくねー」と語りながらも実家に親とともに暮らしている。

和志は型枠工事作業に従事している。工場に就職したころについて、「1年目はすんごく頑張ってたな。腕のいい人に言われた通りにやると上手くできるし、仕事を一生懸命やって、仲良くなったやつもいるし、そんなに苦労はなかった」と振り返る。就職後3年を過ぎた頃、和志は仕事を辞めるかどうかで迷っていた。「仕事を辞めたい」と語る背景には、「低賃金」・「単純作業の身体的な厳しさ」という仕事に対する日頃から鬱積した不満があった。

和志

給料はまったくあがらないし、今は残業あるから15万円くらいいくんすけど、普通は12万くらいっすね。冬は忙しいから残業して多少貰えるんですけど、入社1年目のときは、冬で38万。それからかなり減って、ボーナス15万すよ。うちの会社は、道路工事とかなくならないかぎり潰れることはないんですけど、だんだんうざくなってきて、むかつくんすよ。仕事やってて、

[3] 智毅は工場の契約社員である。S校を卒業し就職した会社を辞める。就職活動をして半年の契約で採用された。工場では朝8時から夕方5時までの研修期間を1ヶ月おこない、それから3交代制で働いている。仕事をサボりながらやるため必要以外に会社の人と話をしないようにしている。1日8時間、ペットボトルの容器を作る機械の裏を掃除している。仕事は、日給1万円で、夜勤だと1万3000円である。給料は夜勤でみっちり働くと約18万円で定時勤務だと15万円である。

おもしろくねーんすよ。なんかひとつくらいおもしれーことねーかなって思うんですよね。そうじゃないと、今みたいに仕事が苦痛でしかたない。仕事は俺にとっては重要なことじゃないんすよ。仕事かえたいっすね。よくよくっすよ。目のまわりに麻酔して、ピンセットみたいのでとるんすよ。これで2回目なんすよ。目痛くて、痛くて寝たくて、ようやく寝たと思ったら、朝方3時頃目が覚めて、目やにがすごくて、目開かなくて、これはやばいなって思って、仕事も目医者に行くから休みますって電話して。目医者で診察してもらったら、2つ入ってましたね。錆びみたいのが2つ。小さいんすけどね。ただ、毎日働いているだけ。この仕事でおもしろいことなんてひとつもない。鉄の棒持ってコンクリートかき混ぜる。単純で、熱くて、火傷もする。夏なんか死にそう。もう辞めたいっすよ。なんか仕事やっててもつまんねーし。あんなの人間のするようなことじゃないし。仕事辞めたところで他の仕事なんにもないんすよ。もう、俺は、この先のことを考えないようにしている。考えたって変わらないし、仕事も辞められるわけじゃない。もう、なにもかもが、面倒なんすよね。だから、ただ、毎日、働いていればいい。**辞めないのは、辞めれないだけ。俺がやらなくてもできる。誰でもできる。仕事を辞めたいっすよ。**

賃金への不満は仕事への「うざさ」や「むかつき」といった言葉で語られる。身体的な厳しさは、長時間に及ぶ単純作業の繰り返しからくる。型枠施行や型枠工事は、中腰の姿勢で作業を続ける。和志は型枠作業による腰痛を和らげるために、コルセットを装着している。炎症を抑えるために湿布を貼る。2人組でおこなわれる作業の相方も同じように腰を痛めている。職業病ともいえる腰痛と向きあいながら仕事を続けている。

第6章 身体化された行為の帰結

　昼場の単純労働での肉体的な疲れは、夜間におけるスケートボードのパフォーマンスに影響する。逆の場合もある。スケートボードでの怪我をかばいながら工場でのルーティン作業をこなす。職場やスケートボードで痛めた身体は、彼らの日常のあらゆる生活面において何らかの支障をきたす。帰宅時に玄関のノブを回すのにも手首が痛む。学校でも、仕事のときでも、家にいるときにも痛みは続く。和志らの日常において、身体の痛みはスケートボーダーであることと、下請け工場で働く労働者であることを意識させる。彼らは、昼間の仕事場と夜間の広場で身体の痛みに向き合いながら日々を過ごしている。和志は「仕事は自分にとって重要なことではない」と語る。和志は、漠然とした不安を抱きつつ、自分がどのようなところにいるのかを察していく。それは、「おれもそろそろ廃人街道まっしぐらって感じすよ」といったスケートボードをしている最中の和志の語りにも窺い知れる。痛む身体と向き合いながら和志は今も地元の下請け工場で働いている。

　修武は配管工の父親と母親のもと土浦で生まれ育つ。小学校では剣道をしていた。中学に入ると、ハードルの茨城県代表選手だった姉の影響で陸上部に入部する。陸上部では修武が唯一の男子部員で中距離選手として活躍し、大会の成績からT高校へのスポーツ特待生の話がくる。「陸上は中学までで十分やった。高校ではもう陸上なんか真剣にやりたくなかったから」という理由からこの特待生の推薦の話を断り、公立高校を受験する。志望する公立高校は不合格となり、その結果、併願受験していた私立高校に入学することになる。その私立高校が、推薦の話のきたT高校だった。修武は「ほんとばかっすよね。だって、推薦だったら金いらねーんすよ。それなのに、推薦断って結局どこもいくとこなくてこの高校に入るなんて」と語る。高校に入学すると、やるつもりのなかった陸上部から勧誘されて陸上部に入部した。部活には、所属していただけでほとんど行かなかった。修武は、高校1年からスケートボードを始める。高校の3

209

年間修武は、学校の縛りとは関係のないスケートボードにのめり込んだ。修武は、高校生活を「学校は男子校でなにもおもしろくなかった。それに比べてスケボーはスゲーおもしろかった。とにかく、学校で縛られているのはいやだった。部活なんかやってられねーって感じだった」と振りかえる。陸上部仲間について修武は、「悪い奴が多かった。自動二輪のバイクの無免許運転とか、暴走行為でつかまったやつとか、卒業2日前に暴走行為で捕まったヤクザもの映画をみるのが好きで、昔からボクシングに憧れている。

修武はT高校を卒業すると第四希望だった建設機械部品の下請け工場に就職した。修武が勤める工場には、約50人が働いている。仕事仲間にも恵まれやりがいのある職場だという。ショベルカーの溶接をしながら、クレーンの操縦免許を取得し、技術を身につけて将来の独立を目指している。勤務は朝8時から5時までを原則とし、仕事の多い時期には残業が増える。勤務地までは、家から車で10分かかる。工場では、中学校を出て専門学校にいった年下の工員の方が、高校卒業した新入社員の修武より仕事ができる。修武は、他の新入社員には負けないように心がけている。自分でつくったものが部品として形になるのが魅力的だという。

「みてくださいよ。火傷したんすよ」。修武は、仕事場1年目でなれないせいか、頻繁に火傷をする。修武も、T高校からすんなりと肉体労働者に組み込まれることとなった。修武の職業選択は、職業高校に進学することで制限される。修武が「やりがいのある仕事」と語ったのは就職して3ヵ月が経過した6月末であった。

スケートボードに打ち込んできた和志や修武は、職業高校に進学する。その後、彼らを肉体労働者へと組み込んでいく過程は、彼らには意識されない。自分たちの置かれた状況に目を向けることなく、あっさ

第6章 身体化された行為の帰結

りと決まってしまう就職に、そのときはなんとなく安心する。学校文化の価値基準では評価されない下位文化の世界は、学校における対抗性や抵抗性をとくに見出すことなく、肉体労働者の労働世界へと連接している。

スケートボードに費やした時間は、学校文化や制度とは離れた独自の都市下位文化集団によって構成される空間での行為に充てられた。スケートボードに打ち込むことは、目の前の行為にすべてを賭けるということでもあった。制度化された時間からの自由によって確保される独自空間で流れる時間が、彼らの社会空間での移動を次第に限定的なものへと経路づけていく。

2　集団の特性

学校や職場で制度的に形成される集団とは異なり、都市下位文化を媒介に自発的に形成される集団が社会的にどのような特徴をもっているのか。スケートボードは、ボードひとつで始めることができる。参入障壁は低い。その点では、スケートボーダーの社会的属性は多様であると考えられる。けれども、スケートボードを始めて、没入し、辞めることなく膨大な時間を費やしながら、そこで形成される集団には何らかの共通項がみられるのではないだろうか。スケートボードを続けながら、中学を卒業し、高校に進学し、学校から職業への移行をおうと、集団成員の特性がみえてくる。

土浦駅西口広場で形成された集団の特性は、第一に、土浦で生まれ育ったローカルスケートボーダーであること、第二に、集団成員の約7割が高卒の若年層であること、第三に、実家で両親とともに暮らしているということ、第四に、集団の流動性は低く、集団への帰属意識が高いことである。

より詳しくみていくと、高校を卒業したものが12名、高校を中退したものが1名、残りの2名が、私立大学を卒業している。高校を卒業した13名（高校中退者を含む）のうち、8名が製造業の生産工程の一部を受け持つ土浦市内の下請工場で働いている。進学した3名のうち1名が私立大学を卒業後、地元の下請工場で働いていた時期があったが、それも一時期で、都内で暮らす琢哉と、ロンドンに留学した剛史をのぞいて、実家で暮らしている。自宅生活は、アルバイト収入や低賃金労働でも彼らがそれほど不自由なく「やっていける」こととの大きな要素である。働かなくても、収入がなくても、生活していくことはできる。

集団への帰属意識が高いことの背景には、広場を利用する集団が、スケートボードを始めた小学生や中学生のときからの7年から10年近くの友人関係の上に成り立っていることが関係している。長い期間の交流を通じて形成された集団には、集団内において年長でかつスケートボードの技術レベルの高い若者が集団の中心的な役割を担っている。集団内部では、リーダーを中心としたヒエラルキーが確立している。土浦駅前のたまり場に代表されるのは、学校の友人や近所の付き合いとスケートボードでの仲間とが繋がっている地方都市のストリートの日常である。

新宿路地裏に湧出したたまり場で形成された集団の特性は、第一に、都内で生まれ育ったものは、集団成員の2割にとどまり、のこりの8割が、都内へと「上京」してきたものによって構成される。第二に、高卒者と専門学校・私立大学卒である。第三に、8割強が、賃貸アパートで暮らしている。第四に、集団の流動性が高く、集団としての帰属意識よりは、それぞれの友人関係のネットワーク志向しかし、都内の滞在歴も、たまり場とのかかわり年数も数年以上になっているコアな成員にとっては、土浦の集団と同じような集団意識が生まれつつある。

第6章 身体化された行為の帰結

表6-1 「土浦駅西口広場」を利用する15名

	年齢	始年	歴	出身	親の職業	本人現職	本人学歴	居住形態
和志	27	小6	15	土浦	建設作業	製造業下請け	高卒	実家
賢治	27	小6	8	土浦	会社員	硝子下請	県内私大卒	実家
佑太	27	中1	14	土浦	会社員	製造業下請けA	高卒	実家
剛史	28	中3	7	土浦	飲食業店長	語学留学生	高卒	ロンドン・賃貸
智毅	26	中3	11	阿見	会社員	ペットボトル再生工場A	高卒	実家
祐二	27	中3	9	土浦	会社員	製造業下請け	高卒	実家
弘嗣	25	高2	8	千代田	税金管理	製造業下請けA	都内私大卒	実家
貴之	26	中2	7	土浦	建設作業	建設業	高卒	実家
修武	25	高1	10	土浦	水道業	水道業	高卒	実家
琢哉	24	高2	3	藤沢	会社員	専門学校生	高卒	都内・単身・賃貸
徹也	24	高2	4	土浦	会社員	理容店	専門学校卒	実家
淳介	24	18	4	土浦	飲食業	無職	高卒	実家
和憲	22	小6	10	土浦	飲食業店長	コンビニA	高卒	実家
紘一	24	高1	6	土浦	飲食業	コンビニA	高校中退	実家
大助	23	中1	10	土浦	飲食業店長	洋服店A	高卒	実家

(注) 表の「年齢」はインタビュー時のものである。「始年」とは、スケートボードを始めたときの学年を指している。「歴」とは、スケートボードの継続年数を示す。
〈＊A＝Part-time, アルバイト〉下記、表6-2も同様。(2007. 1. 筆者作成)

表6-2 新宿たまり場に集まる19名

	年齢	始年	歴	出身	滞	親の職業	本人現職	本人学歴	居住地・居住形態
裕真	27	小6	15	名古屋	9	飲食業	内装工	地元高校卒	目黒／彼女と同棲／賃貸
直弥	26	高1	10	福井	8	染色工	板前	都内私大卒	中野／単身／賃貸
健太	32	中2	15	名古屋	3	―	フットセラピスト	専門学校卒	高円寺／単身／賃貸
尚樹	25	高1	9	名古屋	7	会社員	求職中	都内私大卒	麻布／彼女と同棲／賃貸
隆司	29	中3	14	東京	29	飲食業	教員	専門学校卒	笹塚／彼女と同棲／賃貸
博樹	23	高1	6	長崎	5	―	営業販売事務	専門学校卒	中野坂上／単身／賃貸
靖正	26	19	7	富山	8	―	―	都内高校卒	四ッ谷／単身／賃貸
辰仁	23	高3	2	ソウル	2		学生	大学在学中	鷺宮／単身／賃貸
相汰	21	中3	5	東京	21			都内高校卒	目黒／実家
和輝	26	中1	12	静岡	6	―	清掃業A	地元高校卒	初台／彼女と同棲／賃貸
隆男	21	高1	5	東京	20	郵便局員	アルバイト	都内高校卒	初台／実家
敦志	24	高3	6	秋田	5	兼業農家	建設現場A	専門学校卒	初台／義人と同居／賃貸
義人	28	高1	12	静岡	10	飲食業	建設現場A	専門学校卒	初台／敦志と同居／賃貸
雅史	23	中3	8	静岡	3	飲食業	弁当屋A	地元高校卒	大久保／単身／賃貸
泰則	27	高1	11	北海道	6	―	料理人	地元高校卒	西新宿／単身／社員寮
健斗	22	高1	9	愛媛	4	飲食店	映像アシスタントA	都内専門中退	中野坂上／彼女と同棲／賃貸
翔太	23	高3	6	東京	23	求職中	無業	都内高校卒	阿佐ヶ谷／実家→賃貸
瑞樹	23	高2	9	宮城	5	専業農家	家具組立	専門学校卒	幡ヶ谷／単身／賃貸
浩次	23	中3	8	岡山	4	販売事務	飲食業A	地元高校卒	方南町／賃貸

（注）表の「年齢」はインタビュー時のものである。「始年」とは、スケートボードを始めたときの学年を指している。「歴」とは、スケートボードの継続年数を示す。「滞」は、都内での生活滞在期間を年数で示したものである。（2007.1. 筆者作成）

第6章 身体化された行為の帰結

スケートボードを始めたのは裕真の小学校6年から靖正の19歳まで幅広くまちまちである。スケートボード歴も辰仁の2年から健太の15年までである。19名の出身地は、都内生まれが4名、都内以外の生まれが15名である。都内で生まれ育った相汰と隆男と翔太は都内の実家からたまり場にやってくる。彼ら以外の14名は、全国の地方都市から都内に一時的に移り住んでいるものたちである。都内での居住形態は、賃貸アパートが主である。専門学校に通う者は、高騰した月々の家賃を親からの仕送りに頼っている。

集団成員の最終学歴は、高卒、専門学校中退、専門学校卒、大学卒の4つに分類できる。地元の高校を卒業して、都内に移動し、アルバイトや非正規雇用として働くのが裕真と浩次である。都内の高校を卒業しているのが翔太、靖正、相汰、隆男である。特徴としてみられるのが、都内専門学校への進学である。専攻科目は、デザイン、ビジュアルアート、スポーツビジネスとなっている。博樹と瑞樹は、スケートボードという文化的活動をより深めることができる進学先として、全国で唯一のスケートボードの授業が受講できる新宿にある専門学校を選択した。博樹はスノーボードの指導者免許も取得している。専門学校に進学するも中退しているのが、健斗である。

新宿路地裏のたまり場は集団の流動性が高い。このたまり場はスケートボードをする若者の大半が、地元から都内に移り住むようになってからの2～3年ほどの付き合いである。出身地域や年齢も異なる。この路地裏を利用するスケートボーダーのそれぞれが愛称で呼び合う[4]。新宿の路地裏は、地元の仲間関係の持続と新たな身地や年齢や本名を知らないというのも珍しくはない。友人ネットワークの構築によって集団が形成される。あえて特徴づけるなら、新宿の路地裏のたまり場では、地方都市の駅前に集まる集団に比べて紐帯が緩やかで流動的な集団が形成されているといえる[5]。裕真と尚集団の細部へと目を配るも、都内に移り住む前からの地元の友人とのつながりがみえてくる。

215

樹は地元の名古屋のときからのスケートボード仲間であり、5歳ほど年上の健太とは名古屋の高架下のスポットで滑っていた頃からの顔見知りの関係である。静岡県出身の和輝と義人は中学の時からの友人である。生まれ育った地元でスケートボードを通じて構築した友人ネットワークは、移動先の都内の生活において切り離されるものではない[6]。都内の新旧マンションの内装工事をおこなう裕真や建設現場で働く義人、料理人の見習いとして働く泰則は、職場先として都内を「選択」し地元から移り住んでいる。裕真や泰則のように高校を卒業して就職先に都内を選択しひとりで都内に移り住んできたものは、スケートボーダーであることを共通項にしてたまり場で新たに友人関係を取り結んでいく。

3 職業の移動

都市位文化集団を対象にした研究では行為者の職業や職業の移動は軽視される。また、学校から職場への移行に着目した若年労働の研究では、学校文化の外での文化的活動を対象化できていない。本書はこの盲点を補う。彼ら・彼女たちが下位文化に没入した時間投資と身体投機のリターンを見定めるひとつの軌跡として、職業履歴を追跡することは意味がある。集団に帰属することで、個人は集団に浸透した選択や判断の影響を少なからず受ける。

都内に自宅があるものをのぞいて、高額な家賃負担の軽減がもとめられる。そこでとられる手段が、友人とのルームシェアや彼女との同棲である。厚生年金に加入する隆司を除いて、国民年金支払い対象者の多くが未納状態である。貯蓄は平均3万円以下である。光熱費の支払いが滞ることもある。地元にはこのまま戻れないと語るものもいる。浩次や専門学校に進学するも、希望職に就職できない。

216

第6章　身体化された行為の帰結

　隆男はワーキングホリデービザを取得し、1年間、それぞれ、ロスアンゼルス、メルボルンで生活する。帰国すると都内でアルバイト生活を繰り返す日々に戻っている。彼らの家族生活に目をむけると、父親の失業、両親の離婚、父親との早い時期における死別を経験しているものも多い。

　直弥は福井県出身染色職人の長男として生まれ、実家を継ぐことを前提に、都内の私立大学商学部に進学した。大学3年を過ぎるころから、板前職人になろうと思うようになる。卒業後、板前見習いとして働くことになるが、職場の厳しさと低賃金への不満から、離職する。離職後の無職の期間は、「おちるところまで、おちた」と振り返る。それによって、働きたいという気持ちもかえって強くなったと語る。中途半端なアルバイトを繰り返すより、徹底的に経験を積んでいる直弥であることの持論である。これも、板前職人の世界で経験を積んですっぱり辞めてしまうことのほうがいいというのが直弥の持論である。手に職をつけていない他の若者が、離職後に正規雇用を強く望んでも、それが実現する機会は、きわめて、すくない。直弥は、現段階では実家に戻ることは考えていない。直弥は都内で自分の店を出すために、経験を積んでいる。

　瑞樹は宮城県でビニールハウス栽培を営む専業農家の長男として生まれ、高校卒業すると、都内のスポ

[4] ストリートで形成される若年集団が「ニックネーム」で呼称しあうなかで集団への帰属意識と仲間との絆を深めていく様相については、ホワイト（1993＝2000）も指摘している。
[5] 若年層を取り巻く家族や学校がどの程度まで変容しているかについては、別稿で詳細な検討が必要だろう。既存の社会構造の「解体」の中で出現する都市貧困を経験する若年層の主体性の闘争に着目したMcDonald（1999）の研究がある。
[6] 下位文化の担い手の移動経験からみてとれる友人ネットワークの持続と変化は、従来の下位文化論の枠組みでは捉えきれない。

ーツビジネス専攻の専門学校に通うため、都内に移住した。専門学校を2年で卒業すると、半年間の無業期間を経験した。その間、両親に仕送りし続けてもらったことが、今でも、申し訳ないと思っている。この学校にも仕事もしない期間を経て、まずは自立して生活できることを強く望むようになった。家具作りの製造工場は、週に5〜6日、早朝6時から14時まで働いている。時給は、1050円で、残業や追加勤務を含めると、月に27万円近くの賃金を稼ぐこともあった。通常は、月に17万円ほどの収入である。実家に8万円のフローリング7帖のワンルーム民間アパートの家賃7万円や生活費を支払い、可能な月には、実家に8万円の仕送りをしている。バイトを終えると2時間ほどの仮眠をとり、夜9時半頃から朝方2時ぐらいまで新宿でスケートをし、バイトが始まるまでの2時間から3時間寝るのが、瑞樹の日常的な生活リズムである。

瑞樹は、都内での正規雇用を希望しているわけではない。都内に滞在している期間の生活費を稼げればよい。将来的には、宮城に戻り、実家のビニールハウスを手伝っていくことを考えている。

浩次は岡山の高校を卒業後、都内のコンビニでアルバイトを始めた。正規就職への希望もなく、就職してみたい職種もなかったため、都内に移動してきてからは、アルバイトで毎月15万円ほど稼ぎ、都内で一年間生活してきた。浩次は、その繰り返しの生活に居候し、アルバイトで貯めた100万円をもって、メルボルンからの離脱を図り、ワーキングホリデービザを取得し、アルバイトをしてきた。メルボルンでは、半年が経過したころから、韓国系レストランでアルバイトを始めた。1年が経ち、「地元に帰っても仕事ない、正社員にはなれない」と判断してきた。都内でも自分じゃ、見習いとして働いていることもあり、浩次はふたたび都内に戻り、友人宅に居候しながら中野のダーツバーでアルバイトを始めている。週に6日、夜10時から朝方5時までの夜間に働いている。夜間勤務であるが、時間給料は950円である。

第6章　身体化された行為の帰結

表6-3　職業移動──土浦の若年集団の事例

	年齢	職業移動（2001年5月～2006年12月）
和志	27	高校卒→建設土木資材製造工場（正規雇用）
賢治	27	私立大学卒業（茨城県内）→硝子下請け会社（正規雇用）
佑太	27	高校卒→宅配A→洗車A→製造作業（正規雇用）→宅配A→製造業下請けA
剛史	28	高校卒→塗装工→スキー場A→ガソリンスタンドA→塗装工（短期）→清掃工A→ロンドン語学留学
智毅	26	高校卒→コンビニA→製造作業→ペットボトル再生工場（短期）
祐二	27	高校卒→製造業下請け工場
弘嗣	25	私立大学在学中（都内某）（教員希望）→卒業→地元下請け工場A
貴之	26	高校卒→建設業（正規雇用）
修武	25	高校卒→製造業（正規雇用）→水道業（父親の仕事を手伝う）
琢哉	24	高校卒（美容師希望）→美容院（正規雇用・見習い）→ゲームセンターA→（都内）ホテルマン育成専門学校
徹也	24	高校卒（理容師希望）→（茨城県内）理容師専門学校進学→理容店（正規雇用）
淳介	24	高校卒→無職（この間、アルバイト経験なし）
和憲	22	高校卒（絵描き希望）→クリーニング屋（正規雇用内定）→コンビニA
紘一	24	高校中退→コンビニA→客引きA→洋服販売A→コンビニA→建設現場日雇いA→コンビニA
大助	23	高校卒→電気メーカー下請け工場（正規雇用）→無職→ストリートファッション店舗店長代理

表6-4 職業移動――新宿の若年集団の事例

	年齢	職業・属性
裕真	27	高校卒→都内移動→内装工A→キッチンA→清涼飲料製造作業A
直弥	26	高校卒→都内移動→都内私大卒→飲食店（正規）→求職→飲食店（青山）→求職→飲食店板前（正規）
健太	32	高校卒→都内移動→都内専門学校卒→美容サービス従事（正規雇用）→地元名古屋へ移住
尚樹	25	高校卒→都内移動→私立大学卒業後→求職活動中
隆司	29	都内高校卒→専門学校卒業（デザイン）→専門学校教員（正規雇用）
博樹	23	高校卒→都内移動→専門学校卒業→営業・販売事務（正規雇用）
靖正	26	高校卒→都内移動→「出会い系サクラ」A→都内在住、連絡不通
辰仁	23	（韓国）高校卒→語学学校学生（日本の大学に留学希望）→韓国に帰国→軍隊（2年）
相汰	21	都内高校卒→ファッション系雑誌モデル→都内在住、連絡不通
和輝	26	高校卒→都内移動→清掃作業A→地元静岡に移住求職中
隆男	21	都内高校卒→ロスアンゼルスに語学留学（1年間）→「出会い系サクラ」A→求職中
敦志	24	高校卒→都内移動→専門学校卒業（デザイン系就職希望）→建設現場A
義人	28	高校卒→都内移動→専門学校卒業→建設現場A or 写真の依頼仕事
雅史	23	高校卒→都内移動→弁当配達A→大阪に移住、A
泰則	27	高校卒→都内移動→飲食店料理（正規）→地元北海道に移住
健斗	22	高校卒→都内移動→専門学校中退→映像アシスタントA
翔太	23	都内高校卒→専門学校進学・中退→求職活動中
瑞樹	23	高校卒→都内移動→都内専門学校卒業→無業（半年間）→家具組み立て工場A
浩次	23	高校卒→都内移動→都内コンビニA→メルボルンでのワーキングホリデー（1年間）→バーテンダー見習いA

第6章 身体化された行為の帰結

表6-5 世代間職業移動と学歴 —— 新宿の若年集団の事例

	出身		祖父職・祖母職	父職・母職	本人現職	本人学歴
裕真	愛知・名古屋	父方	不明・主婦	(故)不動産仲介	清涼飲料製造作業A	高卒
		母方	警備員・飲食業	飲食業		
直弥	福井	父方	染色工・家業手伝い	染色工	飲食店板前	都内私大卒(商学部)
		母方	大工・主婦	家業手伝い	(弟・家業を継ぐ予定)	
隆司	東京・東村山	父方	不明(故)・主婦	飲食製造業	専門学校教員	都内専門学校卒(デザイン)
		母方	不明(故)・主婦	飲食店		
博樹	長崎	父方	—	—	営業・販売事務員	都内専門学校卒
		母方	—	—		
隆男	東京・初台	父方		郵便局員	求職中	都内高卒
		母方	—	パート		
敦志	山形・酒田	父方	専業農家	兼業農家・自営業	建設作業現場A	都内専門学校卒(美容)
		母方	専業農家	自営業・花屋	(兄・自衛隊)・家業を継ぐ	
義人	静岡	父方	作家・主婦	(故)	建設作業現場A	都内専門学校卒(ビジュアルアート)
		母方	左官工・主婦	小料理屋		
健斗	愛媛	父方	建築	(故) 建築	映像アシスタントA	都内専門学校中退(デザイン)
		母方	専業農家	飲食店		
翔太	東京・阿佐ヶ谷	父方	故・不明／不明	失業中	求職中(両親・離婚調停中)	都内専門学校中退(デザイン)
		母方	某新聞社記者・主婦	パート	(兄・ゲーム会社正社員)	
瑞樹	宮城・仙台	父方	専業農家	専業農家	家具組み立て工場A	都内専門学校卒(スポーツビジネス)
		母方	専業農家	専業農家		
浩次	岡山	父方	不明・内職	商品販売事務	バーテンダー見習A	高卒(岡山)
		母方	不明・農業	タクシー運転手		

221

翔太は都内で生まれ、阿佐ヶ谷で育つ。高校を卒業するとデザイン系の専門学校に進学する。進学後、自ら専門学校を辞める。仕事を探しながらも、結局、アルバイトにも就かず2年間、無業状態にある。「アルバイトの面接には行くけど、途中で面倒くさくなる」「古着屋やストリートファッションを扱うショップで働きたい」という。翔太は、アルバイトをしてとにかくお金を稼ぎたいと考えているわけではなく、アルバイトをするにも、こだわりの職種につきたいと思っている。2005年の12月ごろからアパートを借りて、一人暮らしを始めた。アパートの家賃を含め、生活費も、翔太の母親が支払っている。この間に、築いてきた新宿や渋谷界隈の翔太の同世代ストリートネットワークは、この集団のなかでも、随一のものである。クラブイベントには、夕方に起床し、夜新宿に行くまではテレビを観たり、テレビゲームをしたりして時間を潰す。10時ごろから1時ぐらいまでスケートをする。渋谷や六本木のイベントに移動し、イベント終了後朝方に家に戻ってくる。イベント参加の目的は、踊ることではなく、友人主催のイベントに顔を出すことである。

都内での居住場所と居住形態に直接かかわってくるのが出身地である。19名の内訳は、都内出身者4名と、地方出身者14名、韓国出身の1名である。隆司、相汰、隆男、翔太の4名が都内出身者である。隆男は初台、翔太は阿佐ヶ谷にある実家に両親とともに暮らし、家賃を支払わなくとも生活できる。隆司、高校卒業後の1年間のロスアンゼルスでの語学留学を終え、帰国してからも、家賃代をうかせるために実家で暮らしている。食事も自宅でとることができ、求職中もとりあえずは生活に支障はない。健太や翔太も、家賃を支払う必要はない。

地方出身者14名のうち、健太、和輝、泰則の3名はすでに地元に帰郷し、雅史は、新たな生活環境と仕

第6章 身体化された行為の帰結

事をもとめて大阪に移住した。健太は美容サービス従事者として都内で2年間働いた後、地元名古屋で同種の仕事に就いている。料理人として都内で1年半ほど働いていた泰則も、地元の北海道に戻り、飲食店で働いている。都内で非正規雇用の清掃作業員として働いていた和輝は、中学時からの長い友人関係にある義人に、「もう、これ以上、都内で生活していく金が続かなく」なったと電話で伝えた直後に、地元に帰郷した。和輝の帰郷理由は、アルバイトによる低額収入の半分以上を家賃の支払いにあてる生活が続かなくなったことである。もともとの都内の滞在理由は、都内での永住を目指した正規雇用の獲得に向けての就職活動であった。それはうまくいかない。そのとき、都内でスケートボードや他のストリート系下位文化的活動を続けることが、都内滞在理由として重要度を増してくる。働くために都内に生活しているのではない。文化的行為を続けるために、不定期な雇用で生活費を稼いでいくことになる。

裕真、義人、瑞樹、浩次は、休職求職期間をそれぞれに経験し、アルバイト生活で生活費を稼いでいる。裕真は清涼飲料の製造工場でアルバイトとして働きながら、月15万円ほどの収入を得ている。カメラマンとしての受賞経験や写真展も開く腕前の持ち主でもある義人は、不定期に建設作業現場の日雇いアルバイトで生活費を得ている。月収にすると10万円未満が平均収入である。義人がファッション雑誌モデルの相汰の写真をとる光景も新宿路地裏のたまり場では日常的にみられた。路地裏のたまり場で構築した仲間とのつながりは、スケートボードという文化的行為をこえて、アルバイトや清掃作業の手伝いなどの「小遣稼ぎ」へと連接していく。靖正の紹介により都内の高校に通う隆男は、時給1200円という割高の「出会い系サイトのサクラ」のアルバイトを始めるようになる。スケートボードの話題と「小遣稼ぎ」に関する情報交換が毎日のように交錯する。

都内滞在のために、選択されるひとつの手段が、友人や彼女と同居し、家賃負担を軽減させることである。

る。義人と敦志は、同居し、浩次は、翔太のアパートに居候している。裕真、博樹、健斗は、彼女と同居している。尚樹と隆司と瑞樹は、彼女のアパートと自分のアパートを行き来する半同棲生活を続けている。実質的に、アパートで一人暮らしをしているのは直弥だけである。

直弥、隆司、博樹を除く11名は、国民年金は未払いであり、貯蓄額は、3万円以下である。「その日暮らしではないが、その月暮らし」と義人は言葉をもらしている。光熱費の支払いが滞ることは決して珍しくなく、ガスや電気の使用が停止されるとなんとか、お金を用意する。納入をすませる。裕真の携帯電話は、使用料金未納のため利用停止になる。たまり場近くのコンビニでビールや発泡酒とつまみをこしらえ、ストリートで酒盛りをする。一人500円もあれば、それなりに、盛り上がる。ときには、たまり場から新宿西口にある格安居酒屋店に流れ込む。ある夜、人で居酒屋に出かけ、6時間ほど会話を楽しんだ。2つのメインテーブルの日の会計は2万2500円で、1人分の飲食代金としては、2500円である。義人の友人がこの店でアルバイトとして働いていて、新宿界隈の居酒屋と比較するとリーズナブルである。料金の安さにつながった。いざ支払いなるを独占し、生ビールやサワー等を勢いよく飲み続け、つまみとなる肉料理も頼張った。ビールの本数などを随分と減らして友人割引をしてくれたことが、料金の安さにつながった。いざ支払いなると、2500円の飲食代を払えたのは4人だけである。残りの5人は、所持金が足りずに払えないでいる。結局、私と隆司と女性スケートボーダーである麻衣の3人で不足分の立替をおこなうことで話がまとまった。

成員全員が卒業や中退することで学校機関から離れている。その大半が正規雇用としての職場を見出すにいたっていない。正規雇用として働いていても辞めてしまう。学校や職場に属さないことは、文化的行為に没入する機会と物理的時間を提供する。スケートボードという文化的行為に集中的に取り組むた

第6章　身体化された行為の帰結

めに、職場から離れることもある。アルバイトで毎月の生活費を稼ぐ。地方から出てきた者たちの都内での生活は仮住まいであり、一時的な居住である。低収入の半分以上が、毎月の家賃や光熱費にあてられていく。家賃の支払いが続かなくなるとき、地元に帰郷することになる。地元に戻ったところで正規に雇用されるとは限らない。地域によっては、その機会はより限られたものになる。社会的・経済的・文化的・空間的滞留が、絡まりあうようにして生活の不安定化に導く関係性を構築している。

正規雇用として働くのは、隆司と博樹、地元に帰郷した健太と泰則である。専門学校を卒業し、都内でアルバイト生活をする瑞樹は、「いずれは実家の農業を手伝うことも考えている」と述べる。ただ、現段階では、「専門を卒業して、希望職につかないで、のこのこ地元には帰れない」という。ちなみに、敦志や瑞樹は、祖父母職から農業を継承している。翔太の父親は、失業中である。裕真、義人、健斗は、父親と死別しており、母親が飲食業で家計を賄っている。集団成員における父親の不在の傾向がみられる。健斗は、地元で建築業を継ぐもとに、就職先を見つけ出していかなければならない。高校を卒業し、地元で就職するという学校から職ことを念頭においてきたが、父親の急死によって、建築業を継承していくことが厳しそうである。敦志と瑞樹は地元で家業を継ぐことを考えながら、都内で生活している。

メディア関連で活躍すべく、安月給で映像アシスタントアルバイトとして経験を積んでいる。裕真、義人、浩次は、地元に戻っても家業を継ぐことはない。高校を卒業し、都内でアルバイト生活をしながら、数年の間、一時的に滞在し、家業を継ぐという選択肢もなく地元にもどるとき、彼らは、限られた社会関係を場へのスムーズな移行から外れ、家業継承の選択肢もないとき、都内でアルバイトをしながら、一時的に滞在していくことで生活の不安定化のサイクルから逃れられない。この集団成員のなかでも、何人もが、都内滞在期間中、盆や正月をふくめて実家に帰省することは稀である。空間的滞留をもたらす閉塞化した

移動の背景には、金銭的な理由が直接影響している。

成員たちも年齢を重ね、集団の平均年齢が25歳前後になると労働への関心が高まっていく。集団内で議論されるようになるのが、正規雇用、非正規雇用、無業者という雇用状態についてである。正規雇用の身にある隆司や博樹が、他の成員に対して、蔑視的言葉をなげかけることはないが、非正規雇用で働き、地方からの出身者で毎月、家賃という大きな経済的負担をかかえる裕真や義人、瑞樹が、都内出身者で無業中にある翔太や隆男に対して厳しい言葉をかける。家賃も払う必要がなく、アルバイトもしていないということに対する苛立ちからくる言葉である。非正規雇用と無業という社会的身分の相違が、集団内に滑り込み集団内の関係性を作り出す。

4 滞留の構造

新宿のたまり場で最年長の健太は「スケートボードが生活そのもので、スケートから離れることは考えられない。**辞めるのはスケートではなくて仕事**。住む場所を移動しても、スケートはどこでもできる。ひとりでも、できるし、どこに行ってもスケートボーダーに会える」と語る。名古屋の高校を卒業し、就職した地元の会社を5年で辞め、都内の専門学校に通っている。健太はスケートボードを中学2年のときに始めて15年間継続している。スケートボードから離れたことは一度もない。

小学校、中学校、高校という学校集団に所属している間にスケートボードと出会い、スケートボーダーになっていく。運動部活動や体育のなかで実施されるスポーツ種目は、サッカーやバスケットボール、野球、体操、武道などである。スケートボードは体育の授業や運動部活動でおこなわれない。スケートボー

第6章 身体化された行為の帰結

ドを持ちこむことすら禁止している学校もある。学校側の視点からすると、スケートボードは何ら評価に値しない。高校に比べて中学校は、部活動や授業、学校行事に生徒は真面目に取り組むべきだという風潮が強い。一部の生徒を除く多くの生徒たちは、あまりに自明な学校規範に疑問を持つこともなく、規範に従う。学校規範には決して順応しない実践がスケートボーダーの実践なのである。彼らと学校との乖離はこのようなところから生じている。彼らがスケートボードにはまっていく過程が、学校の価値基準からはずれていくことになり、それが結果的に学校生活との距離を広げることになる。

スケートボードを始めたきっかけについて、決まって「おもしろそうだったから」、「格好いいから」、「先輩がやっていたから」、「友達がやっていたから」と語る。スケートボーダーを始めた動機についての彼らの語りは、このように定型化されている。なぜスケートボードを始めたのかと彼らに直接問うことからは、彼らをスケートボードへと向かわせる要因がみえてこない。「スケートボードは、流行りで最初はみんな手をだすけど、すぐにやめていく。10人始めたら残るのはせいぜい1人か2人」（和志）。ここからは、スケートボードが多くの若者に経験されうる身近な対象であることと、その反面、大半が一時的な興味にとどまるものであるということの2つの面を知ることができる。

スケートボードに打ち込む若者が「スケボーがすべて」といった類の言葉を口にする。この言葉は、単に、文化的行為としてのスケートボードへのアディクションを示しているわけでも、身体技能を直接、職業へと結びつけたプロフェッショナルのスポーツ選手等が表現する「野球がすべて、サッカーがすべて」という意味合いとも異なる。スケートボードをすることは、職業ではない。生活費を稼ぎ出すようなことはなく、スケートボードは文化的行為だ。あるものは、家から学校に通い、学校が終わるとスケートボードをして、家に帰るという1日を過ごし、繰り返している。

227

あるものは不定期のアルバイトの合間にスケートボードに打ち込む。学校を卒業しても、就職しても、スケートボードをし続ける。学校を卒業しても、職にたどり着かないもの、いったんは、失業や無業状態にあってもスケートボーダーもいる。両親が所有する実家で生活を続ける若者は、たとえ、失業や無業状態にあっても、食事と寝床は確保され、何の支障もなく過ごしていくことができる。賃貸アパート等に一人暮らしするものでも、簡単な面接によって採用されるアルバイトの収入によって、家賃を支払っていける。有り余る時間の大半をスケートボードに注いでいく。そのなかには、スケートボードへの没入することの象徴的価値、のいずれかの条件によって、都内で暮らした経験を持つ。

地元土浦から他の場所へと移り住む、佑太、弘嗣、琢哉、紘一は、第一に、アルバイトの職が簡単に見つかるという労働の豊富な供給地であること、第二に、進学先の私立大学が都内にあること、第三に、東京都中心部から70キロほどに位置する地理的に近接であること、第四に、「都内」で生活することの象徴的価値、のいずれかの条件によって、都内で暮らした経験を持つ。

剛史がロンドン暮らしを始めている。新宿のスケートボーダーのなかにはほかにも、隆男がロサンゼルスに1年間生活し、浩次がメルボルンで同じく1年間暮らしている。彼らに共通するのは、現地のスケートボードカルチャーへの好奇心から海外へ旅立っていることである。スケートボードという文化的行為のグローバルな広がりを彼らは象徴されてきた「本場」に出向くのである。ただ、海外での生活経験は、隆男や浩次においては、1年間という一時的な滞在にとどまり、国内へと戻ってくる。剛史に限っては、最低3年の滞在を見越して旅立ち、本人も移住を考えていることから、この滞在が一時的なものから、永続的なものとなることもありうる。

228

第6章 身体化された行為の帰結

個人的軌道は集団的軌道を構成していく。同時に、集団的軌道が個人的軌道を規定していくといっても過言ではない。第一に、地元の高校卒業後、地元土浦の製造業や建設業等の下請け工場で正規雇用されるもの、実家から通える地元の私立大学に進学し、卒業後、同じように、地元の下請け工場で働くものもいる。そこにも、不安が付きまとう。高校を卒業して、地元の製造業下請け工場に就職した和志は、6年前、「まあ、将来は、なんとかなりますよ」と勢いよく言葉を発した。それから、4年が経過し昼食を一緒にとっていると、和志は、「なるべく先のことを考えないように過ごしている」と語った。和志は、8年間、地元の下請け工場で働き続けてきた安定労働者でもある。和志は、安定でありながらも、この先の不安から逃れられないでいる。この地元の労働者になる過程は、高校に入学する時点で、若者にすでに、意識されている。高校を卒業して、地元の下請け工場に就職していくことがひとつの慣例になっている。労働者へと赴いていく過程逃れでる者がでてくる。

第二に、地元の高校を卒業し、地元で非正規雇用としてアルバイトをしていく者がいる。しかし、それが、階層上昇を導いていく選択でないことも確認される。アルバイトや失業期間を経て、残された選択として、地元の下請け工場に就職を決断するものが出てくる。職種の異なるアルバイトの経験やその現場での仕事仲間との出会いも軽視されてはならない。この滞留期間に、打ち込むことで獲得した卓越化したスケートボードの身体技能には目を見張るものがある。なかでも、和憲、佑太、大助は、それぞれに、社会的な不利な状況を2年から5年にかけて経験しながら、その間に下位文化的身体資本を蓄積し、この境遇を抜け出すきっかけを掴みつつある。佑太、和憲、弘嗣は、スケートボードショップの専属ライダーとして関東圏のスケートボードのイベントに参加するほか、年下のキッズ世代に、スケートボードの技術を伝達していくインストラクターの役割を担う機会を得ているほか、大助は、ストリート系ショップの店長として

働きながら、下位文化と労働の現場が結びついた場で経験を積んでいる。佑太は、土浦のローカルスケートボーダーでありながら、国内トップのプロスケートボーダーとして認知されるようになった。佑太はスケートボードDVD出演のため、海外の撮影にも声がかかるようになり活動を広げている。ここには、文化的活動のさらなる展開がみてとれる。現段階では、これらの行為は、従来の労働という枠組みの外に位置づけられ、労働対価が的確に支払われるわけではない。下位文化的行為を労働へと結びつけていくことは、容易ではない。身体資本を獲得していくことができるものは、アルバイトや失業の生活を送る若年層においてきわめて少数であることも容易に予想される。地元の下請け工場への就職を拒否することで獲得した時間をどのように活かしていくのかに関して、自分で見つけ出すしかない。下位文化集団は、職業斡旋やアドバイザー的な制度的サポートと乖離している。

もうひとつの選択として、第三に、地元の高校を卒業し、都内へと移動するものたちがいる。そのなかには、地元の高校を卒業後に都内に移るものと、一定期間地元でアルバイト生活をした後に、上京するものもいる。都内への移動という選択は、専門学校や私立大学に進学するもの、アルバイト生活をするものにわかれる。地元の高校を卒業後に、都内で正規雇用の職場を見つけ出しているものはいない。高校を卒業して、都内で働くもののなかには、泰則が料理人として正規雇用された以外は、アルバイト生活を送っている。正規雇用についていた健太と泰則は、都内での職場経験をいかす同種の職業を見つけ、地元に戻っていく。友人や彼女と同居することで家賃の負担を軽減させることで、アルバイトの収入でも都内で何年もの間、生活していくことができる。

都内に就職した名古屋出身の健太と長崎出身の博樹は、どちらも、専門学校に進学した後、専門学校とつながりのある職場へと就職していく。瑞樹、敦志、義人は、専門学校卒業後、正規雇用を希望しつつも、

230

第6章　身体化された行為の帰結

アルバイト生活を迎える。経済的困窮を理由に6年間の都内でのアルバイト生活に終止符をうち、和輝は、実家のある地元へと戻っている。いずれにしても、都内で経験を積んだものたちも、階層上昇の糸口はみられず、希望とする職業と就職可能な職業との乖離は、一層広がっていく。誰しもが、残された職業への就職を決断するときを迎える。そのとき、下位文化的行為は無効化され、高校を卒業した後、アルバイトや失業を繰り返すときのに、残された職場が与えられることになる。

和志、賢治、祐二、貴之、修武、徹也は、高校や私立大学を卒業後に、地元の下請け工場に就職する。和志らによると賢治は、スケートボードをやめ、就職してたまり場に姿をみせなくなったのが賢治である。和志らによると賢治は、スケートボードをする仲間との友人関係を絶って定期的にとってきた連絡もなくなった。就職してスケートボードをしに、たまり場に来る頻度が少なくなり、翌日の仕事にむけて、スケートボードを終えると帰宅する。

スケートボードとは日常生活における単なる一部分ではない。彼らがスケートボーダーとして生きることは、痛みや不安といった身体の感覚を介して、下請け工場で肉体労働者として働くこと、アルバイトをしているということと、連続している。スケートボードが彼ら・彼女たちにとっての日常的な生活で大きな意味を占めている。不定期に学校に行くもの、学校で本来のパーソナリティとは異なる自己を演じるもの、不定期に働くもの、にとっては、学校に行くことや働くことがスケートボードより軽視される。本章でみえてきたのはスケートボードという身体的行為に快楽を体感し、下位文化集団に帰属することで集団内における自己の存在意義を感じながらも、不安定な社会的境遇へと組み込まれていく行為者の生き様である。

行為者の生きられる歴史に着目してきた本章を締めくくるにあたり、学校から職場への移行、とくに、

中学校から高校への進学過程と高校から職場への移行過程について振り返ってみたい。都市下位文化集団に属し文化的行為に没頭する行為の一方で、社会空間での移動を経路づけていく、高校への進学と、高校から職場への移行の意思決定が短期間にいとも簡単におこなわれる。

ここで述べたいことは、学校での進路指導が十分に成されていない、ということではない。指摘したいのは学校文化の教員が、彼らにいくつかの選択肢を提示しているであろうことは想像に難くない。指摘したいのは学校文化から距離を置き、自らの居場所を獲得し、自己の肯定感を高める働きをしている都市下位文化集団へのコミットメントが、自身の進路を選択するという重要な意思決定の軽視をもたらしているに違いないという点である。地元の下請け工場に就職していくことや、高校を卒業してアルバイトを繰り返すという働くモデルは、彼らが帰属している都市下位文化集団ではよく見られることであるし、もっと言えば、集団において、働くということは「どこでもとくにかわらない、どうでもいいこと」として理解されている。

都市下位文化集団が社会空間における集団の移動を形成していく基盤として機能し、その結果として、集団で共有される文化を媒介にして、社会的な再生産がおこなわれていく。このように、文化的な行為が、再生産の過程に組み込まれて存在することが明らかになるとき、われわれはウィリスの「文化的なものを目的意識的に物質的な力へと鍛えあげる可能性がある」(ウィリス 1977＝1996: 446) という示唆に立ち戻る必要がある。本書の対象を引き寄せて言い換えると、都市下位文化集団の成員が目的意識的に行為を生み出すことで、彼らをとりまく構造を変えていく契機となりうることをウィリスは提言している。

このウィリスの提言と本書の事例とは乖離がみられる。文化的なものが社会的な再生産に加担しているにもかかわらず、意識的に構造をかえていく行為を生み出せていない、これがこの国でスケートボードに

第6章　身体化された行為の帰結

没頭している若者たちの現状である。この先、どうなっていくのかわからないという不安、辞めたくても辞められない職場、彼らが行きついたのは、自身の肉体を賭けて労働者としての文化を形成しながら働いていくといった割り切れるものではなくて、痛みに耐えそこに生きる喜びを刻印してきたスケートボードの身体に社会的な痛みを上書きし、声を荒げずに生きていく静かな舞台である。

結論

行為の集積と集団の軌道

文化的なものはどのような意味でも自由に浮遊できるものではない。それは、構造的な規定因と機械的にではないにせよ関係し合っているのであり、ごく具体的な物理的環境や組織的または制度的な文脈と交渉し合うことを通じて、往々にしてそれらとの間に独特のバランスをとり、相補的な関係をとり結ぶ（ウィリス 1977＝1996: 430）。

没頭する身体
（©筆者撮影）

1 集団生成の論理

なぜ、若者たちはフェンスに囲われた暗がりの広場でスケートボードをしているのか、というのが、本書の出発点となる問いであった。私が調査を開始した時点で思い浮かべていた答えは、若者たちが好んでその場所を選び、行為を楽しんでいるからだという行為者の論理に特化した見解である。行為の面白さに魅かれた若者がいつしか集まるようになり集団を形成し、その文化的行為を継続していく。行為者の論理を重視した集団生成の論理は、特定の文化的行為を媒介に繰り返し生み出される都市下位文化の生成の根拠を捉えている。けれども、行為者の論理のみに重点をおいた都市下位文化集団の生成過程は、集団生成の実態の一部を説明しているにすぎない。というのも、フェンスに囲われた暗がりの広場でなければならない理由は、行為者の論理のみでは説明することができないからだ。都市下位文化集団が生み出される場所や時間というのは、行為をとりまく都市空間の利用と管理をめぐるポリティクスとの交渉と折衝の結果である。

調査を進めていくなかで、行為者による都市下位文化集団の生成のみに当てはまらないいくつかの要因が絡みあっていることがわかってきた。そこで私はスケートボーダーへの個人的な興味や関心を一度白紙へと戻し、若者が集団を形成し文化的行為を都市で創出していくことの社会的な意味を分析していくための理論と方法を探索した。都市に生起する若年集団が、若者たちの社会的境遇と文化的行為の関係性によって生み出されるというマクドナルドの視座に着目した。さらに、フィールドワークの方法論的な強みをいかし、本書ではできる限り行為者の社会的世界に迫りながら民族誌的な記述を積み上げてきた方法論的な強みをいかし、本書ではできる限り行為者の社会的世界に迫りながら民族誌的な

結論　行為の集積と集団の軌道

行為者の主体的な論理と行為者をとりまく構造的な要因との網の目を解きほぐしてきた。都市下位文化集団に関する研究視座を検討し、ストリートでの問いを社会学的な問いへと練り上げていった。波を待つサーファーに乗られていた海岸のスケートボードが、都市へと進出し都市空間を自らの遊び場へとかえる行為特性を備え、それが大多数の人々にとっての都市空間の利用法とは異なることで、通行人との接触事故や建造物の破損、騒音問題等のコンフリクトをもたらした。開かれた都市のなかで多様なアクターが多目的のままに集うのが、公園や広場のような公共のスペースである。そうした公共のスペースで許容される行為の幅は、以前よりも狭くなってきている。空間は常に記録され、監視され、管理される。都市空間の変化のなかで空間の利用をめぐる問題提起をしていたスケートボードを対象にしたことで、本書は都市下位文化研究において決定的に重要な次のような問題群と取り組むこととなった。以下、4点、挙げていこう。

第一に、行為に対する認識をめぐる問題である。スケートボードという行為自体は犯罪ではない。とはいえ、その行為がおこなわれる場所や状況によっては「犯罪」行為として処罰されることにもなる。都市の路上でおこなわれるようになった文化的な行為としてのスケートボードは、それが「犯罪」行為であるのか、スポーツ的な行為であるのかという、認識の境界に位置付けられ、パフォーマンスを通じてその認識を揺さぶり続けるという特性をもっている。都市を舞台に行為の認識に揺さぶりをかけるスケートボードと多様なアクターとの交渉や折衝に関するポリティクスについては、近年、社会学のグローバルな研究対象となっている。スポーツ、文化、社会に関する研究書の出版社ラウトレッジが2016年に刊行するロンバードの編纂による『Skateboarding, Subcultures, Sites and Shifts』(Lombard 2016) が代表例である。スケートボーディングは、文化、政治、創造性、イノベーション、建築と空間の独特な利用法、商

業文化との結びつき、スケートボーダー自身にとっての真の喜びや自己表現の形式などの観点から分析されている（Lombard 2016: 1）。フィールドでの現象から紡ぎあげてきた本論の分析においても、これらの観点の多くが埋め込まれている。今やスケートボーディングは、現代グローバル社会の都市文化的な組織の重要な部分を占めている（Lombard 2016: 2）。それでは、スケートボードという行為は、サッカーや野球のような近代スポーツの全国的な展開活動の結果、獲得した専用広場での行為は、技術を高め、磨いていくという近代スポーツの哲学にシンクロしていく。けれども、ストリートの心地よさを身体に刻み込んでいるスケートボーダーたちは、そのスポーツ化したスケートボードを部分的に受け入れたに過ぎなかった。行為の認識という点で境界的な位置にあること、この点において、スケートボードは都市下位文化としての特性をつよく保持し続けた。

第二に、スケートボードという「生きた」文化を対象とすることにより、本書は都市下位文化を集団的な相互行為過程として分析することが可能になった。本書でみてきた相互行為の経験的分析を通じて、若者がスケートボードに没入していく理由についても答えることができる。それはまず、「探求の面白さ」である。自分の持っている技を披露する。技をみせる場所を創り出す探究的な行為の魅力がある。それは時間と空間とルールが決められた制度化されたスポーツとは異なり、自ら行為の場を創り出す探究的な行為の魅力がある。

さらに、没入する最大の理由は、「深化の面白さ」である。自分の持っている技の完成度を高め、また新しい技に果敢に取り組んでいく。長期にわたり、継続していることの理由は、できる技の完成度を高め、また新しい技に果敢に取り組んでいく。鍛錬といっても誰からも強制されない。それぞれの動機や気分に応じたペースで自由、気ままに技を深化させている。

「探求の面白さ」と「深化の面白さ」に加えて「共有の面白さ」

238

結論　行為の集積と集団の軌道

がスケートボード文化の醍醐味である。都市空間のなかで行為に取り組む場所を発見し、技を日々、磨き、それを互いに気の知れた仲間と披露し合う。従来、都市下位文化集団の服装が、集団への帰属意識と、外的集団への可視的シンボルとしての意味をもっていたのと同様に、本書で対象としたスケートボードを媒介に形成された集団もスタイルを集団内で共有している。そのスタイルは下位文化的行為をそれぞれに共通してみられるものであり、そのスタイルはグローバルに伝播する。スタイルを共有することは集団内帰属への身体表明であるとともに、グローバルシーンでの共通言語を獲得することでもある。この点、「スケートボーディングは、きわめてローカルな行為であり、世界的に差異のみられないグローバルなネットワークの一つである」（ボーデン 2001＝2006: 3）という指摘は当てはまる。そして形成された集団が、スケートボード文化を下支えしスケートボード文化を再生産していく。「生きた」文化が集団を形成し、形成された集団が「生きた」文化を生み出していく。

都市下位文化集団はいまこの時も形成され今後も形成されていく。集団の規模、生成の過程は、形成される集団によって異なる。都市下位文化研究は、見た目の奇抜さや集団の外見的なわかりなさに焦点があてられ、その表層的な意味を解読する作業に力点が置かれてきた。表層的な意味の解読からは、下位文化的行為に打ち込む当事者の実践の内実を読み解くことはできない。また、文化的行為が生み出される諸要因との関係分析なしに実践の意味に迫ることはできない。集団を形成する原理は何か。集団を維持するにはどのような規則があるのか。集団が生み出す下位文化的行為とは何か？　本書では、都市下位文化集団の相互行為を分析していくことでこれらの問いを一つ一つ紐解いていった。それらの分析を通じて本書では、都市下位文化研究を表象的なスタイルの意味分析から相互行為の経験分析へと深化させることに道を

開いた[1]。

第三に、スケートボードを対象としたことにより、本書は下位文化集団が都市社会から隔離された孤立集団ではありえないこと、そして、都市社会のポリティクスから無縁ではいられないことを、実証した。都市下位文化集団に帰属することの社会的意味や社会的リスクとは何なのか。学校文化を主たる対象としたウィリスは、「学校に現象する対抗的な文化をきめ細かく追跡すれば、階級分化の特質がいやおうなく明らかになってくる」(ウィリス 1977=1996: 15)と述べている。本書では路上に生起する下位文化をきめ細かく追跡することで見えてくるものが何かという疑問を軸に据えて考察を進めその答えを導き出した。都市下位文化集団の生成過程と実践の内実を探求した結果としてみえてきたのは次の諸点である。

集団の行動は、まず、集団成員の数によって決まり、集団内規範の範疇によって特徴が生まれる(ジンメル 1908=1972: 18)。下位文化集団を対象とする研究は、集団内で交わされる「個々人相互間に生じるいろいろな行為を系統的に研究」(ゴッフマン 1967=2002: 3)し、集団の形成と維持の規範と構造を射程に入れなければならない。しかし、このような方針をとった場合、分析の対象外へと追いやられてしまう可能性が増す3つの課題がある。すなわち、①集団と他の社会集団との相互行為の分析、②集団と集団を取り巻く空間的要因との分析、③相互行為に費やす時間的経過の分析である。スケートボードという都市下位文化を対象として取り上げたことにより、本書はこうした分析課題に自覚的に取り組み、そこから多くの発見をおこなうことができた。

都市下位文化集団が生み出す行為とは集団内部のみの社会的行為であるのか？　否である。下位文化集団の生み出す行為は、他の社会集団と接点を持つ。それは、都市に生起する集団であるがゆえに、他の集団と多くの接触の機会をもっていた。土浦駅前広場設置をめぐる署名活動は、その後、土浦市のまちづく

結論　行為の集積と集団の軌道

りネットワークと関わりを持つようになった。まちづくりの会合にスケートボードをする若者が参加したのは、都市下位文化の行為を通じた展開であり、学びであった。だが、それが一時的なものであり、その後の継続的な参加にはつながらなかったことも指摘しておかなければならない。多様な社会集団と接する機会は開かれている。とはいえ、そこから都市下位文化集団と他の社会集団とが恒常的な関係性を構築していくことは、容易でない。むしろ、そうした関係を育てていく機会を保持できずに、都市下位文化集団は、その結束性を強めていく。結束性の強まった集団に帰属し続けることで、集団の成員の社会空間の移動をみても、その同質性が確認されるようになる。

都市に生起する下位文化集団は特定の場所を必要とする。それは、他の社会的行為者も利用する公共の空間であったり、様々な利害関係者からなる偶発的な集まりの空間であったりする。[2] このような空間においては、集団と他の集団との相互行為が、空間的な要因による影響を受けやすい。下位文化的行為が空間的な要因と密接に結びつきながら生み出されている。

第四に、スケートボードという都市下位文化を対象としたことは、必然的に、相互行為に費やす時間的経過の分析へと展開していくことになる。この点は直前の第三として述べた点でもあるが、重要なポイ

[1] 下位文化（subculture）研究は、何に対する下位なのか？ かつては上位文化と下位文化という二項の文化形態を対比的に分析していくことを出発点にしていた。1章で検討したように、下位文化研究の蓄積は、上位文化（mainculture）の主流的・支配文化に矛盾・対立・抵抗するものとして位置付けられる。ライフスタイルが多様化し、インターネットやSNSのインフラ化により容易に社会集団が形成される現在、下位文化に対する上位文化とは何なのか。上位文化と下位文化の境界は何か。上位文化と下位文化の定義と対象を特定することは以前にもまして難しくなっている。とはいえ、下位文化を研究することの意義がなくなったと考えることは早計である。

[2] 共通の目的や趣味を共有し、専用の空間や広場で集まる下位文化集団も少なくない。

ントでもあるので、第四としてあらためて指摘したい。相互行為の経験分析は、その行為が生み出される その瞬間の状況分析に優れている。けれども、都市下位文化集団の生成過程や実践の内実を読み解くには、相互行為の状況分析とともに、相互行為を生み出している間の時間的経過に着目する必要がある。時間的経過とは相互行為を生み出す数分や数時間といった状況的な経過ではなくて、それらの行為にコミットする数ヵ月から数年といった歴史的な経過である。相互行為の分析に時間軸を入れることで、担い手たちや集団の生きられる歴史に迫ることができる。

都市下位文化は行為の担い手として若者に限定されるものではないし、年齢層の高いインフォーマルな社会的集まりなどは、下位文化の長期的なコミットメントとして捉えることができる。これまで都市における下位文化は若年層が一時的にコミットする行為として捉えられてきた。逸脱集団や反学校文化の担い手を描き出した民族誌的蓄積がすでに明示しているように、下位文化的行為は、いずれは「卒業」していくものとして記述されてきた（佐藤 1984）。これに対して、本書の事例では、小学校や中学校のときにスケートボードを始め、それから10数年とスケートボードをし続けているものたちが少なくない。都市下位文化の継続性は行為の継続、集団への帰属であるだけでなく、担い手の生きられる歴史を身体に刻み込んでいく営みである。

彼らの社会空間の移動をみてきたことで従来の都市下位文化集団が、構造やシステムに対する「抵抗」の可能性をはらむ行為を捉えてきたのに対して、90年代に湧出したスケートボードという文化的行為を媒介に形成された我が国の集団は、自らにふさわしい職業を獲得していくことを自己承諾するための認識を共有している。言い換えるならば、本書で取り上げてきたスケートボードを媒介に形成された都市下位文化は、文化的に再生産を推し進める装置として機能しているといえる。

結論　行為の集積と集団の軌道

2　相互行為が導く集団の軌道

たまり場へのインタビューから15年が経過した今、本書をまとめることに2つの社会学的意義がある。

第一に、都市下位文化が社会的に受容される過程を都市空間の利用と管理との関係性に着目し、行為がおこなわれる場所の限定化や行為の制度化を通じて、行為を統制する力が実質的な空間的な囲い込みとして作用していることを明示した点である。本書でみてとれる、一方で専用広場での実施という制度化の力学によって馴化されることと、その他方で、それでも路上でし続ける行為への監視や管理が強化されていくことから考えると、この国の都市下位文化は、その自由度を次第に奪われていく傾向にある。フェンスに囲われた暗がりの広場は、秋葉原電気街口広場として専門雑誌にも数々取り上げられ、広くスケートボーダーに知られていたスケートボードの国内聖地であっただけでなく、都市空間での管理の強化により行為の場が限定化されていくなかで、最後の空隙として見出されていた場所だったのである。

スケートボードは都市の隙間に生じた逸脱行為とも非行行為とも断言されない行為の新しさを持っていた。行為者はたまり場を獲得するために署名活動を展開した。行為を管理する諸機関は、空地の暫定的利用や専用広場から路地裏へと物理的空間を狭めていく過程で、若年集団は、経験を共有し時間をともにすることで集団しての結束性を高めてきた。都市のストリートでスケートボーダーをみかける機会は本調査を始めたころと比較して激減した。そのことが意味するのは、スケートボードという行為の制度化である。全国的に確認された広場設置活動は落ち着き、スケ

ートボードには専用広場が用意されてきた。広場を求めた若者たちの思いは通じた。それは都市の空間すべてを舞台に変えるというストリート・スケートボーディングの楽しみを奪うことでもあった。逸脱行為と非行行為の狭間で揺れ動いていたスケートボードという都市下位文化は、文化的には認知され、受け入れられてきた。この受け入れの過程での制度化は、楽しみの内容をも変えていく。現在から当時の当事者の語りを振り返ると、奇抜な行為が都市でどのように受け入れられ、その後、受容されていくのか、都市が下位文化を飲み込んでいく過程が描きだされている。下位文化的行為の社会的受容のどちらにも勝る速度で、都市空間は創り替えられていく。秋葉原電気街口の仮設広場にも、土浦駅西口広場のどちらにも、大型施設が完成している。管理と監視が強化された空間を自らの空間へと創り変えていく行為のリスクは高まっている。

第二に、15年間という時間経過を踏まえることにより、都市下位文化の成員の相互行為と学校から職場への移行過程と間の関係性を、集団の共変的な軌道として捉えることが可能になったという点である。従来の都市下位文化の研究は、文化的行為の分析や文化的行為が与える社会的インパクトや意味について分析されてきた。それらの研究蓄積では触れられていない、都市下位文化集団の社会移動を本書では論じることが可能となった。ウィリスは「社会的な階層移動の現実を知るためには、個人的資質としての「学力」なる観念的に適応するよりも、文化的な帰属関係を、とくに異なる文化形態のあいだで揺れ動く帰属意識をとらえるほうが、はるかに有効である」(ウィリス 1977＝1996: 149)と述べている。

本書で登場した若者は15年の歳を重ねた。25歳前後の若者は40歳前後になった。スケートボードという下位文化的行為に身体を賭けた若者にとって彼らが没入した時間や行為は何を彼らにもたらしたのか。下位文化的行為の探究と社会空間の移動は無関係ではない。費やした時間と労力、そこで得る身体資本は、彼ら

結論　行為の集積と集団の軌道

が生きていく歴史を刻む資本となる。都市下位文化的行為を媒介に形成される集団が学校から職場への移行を通じて、特定の社会階層へと移行していくわけではない。本書でもみたように、身体資本を使い、経済資本へと転換するものもいる。

けれども、それは集団成員のごくごく稀なケースである。集団の社会移動が上昇移動であるのか、下降移動であるのかは、都市下位文化集団のそれぞれにおいて検討される必要がある。本書においては下降移動が確認された。都市下位文化集団は文化的な行為の空間を獲得し得ても、社会空間からは自由ではいられない。都市下位文化を創出し続けていく行為者たちによる主体的な文化形成の過程と、その過程において身体を賭けて蓄積されていく行為とネットワークが、彼らの社会空間での位置を規定していく。都市下位文化への参加は各自の意思だ。個々人の意思での上昇へと導く転換をもたらすものではない。スケートボードに没入することでの自己鍛錬と集団内での自己の存在証明は、彼らをとりまく構造的な規定要因を鵜呑みにする身体資本は、その大半が社会空間での時間によって得られることでしか存立しえない。学校文化とのズレによる代償は、社会空間での下降移動として彼らにダイレクトに返ってくる。

70年代のバーミンガムを舞台にした『ハマータウンの野郎ども』では、学校を卒業し、労働者として就職していく若者が描かれていた。80年後半の京都を舞台にした『暴走族のエスノグラフィー』でも、下位文化的行為としての暴走からの卒業を経て、社会成員として落ちついていく若者の姿が指摘されていた。文化的な行為の帰結としての社会移動を受け入れることだ。文化的な行為を通じて形成される集団を基盤に、社会的な再生産が実行されていく。本書においては都市下位文化集団が社会的な再生産

を推し進める装置として機能していることが確認された。そして、このことは同時に、スケートボーダーは、「ルーティン化された学校、家族、社会的慣習の世界から一時的に避難することよりも、新しい生き方を見出し」、つまり、「労働の〈外部〉にある生き方」（ボーデン 2001＝2006: 304）を追い求めていくというボーデンの見解との決定的な乖離を見出す。本書においてスケートボーダーは「労働の〈外部〉にある生き方」を見出すことはなく、スケートボードを媒介に形成される集団は、労働の〈内部〉での生き方を自らに経路づけていくために、外部へのエネルギーを和らげる放熱機関としての役割を担っていると認識されるべきなのだ。

下位文化的行為に打ち込むことは、ひと時の「遊び」ではなく個々の生を賭けたライフアクティビティである。下位文化的行為への没入の深度と長期にわたる継続がそのことを物語っている。「スケボーがすべて」という言葉は、スケートボードという文化的行為への彼らの主体的な取り組みの熱心さの度合いだけでなく、一定数の若者が不安定な社会層へと組み込まれていく構造的な動態の行く末を身体経験を通じて察している、ことを意味していた。スケートボードを媒介に形成された都市下位文化集団が、集団の同質的な軌道をもたらす排出装置であるという特性は、他の文化的行為を基盤に形成される都市下位文化集団においても等しく言えるに違いない。都市下位文化集団は、集団をとりまく外的な要因に規定されながら同じ方向に向かっていく。

しかし、その集団の軌道が、現状の社会空間の維持をもたらす平行移動なのか、下降移動となるのか、それとも、上昇移動をもたらす文化的行為であるかは、それぞれの集団の特性と集団をとりまく社会的状況によって偏差がみられるはずだ。学校文化から距離を置いた社会集団が抱える社会的なリスクは想像しうる。都市下位文化研究には各集団の社会的世界に入り込み行為者の生きられる歴史を丹念に描きだす

結論　行為の集積と集団の軌道

手法が求められている。

長期にわたり継続してきた本調査が最終的に導き出すのは、都市下位文化集団は文化的行為を共有し創出していく過程で、行為の担い手たちの社会空間での移動を規定し社会的な再生産装置として機能している、ということだ。この結論は調査中より筆者が思い秘めてきた終着点ではない。行為の面白さや行為に打ち込む若者たちの姿は、まっすぐで実に魅力的だった。行為の一つ一つや集団で交わされるやりとりの集積には、未来を切り開いていく希望の光が差し込み、構造を打ち破っていく泉のごとく湧き出る身体の律動が感じられた。けれども、本書が明らかにしたのは、暗がりのフェンス越しに集まった身体のもつ、社会空間への軌道を刻む規則的なリズムであった。

本書で得られた見識をスケートボーダーや都市下位文化集団にフィードバックすることはできる。都市下位文化集団とは、文化的行為への没入と集団への長期的な帰属を通じて、社会的な再生産の装置として機能する傾向がある。そうであるがゆえに、各々の社会空間の移動を戦略的に練り込んでくしたたかさを行為の没入期間について考える際も忘れてはならない、ということを伝えていく。五感を研ぎ澄まし苦痛と喜びを伴う身体を賭けた生の投資が、思い描く社会空間の移動を導くには、下位文化的行為を客観的に捉え、自身の勝ち得た身体資本をいかなる資本へと転換していくか、的確な認識と中長期での戦略が不可欠なのだ。

最後に、本書で得た見解をもとに都市下位文化研究への課題を示しておこう。今後、都市下位文化集団への研究は、①文化的行為が湧出する場所と過程を都市空間との関係性のなかで捉え、②行為の選択と没入をスタイルの共有と行為の身体経験から抽出し、③身体を賭けた生きられる行為者の時間と社会的なコンテクストとを対話させ、そこから相互行為の構造を導きだし、④そこでの構造が文化を基盤とした社会

的再生産の動力源なのかどうかを分析していくことが求められる。都市下位文化集団の相互行為とは集団内外の相互行為を共有する過程での状況変動的なパフォーマティブな営みであり、特定の社会階層へと経路づけていく個々の軌跡を積み重ねる時間経過の中で、構造的な力学に集団的実践を対峙させ交渉・折衝を続ける只中で生み出されているからである。

あとがき

 別の人生を歩んでいたと思う。スケートボードに打ち込む若者達に出会うことがなかったら、私はおそらく社会学者になっていない。「たまり場」での出会いは、私の人生を経路づけていく決定的な出来事だった。「たまり場」で交わした会話や打ち込んだスケートボードは、私の身体に直接刻み込まれ、今を生きるエネルギーの源泉となっている。身体の細部に浸透した記憶と感覚がストリートでの経験を詳細に呼び起こす。

 行為を続けることや集団に帰属することには、もったいぶった言葉はいらない。スケートボードという共通言語をもつ集団は、行為やスタイルが身体の言語によって維持される社会的世界であった。身体が語る社会的世界の内実を本書に書き起こしていく作業は、言葉にならない身体性を共有する集団行為に、言葉を与えていく産みの苦しみを伴うものであった。書くことの喜びを感じることはごくわずかなモーメントだった。

 『都市に刻まれた軌跡』という本書のタイトルは、出版元の塩浦暲社長がつけてくださった。スケートボードという文化的行為を通じて経験したストリートの変化と行為者たちの成長記録を都市という空間の中で捉え表現したいという私の意図が読者に伝わる素敵なタイトルだと思う。本書の方法としで取り組んだエスノグラフィーは、社会調査の方法論のなかで、もっとも研究者の身体性が反映される手法であると

いえるだろう。現場で目にする様々な事象をどのように分析していくのか、いかなる言葉や質問を対象に投げかけていくのか。その一挙手一投足が研究者に委ねられている。そのため、研究者の価値観や立場性が投影されすぎる生々しさをもっている。しかし、その生々しさへの科学的な批判が気にならなくなった。それぐらい没頭した。スケートボードという都市下位文化の社会的世界をかたちづくる主要な要素を記述することができたと感じている。だから、これほどの長旅となったことも後悔はない。本書を編み上げていく過程は、私自身が社会学者になっていく成長の旅路でもあった。

だが、私のようなフィールドワークは到底おすすめできない。効率が悪すぎる。今ようやくにして「たまり場」で交わした約束（＝本にまとめあげる）を果たすことができる。脳内に刺さったデッキの破片がとれて、ゆっくり眠れそうな気がしている。

社会学とは何であるのか、社会学に何ができるのかを絶えず考えてきた。その私なりの答えが、ぽんやりとみえてきた。私にとっての社会学とは、行為を生み出す個人や集団に自身の身体を賭けて入り込み、そこでの特有のリズムや感覚を私の身体の上に書き込んでいくこと、そうすることで特有の価値や規範をリアルに見出し、それらをとりまく社会との対話に向けて、書き込まれた身体の経験から問題を焦点化していくこと。これが「私の社会学だ」と思う。「身体からの社会学、身体を問いのツールとして、知識のベクトルとして展開する社会学」（ヴァカン 2013: v）の意義を体感し、今後の研究で究めていく。泥臭くていいし、膨大な時間と労力を費やしてもいい。机上で整頓される効率的な社会学への抵抗に、私の存在意義がある。

あとがき

＊　＊　＊

　本書は、一橋大学大学院社会学研究科に提出した博士論文『都市下位文化集団の相互行為に関する社会学的研究——スケートボーダーの都市エスノグラフィー』（2016年3月学位授与）を加筆・修正したものである。審査にあたっては、町村敬志先生に主査をお願いして、小林多寿子先生と中澤篤生先生に副査を引き受けていただいた。都市社会学を専門とする町村先生、語りの分析の代表的な研究者である小林先生、学校運動部活動を専門とする中澤先生、本書を査読していただくのに申し分のない先生方にお願いすることができた。院生時代から研究会や学会でご指導を頂いた小林先生には、長年の宿題を提出することになり、先生からのリプライが楽しみでしかたなかった。本書に描かれた「生きられる経験」や語りのリアリティの深部にまで読みを進められ、「高く評価する」とお言葉を頂けたことは嬉しかった。中澤先生は、本書を緻密に読み込み、多様な角度からクリティカルなジャブを放ってくださった。そのすべてを受け止め真っ向からディフェンスを試みた。中澤先生との刺激的なディスカッションのなかで、研究者としての私に託された今後の課題も明確になった。小林先生と中澤先生に心から感謝を申し上げたい。
　町村先生には院生時代から多くのことを学ばせていただいている。現場を語り抜く先生の筆力には及ばないが、書くことの活力を先生の言葉と著作から吸収してきた。本書の研究成果をシンガポールで開催された国際学会で報告した際の夕食で、「田中君は研究者としてやっていける」という言葉を下さった。お酒の勢いもあって口にした言葉で、先生はおそらく覚えてはいないだろうけど、この先のみえない院生の自分には嬉しかった。執筆が滞ると、いつもそのシーンを頭に思い浮かべてきた。これからもそれはかわらない。表現者としての責務と美学を切ることのないようこれまで精進してきた。

貫いていく。

本書を編み上げていく過程は、多くの師を訪ね、先生方から技を学ぶ修練の期間だった。清水諭先生はスケートボードを対象に社会学をすると研究会で報告して一番、最初に「おもろいね」とフィードバックを下さった。松村和則先生からは私のライフワークともなったフィールドワークの理論と研究者としての構えを徹底的に学ばせていた。若林幹夫先生はスケートボードを都市の文脈で論じる切り口を的確に示唆いただき、『東京スタディーズ』に執筆の機会も下さった。吉見俊哉先生が日本学術振興会特別研究員としての受け入れを認めて下さらなければ研究は頓挫していた。そして、石岡丈昇君とはお互い研究者になれるかどうかもわからない練習期間に切磋琢磨した。この著作を刊行するまでは、ふらふらと姿をみせることはできないと感じていた。都市に籠り、いつか先生方にご報告に伺いたいとその一心で取り組んできた。書くことで苦しむこともわるくないなと思えるようになったのは、良き師に出会えたからである。

＊＊＊

本書は法政大学の2015年度の出版助成をうけて、刊行することができた。研究開発センターの方々は、いつも迅速にご対応して下さる。『丼家の経営』に続き、2冊目のエスノグラフィーを無事に刊行できたのは、出版助成制度と研究開発センターの丁寧なサポートがあったからに他ならない。また、本書は私が研究代表として従事してきた、「現代都市再開発期における公的空間の公共性と文化的実践による空間形成の都市間比較」（2004-2006年、一橋大学）、「現代都市再開発期の空間的隔離と社会的排除に関する研究——都市生活と諸制度の関係性」（2007-2008年、東京大学）、「新自由主義体制下における都市周縁層の空間的隔離と社会的排除に関する日米比較研究」（2009-2010年、法政大学）、

あとがき

　本書は、それぞれの研究期間に個別にまとめてきた論文を本書では大幅に改稿した科学研究費補助金の成果である。

　今回、本書にまとめるのに、各章それぞれ大幅な修正と加筆をおこなってきた。院生時代に専門学会誌や商業誌に掲載され、その都度、各方面から様々なフィードバックを得てきた。頂いたコメントに向き合いながら、本書を編み上げてきた。査読者として的確で建設的なコメントを下さった先生、編集をご担当された皆様に御礼を申し上げたい。

　今回、本書にまとめるのに、各章との対応は下記のとおりである。

田中研之輔「都市サブカルチャーズ論再考」『法政大学キャリアデザイン学部紀要』第9号、2012年、381—428頁（第1章）

田中研之輔「都市空間の管理と路地裏の身体文化——スケートボーダーの『たまり場』をめぐって」『日本都市社会学会年報』第22号、2004年、139—155頁（第2章）

田中研之輔「新宿ストリート・スケートボーディング——都市下位文化の日常性」吉見俊哉・若林幹夫編『東京スタディーズ』紀伊國屋書店、2005年、12—122頁（第3章）

田中研之輔「都市郊外の〈外部〉——スケートボーダーの社会的世界」『現代風俗学研究』第10号、2004年、32—41頁（第4章）

田中研之輔『若庭広場』設置活動にみる都市下位文化の新たな動向——『土浦駅西口広場』設置を求める若年層の諸実践から」『年報社会学論集』第17号、2004年、120—131頁（第5章）

田中研之輔「若年労働と下位文化——スケートボードをする若者の日常」伊藤守編『文化の実践、文化の研究——増殖するカルチュラル・スタディーズ』せりか書房、2004年、58—67頁（第6章）

253

田中研之輔『若年滞留層の社会的排除』『地域社会学年報』第19号、2007年、51—71頁（第6章）［第一回　地域社会学会奨励賞受賞］

本書の装幀は『丼家の経営』に続き、アートディレクターの戸田宏一郎さんにお願いした。誰もが知っているデザインを数々と生み出してきたこの国でもっとも多忙なデザイナーのお一人で、装幀を連続でお願いするのが正直、心苦しかった。それでもなんとしても、戸田さんの技芸をかりて、本書のフォルムを構築したかった。装幀が出来上がってくるまでのそわそわとした感情、そして装幀デザインを汐留のオフィスでみたときの興奮はこの先も忘れることはない。博士論文をもとに刊行される専門書のなかで、記念すべき逸脱を果たすことができた。プロとして仕事をすること、プロとして生きることの構えも同時に学ばせていただいている。　素敵な装幀を有難うございました。

本書の編集は高橋直樹さんにお願いした。高橋さんとは訳書『ボディ＆ソウル』に続いてのタッグとなった。本書での筆の滑りはどことなくぎこちなく力任せのスタイルだった。その滑りを整え、滑らかなりズムを創りだして下さったのは、高橋さんの「トリック＝技」の御陰である。また、いつかお仕事をご一緒できたらと思っている。

　　　　＊　＊　＊

興味を抱くとそのまま行動する勢いに、ただ身を任せて生きてきた私は、博士課程の3年目からメルボルンへと移り、予定の研究生活を終えると、現地の移民局でVisaを更新し在外研究を延長した。その後、U. C. Berkeleyでの客員研究員のポジションが認められ、サンフランシスコへ荷物一式を船便で送り、

あとがき

そのまま西海岸で研究に打ち込んだ。日本学術振興会の特別研究員としての身分なくして院生時代から定職に就くまでの5年間、研究を継続することは不可能だった。

最後に、あまりに時間を要したので本書の刊行を半ば忘れかけていたであろう、父親と母親に本書を捧げたい。正月や盆に実家に帰省すると、父親は「書けたのか」「できたのか」と聞くようになった。その度に、「まだ」「もう少し」と答えるのが久しぶりに交わす親子の会話となった。ここ数年は、それも聞かれなくなった。私も父親として生きるようになり、「書けたのか」という言葉に込められた心境と、あえて聞かなくなった親心も手に取るようにわかるようになった。30歳まで院生を続け、職を得てからもながながと刊行されない著作に、いい加減しびれを切らしていたに違いない。ようやく、形になりました。心からの感謝を込めて。

2016年3月19日

軽井沢バス事故
輝かしい学生たちの将来を暴力的に奪った社会への怒りと
つぎなる著作の決意を新たに

田中研之輔

町村敬志編『都市社会学のフロンティア1　構造・空間・方法』日本評論社.
吉見俊哉, 1998,「カルチュラル・スタディーズとサブカルチャーへのまなざし」『エスノメソドロジーの想像力』せりか書房.
吉見俊哉, 2000,『カルチュラル・スタディーズ』岩波書店.
吉原直樹, 1993,「空間論の再構成のために」吉原直樹編『都市の思想』青木書店, pp. 210-224.
吉原直樹, 1994,『都市空間の社会理論』東京大学出版会.
Zitzer, P., 2006, Skater built, government approved. *Landscape Architecture*, 96(3), 22.

参考文献

田中研之輔, 2004e,「若年労働と下位文化――スケートボードをする若者の日常」伊藤守編『文化の実践, 文化の研究――増殖するカルチュラル・スタディーズ』せりか書房, pp. 58-67.

田中研之輔, 2005a,「ストリート」渡辺潤・伊藤明己編『〈実践〉ポピュラー文化を学ぶ人のために』世界思想社, pp. 152-165.

田中研之輔, 2005b,「新宿ストリート・スケートボーディング――都市下位文化の日常性」吉見俊哉・若林幹夫編,『東京スタディーズ』紀伊国屋書店, pp. 112-122.

Thrasher, F., [1927] 2013, *The Gang: A Study of 1,313 Gangs in Chicago*, University of Chicago Press.

Tuan, Y., 1977, *Space and Place: The Perspective of Experience*, University of Minnesota Press.（=1993, 山本浩訳『空間の経験――身体から都市へ』ちくま学芸文庫.）

Turner, G., 1996, *British Cultural Studies: An Introduction*, Second Edition, Routledge.（=1999, 溝上由紀訳他『カルチュラル・スタディーズ入門』作品社.）

上野俊哉, 2001,「学び／まねび逸れる野郎ども」『都市の境界／建築の境界』INAX出版, 10+1, No.25: 205-214.

上野俊哉, 2005,『アーバン・トライバル・スタディーズ――パーティ, クラブ文化の社会学』月曜社.

上野俊哉・毛利嘉孝, 2000,『カルチュラル・スタディーズ入門』ちくま新書.

Vivoni, F., 2009, "Spots of Spatial Desire: Skateparks, Skateplazas, and Urban politics," *Journal of Sport and Social Issues*, 33(2), 130-149.

Wacquant, L., 2004, *Body & Soul: Notebooks of An Apprentice Boxer*, Oxford University Press.（=2013, 田中研之輔・倉島哲・石岡丈昇訳『ボディ＆ソウル――ある社会学者のボクシング・エスノグラフィー』新曜社.）

若林幹夫, 1992,『熱い都市 冷たい都市』弘文社.

若林幹夫, 1996,「都市空間と社会形態――熱い空間と冷たい空間」『岩波講座現代社会学6 時間と空間の社会学』岩波書店.

若林幹夫, 2000,『都市の比較社会学』岩波書店.

Weber, M., [1921-1922] 1956, *Wirtschaft und Gesellschaft*, 2, 735-822.（=1964, 世良晃志郎訳『都市の類型学』創文社.）

Whyte, F. W., [1943] 1993, *Street Corner Society*, Fourth Edition, Chicago Press.（=2000, 奥田道大・有里典三訳『ストリート・コーナー・ソサエティ』有斐閣.）

Williams, R., 1988, *Keywords: A Vocabulary of Culture and Society*, Fourth Estate Ltd.（=2002, 椎名美智他訳『完訳 キーワード辞典』平凡社.）

Willis, P., 1977, *Learning to Labor: How Working Class Kids Get Working Class Jobs*, Columbia University Press.（=1985, 熊沢誠・山田潤訳『ハマータウンの野郎ども』筑摩書房.

Willis, P., 2000., *The Ethnographic Imagination*, Polity.

Wirth, L., 1938, "Urbanism as a way of life," *American Journal of Sociology*, 44: 1-24.（=1978, 高橋勇悦訳「生活様式としてのアーバニズム」鈴木広編『都市化の社会学』誠信書房.）

吉見俊哉, 1992,「空間の実践――都市社会学における空間概念の革新にむけて」倉沢進・

学訳『都市社会学』恒星社厚生閣.)
Redhead, S., 1997, *Subcultures to Clubcultures: An Introduction to Popular Cultural Studies*, Oxford: Blackwell.
Rinehart, R., & Grenfell, C., 2002, "BMX Spaces: Children's Grass Roots' Courses and Corporate-Sponsored Tracks," *Sociology of Sport Journal*, 19: 302-314.
Rinehart, R., & S, Sydnor, eds., 2003, *To The Extreme: Alternative Sports, Inside and Out*, SUNY Press.
斉藤日出治, 1998, 『国家を越える市民社会』現代企画社.
斉藤日出治, 2003, 『空間批判と対抗社会 ── グローバル時代の歴史認識』現代企画社.
桜井厚, 2002, 『インタビューの社会学 ── ライフストーリーの聞き方』せりか書房.
Sassen, S., 2001, *The Global City: New York, London, Tokyo*, Second Edition, Princeton University Press.
佐藤郁哉, 1984, 『暴走族のエスノグラフィー ── モードの叛乱と文化の呪縛』新曜社.
佐藤郁哉, 1985, 『ヤンキー・暴走族・社会人 ── 逸脱的ライフスタイルの自然史』新曜社.
佐藤郁哉, 1992, 『フィールドワーク ── 書を持って街へ出よう』新曜社.
Sennett, R., 1977, *The Fall of Public Man*, Cambridge University Press. (=1991, 北山克彦・高階悟訳『公共性の喪失』晶文社.)
Shaw, R. C., 1930, *The Jack-Roller: A Delinquent Boy's Own Story*, Chicago press. (= 1998, 玉井眞理子・池田寛訳『ジャック・ローラー ── ある非行少年自身の物語』.)
Simmel, G.,1908, *Soziologie,Untersuchungen über die Formen der Vergesellschaftung*, Dunker & Humblot. (=1972, 堀喜望・居安正訳『集団の社会学』ミネルヴァ書房.)
Simmel, G., 1950, "The Metropolis and Mental Life," *The Sociology of Georg Simmel*. (= 1994, 酒田健一他訳「大都市と精神生活」『ジンメル著作集12』白水社.)
塩原勉・松原治郎・大橋幸編, 1978, 『社会学の基礎知識』有斐閣.
鈴木榮太郎, 1969, 『鈴木榮太郎著作集VI 都市社会学原理』有斐閣.
玉野和志, 1996, 「都市社会構造論再考」『日本都市社会学年報』14: 75-91.
玉野和志, 2004, 「魅力あるモノグラフを書くために」好井裕明・三浦耕吉郎編『社会学的フィールドワーク』世界思想社.
田中研之輔, 2002, 「都市広場の身体文化 ── スケートボーダーの生活誌から」『現代スポーツ評論』創文企画, 7: 158-169.
田中研之輔, 2003, 「都市空間と若者の『族』文化 ── スケートボーダーの日常的実践から」『スポーツ社会学研究』11: 46-61.
田中研之輔, 2004a, 「都市郊外の〈外部〉── スケートボーダーの社会的世界」『現代風俗学研究』10: 32-41.
田中研之輔, 2004b, 「都市空間の管理と路地裏の身体文化 ── スケートボーダーのたまり場をめぐって」『日本都市社会学会年報』22: 139-155.
田中研之輔, 2004c, 「都市的公共空間のポリティクス ──〈生きられた経験〉を空間分析に埋め戻す」町村敬志編『オープンスペースの社会学 ── 東京で/の「すきま」を探す』pp. 8-11
田中研之輔, 2004d, 「『若者広場』設置活動にみる都市下位文化の新たな動向 ── 『土浦駅西口広場』設置を求める若年層の諸実践から─」『年報社会学論集』17: 120-131.

参考文献

康編,『都市社会学のフロンティア2 生活・関係・文化』日本評論社.
松本康, 1992b,「新しいアーバニズム論」鈴木広編『現代都市を解読する』ミネルヴァ書房.
松本康, 1995,「現代都市の変容とコミュニティ, ネットワーク」松本康編『増殖するネットワーク』到草書房.
松村和則, 1993,『地域づくりとスポーツの社会学』道和書院.
Maffesoli, M., 1996, *The Time of the Tribes: The Decline of Individualism in Mass Society*, London: Sage.
McDonald, K., 1999, *Struggles for Subjectivity: Identity, Action and Youth Experience*, Cambridge University Press.
McRobbie, A., 1991, *Feminism and Youth Culture*, Routledge.
Merleau-Ponty, M., 1942, *La Structure du comportement*, Presses Universitaires de France. (=1964, 滝浦静雄・木田元訳『行動の構造』みすず書房.)
Mitchell, D., 2003, *The Right to the City: Social Justice and the Fight for Public Space*, New York: The Guilford Press.
Muggleton, D., 2000, *Inside Subculture: The Postmodern Meaning of Style*, BERG.
Muggleton, D., 2005, "From Classlessness to Clubculture: a Genealogy of Post-war British youth cultural analysis'," *Young*, 13(2): 205-219.
Muggleton, D., & R. Weinzierl, eds., *The Post-Subcultures Reader*, BERG.
中野卓編, 1964,『地域生活の社会学』有斐閣.
中野卓編著, 1977,『口述の生活史――或る女の愛と呪いの日本近代』御茶の水書房.
中野正大, 1997,「社会調査からみた初期シカゴ学派」宝月誠・中野正大編『シカゴ社会学の研究』恒星社厚生閣.
難波功士, 2003,「ユース・サブカルチャー研究における状況的パースペクティブ――戦後日本社会を題材として」『関西学院大学社会学部紀要』95: 107-121.
成美弘至, 2001,「サブカルチャー」吉見俊哉編『カルチュラル・スタディーズ』講談社選書メチエ.
西澤晃彦, 1995,『隠蔽された外部――都市下層のエスノグラフィー』彩流社.
奥井復太郎, 1975,『都市の精神――生活論的分析』日本都市社会学会編, 日本放送協会.
遠城明雄, 1998,「『場所』をめぐる意味と力」『空間から場所へ』古今書院, pp. 226-236.
遠城明雄, 1999,「空間スケールと『社会的実践』――『近代性』の変容をめぐって」納富信留・溝口孝司編『空間へのパースペクティヴ』九州大学出版会, pp. 67-88.
Owens, P., 2001, "Recreation and Restrictions: Community Skateboard Parks in the United States," *Urban Geography*, 22(8): 782-797.
Park, R. E., E. W. Burgess & R. D. McKenzie, 1925, *The City*, Chicago: University of Chicago Press. (=1972, 大道安太郎・倉田和四生共訳『都市』鹿島出版会.)
Park, R. E., 1929, *The City as Social Laboratory*. (=1986, 町村敬志・好井裕明編訳『実験室としての都市』御茶の水書房.)
Parker, S., 2004, *Urban Theory and the Urban Experience: encountering the city*, Routledge.
Pickvance, C. G., ed., 1977, *Urban Sociology*, Tavistock. (=1982, 山田操・吉原直樹・鯵坂

Karsten, L., & E. Pel, 2001, "Skateboarders Exploring Urban Public Space: Ollies, Obstacles and Conflicts," *Journal of Housing and Built Environment*, 15: 327-340.

小林多寿子, 1995,「インタビューからライフヒストリーへ」中野卓・桜井厚編『ライフヒストリーの社会学』弘文堂.

倉沢進, 1999,『都市空間の比較社会学』放送大学教育振興会.

Lefebvre, H., 1968, *Le Droit à la ville*. Paris: Anthropos.（= 1969, 森本和夫訳『都市への権利』筑摩書房.）

Lefebvre, H., 1974, *La Production de l'espace*, Paris: Anthropos.（= 2000, 斉藤日出治訳『空間の生産』青木書店.）

Lombard, K., ed., 2016, *Skateboarding: Subcultures, Sites and Shifts*. Routledge Research in Sport, Culture and Society.

Low, S. ed., 1999, *Theorizing the City*, New Brunswick: Rutgers University Press.

Low, S., 2000, *On the Plaza: The Politics of Public Space and Culture*, University of Texas Press.

Low, S., 2002, "Spatializing Culture: The Social Production and Social Construction of Public Space in Costa Rica," *American Ethnologist*, 23(4): 861-879.

Low, S., 2003a, "The Edge and the Center: Gated Communities and the Discourse of Urban Fear," S. Low, & D. Lawrence-zuniga, eds., *The Anthropology of Space and Place*, Blackwell Publishing Ltd.

Low, S., 2003b, *Behind the Gates: Life, Security, and the Pursuit of Happiness in Fortress America*, Routledge.

Lyon, D., 2001, *Surveillance Society Monitoring everyday life*, Open University Press.（= 2002, 河村一郎訳『監視社会』青土社.）

馬渕公介, 1989,『「族」たちの戦後史』三省堂.

Macdonald, N., 2001, *The Graffiti Subculture Youth, Masculinity and Identity in London and New York*, Palgrave Macmillan.

MacDonald, R., & J. Marsh, 2005, *Disconnected Youth? Growing up in Britain's Poor Neighbourhoods*, London: Palgrave Macmillan.

MacDonald, R., & T. Shildrick, 2006, "In Defence of Subculture: Young People, Leisure and Social Divisions," *Journal of Youth Studies*, 9(2), 125-140.

町村敬志, 1994,『「世界都市」東京の構造転換』東京大学出版会.

町村敬志, 1996,「グローバル化の都市的帰結——移動者視点から見た都市」井上俊他編『岩波講座現代社会学18 都市と都市化の社会学』岩波書店.

町村敬志, 1999,「グローバル化と都市——なぜイラン人はたまり場を作ったのか」奥田道大編『講座社会学4 都市』東京大学出版会, pp. 159-211.

町村敬志・西澤晃彦, 2000,『都市の社会学』有斐閣.

松本康, 1990,「新しいアーバニズム論の可能性——パークからワースを超えて、フィッシャーへ」『名古屋大学社会学論集』11: 77-106.

松本康, 1991,「都市文化——なぜ都市はつねに『新しい』のか」吉田民人編『社会学の理論でとく現代のしくみ』新曜社.

松本康, 1992a,「都市はなにを生み出すか——アーバニズム理論の革新」森岡清志・松本

参考文献

about the struggles for legitimacy in the field of sports?" Published on the Internet, http://idrottsforum.org/articles/dumas-laforest/dumas-laforest080409.pdf.

Emerson, R., R. Fretz, & L. Shaw, 1995, *Writing Ethnographic Fieldnotes*, The University of Chicago Press. (=1998, 佐藤郁哉・好井裕明・山田富秋編訳『方法としてのフィールドノート――現地取材から物語作成まで』新曜社.)

Fischer, C. S., 1975, "Toward a Subcultural Theory of Urbanism," *American Journal of Sociology*, 80. (=1983, 奥田道大・広田康生編訳「アーバニズムの下位文化理論に向けて」『都市の理論のために』多賀出版.)

Fischer, C. S., 1976, *The Urban Experience*, New York: Harcourt Brace & Jovanovich. (=1996, 松本康・前田尚子訳『都市的体験――都市生活の社会心理学』未來社.)

Fischer, C. S., 1995, "The Subcultural Theory of Urbanism: A Twentieth-Year assessment," *American Journal of Sociology*, 101(3): 543-577.

Fine, G. A., & S. Kleinman, 1979, "Rethinking subculture: An interactionist analysis," *American Journal of Sociology* 85: 1-20.

Gelder, K., & S. Thornton, eds., 1997, *The Subcultures Reader*, Routledge.

Gordon, M. M., 1947, "The Concept of the Sub-culture and its Application," K. Gelder & S. Thornton eds., *The subcultures reader*, London: Routledge.

Gordon, M. M., 1970a, "The Concept of the Sub-Culture and Its Application," D. Arnold, ed., *Subcultures*, The Glendessary Press.

Gordon, M. M., 1970b, "The Subsociety and the Subculture," D. Arnold, ed., *Subcultures*, The Glendessary Press.

Goffman, E., 1963, *Behavior in Public Places*, The Free press of Glencoe. (=1980, 丸木恵祐・本名信行訳『集まりの構造』誠信書房.)

Goffman, E., 1967, *Interaction Ritual: Essays on Face to Face Behavior*, Philadelphia: Anchor Books. (=2002, 浅野敏夫訳『儀礼としての相互行為――対面行動の社会学』〈新訳版〉法政大学出版.)

Gourley, M., 2004, "A subcultural study of recreational ecstacy use," *Journal of Sociology*, 40(1): 59-73.

Green, A., 1946, "Sociological Analysis of Horney and Fromm," *The American Journal of Sociology* 51 (May): 349-371.

Haenfler, R., 2004, "Rethinking Subcultural Resistance Core Values of the Straight Egde Movement," *Journal of Contemporary Ethnography*, 33(4): 406-436.

Hall, S., & T. Jefferson, eds., 1975, *Resistance through Rituals Youth subcultures in post-war Britain*, Routledge.

Hall, S., C. Critcher, T. Jefferson, J. Clark, & B. Roberts, 1978, *Policing the Crisis: Mugging, the State, and Law and Order*, Palgrave Macmillan.

Hebdige, D., 1979, *Subculture: The Meanig of Style*, New York: Routledge. (=1986, 山口淑子訳『サブカルチャー――スタイルの意味するもの』未來社.)

宝月誠, 1997,「シカゴ学派の理論的支柱」宝月誠・中野正大編『シカゴ社会学の研究』恒星社厚生閣.

磯村英一, 1976,『都市学』良書普及会.

参考文献

Anderson, E., 1999, *Code of the Street : Decency, Violence, and the Moral Life of the Inner City*, New York, W. W. Norton. (＝2012, 田中研之輔・木村裕子訳『ストリートのコード——インナーシティの作法／暴力／まっとうな生き方』ハーベスト社.)

Beal, B., 1995, "Disqualifying the Official: An exploration of social resistence through the subculture of skateboarding," *Sociology of Sport Journal*, 12(3): 252-267.

Becker, H., 1963, *Outsiders: Studies in the Sociology of Deviance*, New York: Free Press. (＝1978, 村上直之訳『アウトサイダーズ——ラベリング理論とはなにか』神泉社.)

Bennett, A., 2000, *Popular Music and Youth Culture: Music Identity and Place*, Palgrave Macmillan.

Bennett, A., 2005, "In Defence of Neo-tribes: A Response to Blackman and Hesmondhalgh," *Journal of Youth Studies*, 8(2): 255-259.

Bennett, A., & K. Kahn-Harris, eds., 2004, *After Subculture: Critical Studies in Contemporary Youth Culture*, Palgrave Macmillan.

Borden, I., 2001, *Skateboarding, Space and the City*, New York: Oxford Press, BERG. (＝2006, 斉藤雅子・中川美穂・矢部恒彦訳『スケートボーディング、空間、都市——身体と空間』新曜社.)

Bourdieu, P., 1977, *Algérie 60: Structures Économiques et Structures Temporelles*. (＝1993, 原山哲訳『資本主義のハビトゥス』藤原書店.)

Bourdieu, P., 1979, *La Distinction: Critique Sociale du Jugement*, Les Éditions de Minuit. (＝1990, 石井洋二郎訳『ディスタンクシオンⅠ・Ⅱ』藤原書店.)

Bourdieu, P., 1980a, *Questions de Sociologie*, Les Éditions de Minuit. (＝1991, 田原音和監訳『社会学の社会学』藤原書店.)

Bourdieu, P., 1980b, *Le Sens des Pratique*, Les Éditions de Minuit. (＝1998, 今村仁司他訳『実践感覚1』1988, みすず書房.)

Bourdieu, P., 1987, *Choses dites*, Les Éditions de Minuit. (＝1991, 石崎晴己訳『構造と実践』藤原書店.)

Bourdieu, P., 1997, *Méditations Pascaliennes*, Les Éditions du Seuil. (＝2009, 加藤晴久訳『パスカル的省察』藤原書店.)

Caldeira, T., 2000, *City of Walls: Crime, Segregation, and Citizenship in Sao Paulo*, University of California Press.

Certeau de, M., 1980, *L'invention du Quotidien. Vol. 1, Arts de Faire*, Paris: Union Generale d'Editons. (＝1987, 山田登世子訳『日常的実践のポイエティーク』国文社.)

Clifford, J., 1988, *The Predicament of Culture: Twentieth-Century Ethnography, Literature, and Art*, Cambridge, MA: Harvard University Press. (＝2003, 太田好信他訳『文化の窮状——20世紀の民族誌、文学、芸術』人文書院.)

Cohen, P., 1972, "Subcultural Conflict and Working Class Community," *Working Papers in Cultural Studies*, Centre for Contemporary Cultural Studies.

Dumas, A., & S. Laforest, 2008, "Intergerational Conflict: What can skateboarding tell us

◆ ま 行

まわし系　63
メルロポンティ, M.　90
モノグラフ　12-14, 20, 39, 41

◆ ら 行

リスク　5, 83, 90, 121, 126, 127, 130, 145, 152, 154, 240, 244, 246
臨界量　18

歴史的経緯　6, 9, 27, 51, 146
労働者階級　22-26, 28, 29, 34, 35, 40, 186
ローウィ, R.　12

◆ わ 行

「若者広場」設置活動　164, 165, 177, 178, 180-182
技　→トリック

索　引

集団内論理　7
主体的な経験　8
ショウ，R.C.　5, 13-15
象徴的空間　38
象徴的構築物　27
初期カルチュラル・スタディーズ　8, 27, 34, 35, 38
初期シカゴ学派都市社会学　8, 12, 14, 16, 20, 21, 28, 33, 38, 40, 41
署名活動　9, 69, 72, 135, 156, 165, 169, 170, 171, 181, 182, 199, 206, 240, 243
身体を賭けた調査法　44
身体経験　90, 246, 247
身体化　4, 9, 96, 185, 186
身体の痛み　120, 123-125, 153, 209
シンボリック相互作用論　16
ジンメル，G.　12, 13, 17, 132, 240
スタイル　9, 12, 18, 26-31, 34-36, 41, 63, 78, 82-84, 96, 97, 100, 101, 104, 105, 119, 124, 125, 130, 139, 152, 239, 241, 247
ズナニエツキ，F.　13
スポーツ的身体活動　85
スラッシャー，F.　13-15
生活経験　5, 228
生活史法　14
生成過程　6, 33, 44, 50, 236, 240, 242
セルトー，M.　42
相互行為　6, 8, 12, 20, 29, 36, 38, 44, 50, 133, 181, 238-244, 247, 248
相互行為の集合　6
相同性　30
ソーントン，S.　31, 32, 187
族文化　32, 33, 39, 71, 73, 189

◆　た　行

地域的活動　50
抵抗　13, 28, 29, 31-33, 35, 211, 241, 242
テール　83, 92, 94, 97, 98, 101
デッキ　80, 82-84, 93, 94, 97-101, 109, 114, 119, 120, 157, 206
道路交通法違反　60, 65, 69, 165, 169
特定関心集団　50

都市下位文化集団　5, 6, 8, 11, 12, 20, 29, 39, 74, 90, 96, 181, 184, 211, 232, 236, 237, 239-242, 244-248
都市空間　4, 6, 8, 9, 32, 33, 40, 46, 51, 57, 60, 61, 70, 71, 73, 83, 84, 103, 113, 129, 236, 237, 239, 243, 244, 247
都市民族誌　15, 28, 38, 39, 41-44, 46
トマス，W.　13
トラック　80, 82, 83, 97-101, 206
トリック　4, 5, 59, 63, 70, 71, 77, 81, 84, 93, 94, 99, 102-104, 106, 108, 114, 115, 136, 148, 154, 156

◆　な　行

日常世界　22
日常生活領域　38
認識論的問題　39
ノーズ　97-99, 101

◆　は　行

パーク，R.　12-17
バージェス，E.　40
場所の記憶　129
ファイン，G.A.　16
フィールドワーク　8, 12, 22, 31, 38, 44, 45, 78, 236
フィッシャー，C.S.　7, 16, 18-21, 50
物理的空間　38, 49, 243
ブルデュー，P.　1, 11, 32, 84, 89, 130, 146, 185, 187
フロー　130
文化資本　32, 187
文化的現象　19
ベッカー，H.　21, 22, 74, 75
ヘブディジ，D.　25-27, 30, 31, 39
ボアズ，F.　12
ボーデン，I.　4, 51, 70, 90, 239, 246
ホール，S.　23, 24, 26
ポストサブカルチャーズ論　8, 29, 33-37
ポリティクス　4, 7-9, 49, 60, 61, 73, 236, 237, 240

索　引

◆ あ　行

アーバニズムの下位文化理論　7, 17-19, 21
アルチュセール，L. P.　24
生きられる歴史　8, 186, 194, 231, 242, 246
生きられる経験　40-42, 46, 96
逸脱的下位文化　15
イデオロギー　23-25, 29, 31
インタビュー　3, 8, 30, 37, 44, 47, 70, 103, 181, 243
ヴァカン，L.　44
ウイール　97, 99-101, 103, 104, 106, 156, 206
ウィリアムズ，R.　15
ウィリス，P.　25, 26, 28, 39, 40, 186, 194, 232, 235, 240, 244
エスノグラフィー　28, 39, 42, 43, 245
オープン・スペース　45, 59, 73, 147, 169, 174, 177
オーリー　63, 84, 93-96, 98, 99, 102, 103, 110, 134, 135, 148, 152, 160, 194, 197

◆ か　行

階級文化　22, 24, 26
下位文化的身体資本　187, 197, 229
価値基準　36, 195, 211, 227
帰属意識　129, 211, 212, 217, 239, 244
ギャング集団　14, 17
儀礼的なスタイル　25
空間的視座　41
空間的生態　40
空間論的転回　41, 42
クラーク，G.　31
クライマン，S.　16
グローバルな社会現象　35
経験的分析　6, 8, 38, 238
経済資本　32, 187, 245
現代資本主義　27
行為者　5-8, 11, 14, 20, 29, 46, 86, 90, 186, 187, 216, 231, 236, 237, 241, 243, 245-247
行為の帰結　5, 9, 185, 186, 245
行為の時間　186
構造的分化　7, 19
構造的に埋め込まれた不平等　36
行動規範　12
行動様式　28, 29, 36, 74, 85
コーエン，P.　22-24, 31
ゴッフマン，E.　6, 49, 131, 155, 240
コンテクスト　36, 43, 46, 247

◆ さ　行

暫定的利用　51, 60, 183, 243
ジェファーソン，T.　23
ジェンダー規範　9, 146
実践
　慣習的——　29
　身体的——　42, 129
　日常的——　42
社会通念　37
社会空間　5, 6, 9, 42, 185, 211, 232, 241, 242, 244-247
社会解体　7, 17, 19
社会秩序　1, 33
社会病理　20
社会の世界　3, 6, 8, 9, 19, 27, 33, 34, 38, 40, 41, 44, 46, 47, 81, 184, 236, 246
社会の軌道　9, 186
社会的空間　38
社会的関心　36
社会的属性　39, 211
社会的ネットワーク　7, 17-21, 36, 182
社会集団　8, 12, 13, 36, 75, 133, 181, 184, 240, 241, 246
集合的アイデンティティ　7
集団成員　46, 132, 146, 211, 212, 215, 225, 240, 245

著者紹介

田中研之輔（たなか・けんのすけ）
1976年生まれ。博士（社会学）
一橋大学大学院社会学研究科単位取得退学
メルボルン大学大学院社会学プログラム客員研究員
カリフォルニア大学バークレー校大学院社会学専攻客員研究員を経て
現職：法政大学キャリアデザイン学部准教授
　　　デジタルハリウッド大学客員准教授
　　　株式会社ゲイト・Huber Inc.・バリュレイト　社外顧問
専攻：社会学・社会調査論

主要業績：
『丼家の経営——24時間営業の組織エスノグラフィー』（法律文化社、2015年）

共訳書：
L・ヴァカン『ボディ＆ソウル——ある社会学者のボクシング・エスノグラフィー』（新曜社、2013年）
E・アンダーソン『ストリートのコード——インナーシティの作法、暴力、まっとうな生活』（ハーベスト社、2012年）

都市に刻む軌跡
スケートボーダーのエスノグラフィー

初版第1刷発行　2016年3月25日

著　者　田中研之輔
発行者　塩浦　暲
発行所　株式会社　新曜社
　　　　〒101-0051 東京都千代田区神田神保町3-9
　　　　電話（03)3264-4973(代)・FAX(03)3239-2958
　　　　E-mail：info@shin-yo-sha.co.jp
　　　　URL：http://www.shin-yo-sha.co.jp/
印　刷　長野印刷商工（株）
製　本　イマヰ製本

©Kennosuke Tanaka, 2016 Printed in Japan
ISBN978-4-7885-1469-0　C3036

――― 好評関連書 ―――

ボディ&ソウル ある社会学者のボクシング・エスノグラフィー
ロイック・ヴァカン
田中研之輔・倉島哲・石岡丈昇 訳
四六判424頁 本体4300円

ワードマップ エスノメソドロジー 人びとの実践から学ぶ
前田泰樹・水川喜文
岡田光弘 編著
四六判328頁 本体2400円

〈高卒当然社会〉の戦後史 誰でも高校に通える社会は維持できるのか
香川めい・児玉英靖・相澤真一
四六判240頁 本体2300円

ライフストーリー研究に何ができるか 対話的構築主義の批判的継承
桜井厚
石川良子 編
四六判266頁 本体2200円

病いの共同体 ハンセン病療養所における患者文化の生成と変容
青山陽子
A5判360頁 本体3200円

ヴェブレンとその時代 いかに生き、いかに思索したか
稲上毅
A5判704頁 本体6400円

（表示価格は税を含みません）

新曜社